Christoph Braunschweig / Susanne Kablitz

Kluge Geldanlage in der Schuldenkrise

-Austrian Investing-

Christoph Braunschweig / Susanne Kablitz

Kluge Geldanlage in der Schuldenkrise

-Austrian Investing-

Bibliografische Information der Deutschen Nationalbibliothek

Die deutsche Nationalbibliothek verzeichnet diese Publikation in der

Deutschen Nationalbibliografie; detaillierte bibliografische Daten sind im Internet über http://dnb.d-nb.de abrufbar.

Verlag: **JUWELEN** - der verlag

Druck und Herstellung: BoD - Books on Demand, Norderstedt
Umschlaggestaltung: Susanne Kablitz
Bild: Wien um 1900
Layout: Susanne Kablitz
Copyright © 2015 by Christoph Braunschweig und Susanne Kablitz
2. Auflage: Januar 2015
Alle Rechte vorbehalten

ISBN 978-3-945822-00-5

In diesem Buch ist aus rein pragmatischen Gründen der Lesbarkeit stets die männliche Sprachform gewählt worden, wofür die Leserinnen um Verständnis gebeten werden. Der Paartherapeut Jürg Willi konstruierte den Satz: „Wenn man/frau mit seiner/ihrer Partner/in zusammenleben will, so wird er/sie zu ihr/seine oder sie/er in seine/ihre Wohnung ziehen", um zu verdeutlichen, wie unverständlich und geradezu absurd die politisch korrekte Sprache inzwischen ist.

Zum Gedenken

an den Bankier Ferdinand Lips

(1931 - 2005)

Inhalt

„Die Denker der Österreichischen Schule der Nationalökonomie sind die einzigen Helden der Neuzeit. Sie wissen, dass sie in ihrem intellektuellen Kampf für gesundes Geld - und somit für den Fortbestand der Zivilisation - keinen einzigen Verbündeten haben, weder in der Politik noch in der Wirtschaft, weder bei den Bankern noch bei den anderen Ökonomen, weder in den Medien noch bei ihren Mitbürgern."

Roland Baader (1940 – 2012) Freiheitsfunken

Merkpunkte

Zum ersten Mal in der Geschichte ist alles Geld der Welt von nichts mehr gedeckt. Das ist das übelste System, das je von Menschen erfunden wurde.

(Ferdinand Lips)

Die Schuldensucht des modernen Wohlfahrtsstaates ist unermesslich.

(Andreas Marquart)

Wie konnten die Völker dem Aberglauben verfallen, dass man mit beliebig erzeugtem Papiergeld den Reichtum der Nation erhöhen und das Wirtschaftswachstum beschleunigen könne, dass man sich „reich verschulden" und „reich konsumieren" könne?

(Roland Baader)

Die Mehrheit der US-Ökonomen hält den Euro für ein Vorhaben bar jeder ökonomischen Vernunft.

(Der Spiegel, 36/1997)

Liebe vergeht – Hektar bleiben.

(alte Familien- und Anlegerweisheit)

Am Ende des Tages ist es nicht die Politik, sondern der Steuerzahler, der die Zeche für die Schuldenmacherei, die eskalierende Ausweitung der Geldmenge, die fatale EU-Währungsunion und die daraus folgende Finanzkrise zahlt.

(Karl Braunschweig)

Es gibt keinen risikolosen Zins mehr – es gibt nur noch ein zinsloses Risiko.

(aktuelle Anlegererfahrung)

In Zeiten der Inflation ist Schuldentilgung auf jeden Fall die bessere Alternative gegenüber Schuldenaufnahme zu Niedrigzinsen.

(Volker Looman)

Erfolgreiche Investoren sind nie gierig und nie nervös. Sie stellen ihre Überlegungen an und lassen dann in aller Ruhe die Gewinne einfach auf sich zukommen.

(Alexander von Parseval)

Eine Investition in Wissen bringt immer noch die meisten Zinsen.

(Benjamin Franklin)

Geleitwort

Die Erkenntnisse und Lehren der „Österreichischen Schule der Nationalökonomie" (auch „Wiener Schule" genannt) sind gerade für Sparer, Anleger und Investoren so wichtig, weil nur diese Denk- und Forschungsrichtung der Ökonomie eine kausalgenetische, ganzheitliche Beurteilung des wirtschaftlichen Geschehens ermöglicht. Denn nur die „Österreichische Schule der Nationalökonomie" verfügt - im Gegensatz zur keynesianischen „Mainstream-Ökonomie" und zu den neoklassischen Gleichgewichtsmodellen – über eine Kapital- und Zinstheorie, sowie einer darauf aufbauenden konsistenten Geld- und Konjunkturtheorie.

Sparern, Anlegern und Investoren bietet das so genannte „Austrian Investing" (oder auch „Austrian Asset Management") somit die Möglichkeit, Anlageszenarien und Anlagestrategien abzuleiten, die auf einer wesentlich tiefer fundierten Entscheidungsgrundlage stehen als viele der herkömmlichen Analysemethoden. Denn die konventionellen Anlageexperten übersehen oft tiefgründige wirtschaftliche Entwicklungstendenzen, die erst im weiteren Verlauf zur Gefahr für den „Mainstream-Anleger" werden können.

Auf der Grundlage des „Austrian-Investing" profitieren Sparer, Anleger und Investoren jedoch explizit von der analytisch tieferen Durchdringung des Geschehens an den Börsen und Finanzmärkten. Sie werden in die Lage versetzt, auch scheinbar komplexe und schwer durchschaubare Zusammenhänge zu verstehen. „Austrian Investing" („Austrian Asset Management") steht demnach für eine höhere Qualität von Anlage- und Investmententscheidungen.

Hierbei stehen weniger kurzfristige Spekulationsgeschäfte im Vordergrund, sondern fundierte Anlageentscheidungen mit mittel- bis langfristigem Zeithorizont.

Die Staatsschuldenkrise, die eine grundlegende Krise des westlichen Wohlfahrtsstaatsmodells darstellt, birgt ein geradezu unheilvolles Gefahrenpotenzial für die Anleger, das durch die verhängnisvolle EU-Währungsunion noch zusätzlich erhöht wird.

Doch die wirtschaftspolitischen Kommentare - selbst von vielen entsprechenden Wirtschaftswissenschaftlern - strotzen oft genug nur so von Ungereimtheiten, Widersprüchen und längst widerlegten Erkenntnissen. Die Banken und Fondsgesellschaften wollen in erster Line ihre Finanzanlage-Produkte an den Mann bringen. Viele Geld- und Anlageexperten wiederum glänzen mit rückwärtsgewandten Analysen, die keine wirklich fundierten Schlüsse auf die Zukunft zulassen. Vermögensverwalter und Vermögensverwaltungsgesellschaften werben mit mehr oder weniger hohen Renditen in der Vergangenheit - doch für die Vergangenheit gibt der Kaufmann bekanntlich nichts. Und den Index schlagen sie langfristig nie.

Die Autoren denken und argumentieren auf der ebenso breiten wie tiefen Grundlage der klassisch-liberalen Hayek- und Mises-Schule. Es spricht für sie, dass sie die Geldanlagemöglichkeiten im Rahmen der Schulden- und Eurokrise völlig illusionslos und entsprechend skeptisch beurteilen: Die völlig risikolose Anlage als solche gibt es nicht mehr. Patentrezepte gegen Inflation, Deflation, Rezession und den sonstigen Risiken jeder Geldanlage gibt es ebenfalls nicht. Gerade in der sachlich nüchternen Erläuterung der verschiedenen Geld- und Kapitalanlagemöglichkeiten liegt der konkrete Erkenntnisgewinn dieser Veröffentlichung. Aufgrund meiner vormals langjährigen Steuerberatertätigkeit weiß ich nur zu gut, welche Folgen sich aus fehlgeschlagenen Anlageentscheidungen ergeben können. Daher wünsche ich dem Buch größtmögliche Verbreitung!

Dipl.-Fw. Hans-Georg Goffloo, Oberhausen

Vorwort zur 2. Auflage

Eines Tages war es soweit: Die Hölle war einfach total überfüllt - und noch immer stand eine lange Schlange am Eingang. Schließlich kam der Satan heraus, um die Höllenkandidaten wegzuschicken. „Hier ist alles so voll, dass nur noch ein einziger Platz frei ist!" Der Teufel überlegte kurz, dann erklärte er: „Diesen Platz muss der schlimmste Sünder bekommen. Sind vielleicht ein paar Mörder da?" Er fragte einen Bewerber nach dem anderen aus und hörte sich deren Verfehlungen an. Die Bösewichter erzählten viel Schlimmes, doch es war nicht schrecklich genug, um dafür den letzten freien Platz in der Hölle zu „opfern". Immer wieder schaute sich der Satan die Leute in der Schlange genau an. Schließlich entdeckte er jemanden, den er noch nicht gefragt hatte. Der Herr stand allein und schien sich abkapseln zu wollen. „Was ist eigentlich mit Ihnen? Was haben Sie getan?"

„Nichts!", erklärte der Mann überrascht. „Ich bin ein guter Mensch und nur aus Versehen hier. Ich dachte, die Leute würden sich hier um Freibier bewerben.

„Aber Sie müssen doch etwas getan haben!", entgegnete der Teufel. „Jeder Mensch stellt etwas an!"

Doch der „gute Mann" blieb dabei: „Ich habe mir das Treiben der Menschen angeschaut, doch ich hielt mich davon. Ich sah, wie Unterdrückte verfolgt wurden, aber ich beteiligte mich nicht an solchen Schandtaten. Kinder wurden in die Sklaverei verkauft, Arme und Schwache wurden ausgebeutet. Überall um mich herum geschahen Übeltaten aller Art, ich allein widerstand der Versuchung - ich tat nichts."

„Absolut nichts?", fragte der Satan erstaunt. „Sind Sie völlig sicher, dass Sie das alles mitangesehen haben?"

„Ja, vor meiner eigenen Haustüre!", bekräftigte der „gute Mensch".

Verblüfft wiederholte der Teufel: „Und Sie haben nichts getan?"

„Nein!"

„Komm herein, mein Sohn, der freie Platz gehört Dir!"

Pünktlich zur Druckfreigabe dieser Neuauflage hat Mario Draghi, Chef der Europäischen Notenbank, am 22. Januar 2015 unsere Währung endgültig und unwiderruflich zum Abschuss freigegeben. Er befindet sich damit in bester Gesellschaft mit anderen Notenbanken überall auf der Welt. Diese Hiobsbotschaft vereint sich in geradezu diabolischer Klarheit mit der Nachricht, dass in Griechenland – nach einem erdrutschartigen Sieg – ab sofort der Syriza-Chef Alexis Tsipras regieren wird. Ein Mann, der laut eigener Aussage den „Teufelskreis des Sparens" beenden will. Nun … sowohl Herr Mario Draghi als auch eine sehr großer Teil der griechischen Bevölkerung haben sich ganz offenbar dazu entschlossen, jeglicher – in Wahrheit niemals vorhandener Spardisziplin – eine Absage zu erteilen.

Man möchte jedem Einzelnen von diesen Herrschaften laut zurufen: Warum nehmen Sie nicht nur ein einziges Mal ein Buch zur Hand, dass sich mit der „Österreichischen Schule der Nationalökonomie" beschäftigt?" Denn würden sie dies tun, wüssten sie, wohin uns alle dieser Wahnsinn führt. Aber so werden die gleichen Fehler immer und immer wieder gemacht. Und man fragt sich zwangsläufig: Warum lernen wir nicht dazu? Lassen Regierungen und Zentralbanken „Gott spielen" und nehmen es hin, dass die „normalen" Menschen – wieder einmal – den Preis dafür bezahlen müssen?

Vor diesem Hintergrund passt die Geschichte von der Hölle und dem „guten Mann" so erschreckend gut in unsere heutige Zeit. Leider passen die sich daraus zwangsläufig ergebenden Konsequenzen auch so erschreckend gut zu unserer Vergangenheit. Das jedoch wird uns nur wieder einmal zu spät bewusst werden.

Christoph Braunschweig   Susanne Kablitz

(www.christoph-braunschweig.de)   (sk@juwelen-derverlag.com)

Vorwort zur 1. Auflage

Wegen Niedrigzinsen, Schulden- und Eurokrise horten die Bürger ihr Geld. Allein auf Tagesgeld- und Girokonten liegen 700 Milliarden Euro. Vom Vertrauen in Finanzanlagen ist wenig geblieben. Die Zinsen sind extrem niedrig. Mit vermeintlich sicherem Sparen ist die Inflationsrate nicht auszugleichen. Staatsanleihen mancher EU-Länder gelten als hochriskant – und Deutschland haftet de facto für diese Länder. Außerdem ist fast jeder Anleger schon mal mit einem Finanzanlageprodukt auf die Nase gefallen oder kennt jemanden, dem das passiert ist. Erst traf es die angeblich sicheren Investmentfonds, die dauerhaft ins Minus rutschten, dann lösten sich von Bankern empfohlene Zertifikate praktisch in Nichts auf und inzwischen ist selbst die staatlich geförderte Riester-Altersvorsorge als Zuschussgeschäft verschrien. Die Folge ist in gewissem Sinn paradox. Obwohl es nur Minizinsen gibt, liegen auf deutschen Sparbüchern rund 500 Milliarden Euro und rund 700 Milliarden Euro auf Sicht- und Terminkonten. Wie groß muss die Verunsicherung sein, wenn man Zinsen in Kauf nimmt, die nicht einmal den Kapitalerhalt gewährleisten? Die Sparer verharren und spekulieren – nämlich darauf, dass die Zinsen wieder steigen. Doch bislang geschieht das Gegenteil. Und würden die Zinsen tatsächlich steigen, könnten die völlig überschuldeten Staaten innerhalb der EU ihre Schuldenlast nicht mehr tragen. Und irgendwann müssen sich die Schuldenberge letztlich in Geldentwertung bzw. Währungsschnitt auflösen. Dann bewahrheitet sich mal wieder die alte Erfahrung: *„Inflation ist ein periodisch wiederkehrender Beweis für die Tatsache, dass bedrucktes Papier bedrucktes Papier ist"* (Hilman Nahr).

Der Anleger ist in einem wahren Teufelskreis gefangen. Er weiß nicht mehr was er machen soll, zumal selbst bislang für absolut sicher gehaltene Anlageformen, wie zum Beispiel Bankeinlagen, nach der „Zypernrettung" nicht mehr als sicher gelten können.

Wiederholt wurde an die Autoren die Bitte herangetragen, ihre im Laufe der letzten Monate gesammelten Notizen und Quellen bezüglich der Thematik „Geldanlage im Zeichen der Schulden- und Eurokrise" in zusammengefasster Form zu publizieren. Diese Publikation erhebt deshalb keinen Anspruch auf Vollständigkeit und ist schon gar keine durchgängige wissenschaftliche Ausarbeitung, sondern vielmehr ein persönliches Aide mémoire, weshalb auch auf einen wissenschaftlichen Anmerkungsapparat bewusst verzichtet wurde.

Aus verschiedenen Blickwinkeln wird die Thematik betrachtet, so dass der Leser vor allem die Ursachen, Hintergründe und zwangsläufigen Folgen selber nachvollziehen kann. Nur wer - ganz im Sinne der „Österreichischen Schule der Nationalökonomie" thematisch benachbarte Sachgebiete, vor allem auch die volkswirtschaftlichen Fragestellungen - im Zusammenhang einordnen und selber beurteilen kann, gewinnt den Überblick über die komplexe Thematik. In einer Zeit, in der die Menschen stark verunsichert sind, soll diese Veröffentlichung dem Anleger Hintergrundwissen vermitteln, das ihn bei seiner Entscheidungsfindung unterstützt.

Besonderer Dank gilt der European School of Finance & Management sowie Wilhelm Hankel (1935 – 2014) für deren Anregungen und Unterstützung.

Christoph Braunschweig   Susanne Kablitz

(www.christoph-braunschweig.de)   (www.hayekclubniederrhein.de)

Einleitung

In ihrem Quartalsbericht März 2014 veröffentlichte die Notenbank der Notenbanken, die Bank für internationalen Zahlungsausgleich (BIZ) mit Sitz in Basel, dass es seit der Finanz- und Wirtschaftskrise zu keinerlei Schuldenbereinigung gekommen ist. Im Gegenteil: Die globalen Schuldenberge wuchsen weiter und weiter. Mitte 2013 habe das Volumen aller im Umlauf befindlichen Schuldtitel schätzungsweise 100 Billionen US-Dollar betragen. Vor der Lehmann-Pleite im Jahr 2007 habe dieser Schuldenberg „nur" 70 Billionen US-Dollar betragen. Nach der schweren Wirtschaftskrise hatten Staaten und Unternehmen Anleihen in großem Umfang emittiert. Das sei der Grund für das rasante Wachstum der Schulden. Die weltweite Schuldenblase wird also weiter kräftig aufgeblasen. Dazu bemerkt Alexander Dibelius, Chef von Goldmann Sachs Deutschland: *„Eine Bakterienkultur kann nur für eine gewisse Zeit exponentiell wachsen, aber irgendwann reicht der Nährstoff nicht mehr und sie bricht zusammen."*

Seth Klarman, einer der weltweit renommiertesten Investoren, weist aktuell auf die Gefahr des Platzens einer neuen Blase hin. Technologie-Aktien wie *Netflix* oder *Tesla-Motors* drohen seiner Meinung nach eine brutale Korrektur an den Finanzbörsen auszulösen: *„Jedes Jahr in dem der S&P 500 um 32 % ansteigt und der Nasdaq um 40 %, während die Unternehmensgewinne sich kaum erhöhen, sollte ein Grund zur Sorge sein."*

Doch die meisten Leute scheint das alles herzlich wenig zu interessieren. Zumal sie für die Auswahl einer neuen Waschmaschine mehr Zeit verwenden als für eine Lebensversicherung oder einen Rentensparvertrag, schreibt Daniel Mohr in der FAZ. Für alle möglichen Dinge des täglichen Bedarfs werden demnach im Internet alle möglichen Preisvergleiche angestellt, nur um einige Euro zu sparen. Auf Jahre oder Jahrzehnte angelegte Finanzprodukte würden hingegen als notwendiges Übel einfach gekauft – ohne zu vergleichen.

Laut einer Erhebung der Bank *ING-Diba* gebe es in Deutschland rund 35 Millionen „finanzielle Analphabeten". Andere Umfragen und Analysen bestätigen dies. Auf dieser unzureichenden Grundlage werden weitreichende finanzielle Entscheidungen getroffen, die sich dann im Nachhinein oft genug als Fehlentscheidungen herausstellen. Die Lösung des Problems kann nur vom Anleger selber ausgehen. Vor Unwissenheit, Dummheit, Gier oder Naivität kann man sich nur selber schützen, indem man sich mit der Materie befasst, was bei diversen Quellen (Fachliteratur, Internetforen, Verbraucherschutzorganisationen usw.) möglich ist.

Das finanzielle Altersvorsorgesystem in Deutschland steht auf tönernen Füßen, weil die Zahl der Anspruchsberechtigten ständig steigt, während die Zahl der Beitragszahler (sinkende Geburtenrate) immer mehr schrumpft. Allenfalls Beamte auf Lebenszeit mit hohen Versorgungsansprüchen brauchen sich (noch) keine ernsthaften Sorgen um ihre Altersvorsoge zu machen. Alle anderen sollten sich allerdings umso mehr in die Thematik der Geld- und Finanzanlage einarbeiten. Erschwerend kommt hinzu, dass die Staatsschulden- und Eurokrise selbst erfahrende Anleger und Investoren vor Probleme und Ungewissheiten stellt, für die es keine Patentlösungen gibt. Vor der internationalen Schulden- und Eurokrise konnten sich Anleger darauf verlassen, dass fast alle Kapitalanlagen langfristig einen Ertrag abwerfen würden. Die beste Strategie bestand darin, sein Portfolio so zu diversifizieren, dass Risikospitzen durch sichere Anlagen kompensiert werden. Aber auch bei sicheren Anlagen konnten Anleger noch einen geringen Zinsertrag einstreichen.

Die Logik der Finanzmärkte hat sich jedoch seither verändert. Die niedrigen Zinsen reichen nicht mehr aus, um die Inflationsrate auszugleichen. Das bedeutet, dass bis zu 75 % aller Kapitalanlagen mit real negativen Zinsen, also Verlusten, einhergehen. Nach der alten Logik der Finanzmärkte konnten Anleger davon ausgehen, dass mit erhöhtem Risiko einer Anlage auch deren Ertragschance größer war. Seit dem „Spareinlagenschnitt" in

Zypern gibt es nunmehr überhaupt keine Anlage mehr, die man als sicher bezeichnen kann.

Die Finanzmärkte sind inzwischen von der permanenten Geldmengenausweitung abhängig. Geldpolitische Maßnahmen, die man noch bis vor einigen Jahren als „Finanzpornographie" bezeichnet hat, sind heute bei den wichtigen Zentralbanken an der Tagesordnung. Doch eine unheilige Allianz aus „Finanzklerus" (Christof Berking) und politischer Klasse täuscht laut Steffen Krug (Ifaam-Institut Hamburg) der Bevölkerung durch Kapitalmarkttrickserei und Politikerehrenworten eine scheinbare Geld- und Wirtschaftsstabilität vor. Durch Banken- und Staatsbailouts und dem Einsatz der staatlichen Notenpresse steigt die ökonomische Absturzhöhe immer weiter an.

Nach über sechs Jahren finanzieller Repression werden sich die Bürger nun zwangsläufig auf eine entsprechende politische Repression einstellen müssen. Die Schlussfolgerung lautet, dass mit Finanzanlagegeschäften nur noch Schadensbegrenzung betrieben werden kann. Eine Reform des Finanzsystems bzw. eine durchgreifende Strukturreformen der Politik sind nicht zu erwarten. Heute weniger als in den ganzen letzten Jahren zuvor.

Daher müssen Anleger davon ausgehen, dass die jetzige Ausnahmesituation an den Finanzmärkten eben keine Ausnahmesituation mehr ist, sondern die neue Realität. Erfahrungen aus der Vergangenheit nutzen kaum, um mit der neuen Lage klarzukommen, zumal es keinerlei Planungssicherheit mehr gibt. Die angeblich alternativlosen „Euro- und Schulden-Rettungsmaßnahmen" dienen lediglich dem zeitlichen Hinauszögern des Zusammenbruchs der Staatsfinanzen. Bevor es soweit kommt, werden die Regierungen buchstäblich alles versuchen, um diesen Crash möglichst lange hinauszuzögern. Dazu zählen: Weitere Steuer- und Abgabenerhöhungen, Wiedereinführung der Vermögensteuer, Kürzung von Sozialausgaben, neuer Lastenausgleich (diesmal vermutlich als „EU-Friedens-Soli" bezeichnet) für Immobilieneigentümer, teilweiser Einzug von Sparguthaben nach der „Blaupause" Zyperns, eventuell ein Verbot des privaten Besitzes von Gold (wie in den USA unter Franklin D. Roosevelt im Rahmen seines „New Deal") und anderen Edelmetallen sowie Verfügung von Kapital-, Devisen-, Gold- und Bargeldverkehrskontrollen.

Gerade weil die Sozialsysteme der westlichen Wohlfahrtsstaaten aufgrund der schamlosen Schuldenmacherei im Rahmen ihrer erbärmlichen Wählerbestechungsdemokratie dem Zusammenbruch entgegen steuern, werden die jeweiligen Regierungen versuchen, auf Zeit zu spielen. Jede Regierung versucht die tickende Zeitbombe der Überschuldung an die jeweils nachfolgende Regierung weiterzureichen bis dann letztlich der unvermeidliche Crash in Form von Inflation, Währungs- bzw. Vermögensschnitt oder Währungsreform kommt. Am Vorabend einer nicht mehr zu bewältigenden Staatsschuldenkrise muss sich jeder Anleger darüber im Klaren sein, was die Glocke geschlagen hat. Auf Dauer lässt sich die Wahrheit nicht unterdrücken, auch wenn Zeiten universeller Täuschung, das Aussprechen der Wahrheit fast einem revolutionären Akt gleichkommt, wie es George Orwell (1903 – 1950) so treffend aussprach.

Nicht Globalisierung, entfesselter „Kapitalismus" oder die „Neoliberalen" haben uns in diese schlimme Lage gebracht, sondern der Versuch der Wohlfahrtsstaatspolitik, Logik und Moral aller ökonomischen Grundsätze außer Kraft zu setzen. Die Pathogenisierung jeglicher ökonomischer Grundregeln durch die Politik ist zur einzig berechenbaren Kontante geworden. Dem Marktversagen geht immer das Staatsversagen voraus, was die Gier und die Verantwortungslosigkeit des Finanzsektors nicht entschuldigt. Es ist nicht der freie Markt, der versagt, sondern das falsche, weil staatliche Zwangsgeld, das den Wirtschaftskreislauf vergiftet und zur Überschuldung führt. Die überbordenden Schulden werden letztlich über die Ausgabe staatlicher Banknoten monetisiert. Und die Bürger erkennen nicht, dass diese Staatsschulden ihre eigenen Schulden sind. Die Fed bzw.

die Notenbanken können nur noch entweder die von ihnen erzeugte riesige Geldblase zurückführen (dann brechen die Banken zusammen) oder weiterführen (bis zur völligen Geldentwertung).

Dabei gibt es eine enge Verbindung zwischen den inflationär aufgeblasenen Scheinwerten und dem moralischen Werteverfall der permissiven und gleichgültigen Wohlfahrtsgesellschaft. Letztlich wird keine Anlageklasse ungeschoren davonkommen und für die zu erwartenden Bankpleiten werden in erster Linie die „einfachen" Steuerzahler aufkommen müssen. Der Versicherung der Politik, wonach Sparguthaben unter 100.000 Euro sicher seien, ist kein Glauben zu schenken. Da das deutsche Volksvermögen im Rahmen der fatalen EU-Währungsunion inzwischen auch für die Schulden der anderen Länder haftet und ohne jeden Zweifel auch in Anspruch genommen werden wird, müssen zwangsläufig auch die Sparguthaben des „kleinen Mannes" mit herangezogen werden. Schließlich haben sich seit der Installierung der EU-Währungsunion alle Versprechungen der Politik als Makulatur herausgestellt. Die Einführung des Euro kommt einem stillen Staatsstreich gleich.

„Zwischen einer Währungs- und einer politischen Union bestehen unvermeidbare und in vieler Hinsicht auch fatale Verknüpfungen. So erfordert eine Währungsunion unabdingbar eine zentrale Geld-, Finanz-, Zins- und Wechselkurpolitik. Bloße Koordination nationaler Politikern reicht hierzu nicht aus. Das bedeutet: Wer die europäische Währungsunion will, muss auch den europäischen Zentralstaat wollen. Alles andere ist taktisches Larifari und Ausdruck einer staats- und währungstheoretischen Pubertät. Für die politische Union sind die Völker nicht reif. ... Wir werden die Sprengkraft der politischen Missgeburt namens Euro noch erleben", schreibt Roland Baader.

Zentralisierung und Inflationierung führen nicht zum versprochenen Paradies, sondern am langen Ende in ein wirtschaftliches, politisches und gesellschaftliches Desaster. *„Das Projekt Europa ist gescheitert"*, sagte vor nicht allzu langer Zeit der am 16. August 2014 verstorbene Journalist und Publizist Peter Scholl-Latour in einem Fernsehinterview. Bei Gregor Hochreiter heißt es: *„Indessen zerstört der egalitaristische Gleichheitswahn der Eurokraten und der Heerschar an überbezahlten Intellektuellen mit ihrem Traum von einer multikulturellen Weltgesellschaft mutwillig die bestehende lokale und regionale Vielfalt, Grundlage und Ausdruck genuiner Multikulturalität."*

Geldanlage kann also wirklich nur noch als Schadensbegrenzung verstanden werden. Nichtdestotrotz bieten schwerste Verwerfungen in Krisenzeiten auch immer wieder neue Chancen für diejenigen Anleger, die mit kühlem Kopf und natürlich auch mit der notwendigen Portion Glück agieren. Genau im richtigen Moment bei niedrigem Einstandspreis in Produktivkapital einzusteigen - also am tiefsten Punkt der Krise - war schon oft das entscheidende Erfolgsgeheimnis erfolgreicher Investoren.

1. Politik gegen jede ökonomische Vernunft

Ein einzelner Mensch wie ein ganzes Volk können in zweierlei Weise für die Zukunft vorsorgen. Entweder müssen Kinder großgezogen werden, die ihre Eltern im Alter versorgen oder es muss Kapital gebildet werden, aus dessen Erträgen sich alte Menschen versorgen können. Das ökonomische Problem besteht darin, dass in der gleichen Zeit, in der sich die Geburtenrate in Deutschland glatt halbiert hat, sich auch die volkswirtschaftliche Kapitalbildung – relativ zum Sozialprodukt – in gleichem Maße gesunken ist.

Die eigentliche Schwere des Problems liegt darin, dass beide Säulen der Altersvorsorge gleichzeitig zusammenbrechen. Der Grund dafür liegt hauptsächlich bei der gesetzlichen Rentenversicherung. Früher haben die eigenen Kinder ihre eigenen Eltern im Alter versorgt. Heute versorgen jedermanns Kinder jedermanns Eltern. Kinder sind gewissermaßen sozialisiert worden. Kinderreiche Familien haben – im Gegensatz zu früheren Zeiten – einen geringeren Lebensstandard als kinderlose Ehepaare.

Bei Friedrich Engels heißt es: *„Man muss die Familien schwächen als den Eckstein der bourgeoisen Kultur"* – also sozialisiert man die Kinder. Hatte ein Paar früher keine Kinder, dann musste es mehr sparen, um im Alter leben zu können. Heute glaubt man, dies sei überflüssig – hierfür gäbe es ja die staatliche Rente. Die Konstruktion des Rentensystems ist also an beidem „schuld": Am Rückgang der Kinderzahl wie auch am Rückgang der Kapitalbildung. Erschwerend kommt hinzu, dass „das Gerücht" über die mittel- bis langfristige Nichtfinanzierbarkeit der gesetzlichen Rente langsam auch bei den Bürgern zur Realität wird.

Im Dezember 2014 sagte Prof. Sinn, Präsident des ifo-Instituts, dass das Rentensystem vor einem Kollaps steht. Und schon im April 2009 warnte Nicolas Kaiser, Vorstand der ehemaligen BfA (heute Deutsche Rentenversicherung) sehr eindringlich davor, dass die Rentenkassen pleite sind. *„Wir werden dann möglicherweise Situationen erleben, die sich heute noch niemand vorstellen kann."* Dies war zu einer Zeit, wo Politiker den Menschen immer noch einredeten, die *„Rente sei sicher!"*

Die Selbstständigen, die den Systemgesetzmäßigkeiten der Rentenversicherung (bisher) nicht unterliegen, sparen relativ zum Einkommen das Zwei- bis Dreifache der Unselbstständigen. Sie haben mehr Kinder und setzen sich später zur Ruhe. Das Rentensystem verwandelt somit individuelle Vernunft in kollektive Unvernunft; es spiegelt beispielhaft die so genannte Rationalitäten-Falle des Wohlfahrtsstaatssystems wider. Wer im Rahmen der Rentenversicherung die Rente fremder Leute finanziert bleibt unbesteuert. Wer seinen eigenen Vater unterstützt, muss den Betrag prinzipiell versteuern. Ist es auch Wahnsinn, so hat es doch Methode! Kollektive Vorsorge wird bessergestellt als individuelle und der umlagefinanzierte „Generationenvertrag" besser als die kapitalgedeckte Vermögensbildung.

Das stellt die volkswirtschaftliche Logik auf den Kopf. Vermögensbildung und Investition sind bekanntlich produktiv. Je besser die Kapitalausstattung, umso mehr kann ausgezahlt werden. Der „Generationenvertrag" ist deshalb unproduktiv. Dieses System lässt sich auf Dauer nicht durchhalten. Im Endeffekt wird entweder eine starke Einwanderungswelle qualifizierter (!) Arbeitskräfte benötigt oder aber die Aktiven werden massiv auswandern, weil die Belastungen nicht mehr tragbar sind. Ein weiterer grundsätzlicher Risikofaktor der Altersvorsorge liegt darin, dass die dafür notwendige Kapitalbildung durch Sparen der Gefahr der Geldentwertung ausgesetzt ist.

Die Finanzierung der Überalterung kann nur gelingen, wenn reales Wirtschaftswachstum, Preisstabilität, positives Realzinsniveau und Schuldenabbau gewährleistet sind. Doch die sozialstaatlich geprägte Politik läuft genau in die falsche Richtung. Aktuelle Beispiele sind die „Rente mit

63" und die „Mütterrente". Notwendig wäre eine Verlängerung der Lebensarbeitszeit, keine Verkürzung.

Die von der rot-schwarzen Bundesregierung eingeleitete Reform enthält gleich zwei milliardenschwere Kostentreiber: Die Verbesserung der Mütterzeiten dient zwar dem Gerechtigkeitsempfinden vieler Leute, aber da dies die Sozialkassen noch weiter in Schieflage bringt und die Betragszahler finanziell belastet, wird daraus ein gesamtwirtschaftliches Desaster. Mit der Rente für langjährig Versicherte ab 63 Jahren geht die Politik auf eine demografisch-ökonomische Geisterfahrt. *„Ökonomisch bahnt sich in der deutsche Gutmenschen-Republik, die keine Industrie mehr will und glaubt, ihren Energiebedarf aus Sonne, Wind und Stroh decken zu können, eine Katastrohe an."* (Paul Rosen)

Hohe Kosten, unsägliche Planwirtschaft, Kumulation von zwei unterschiedlichen Energieversorgungssystemen und unzählige Subventionsprofiteure sind nur einige gravierende Schwachpunkte der deutschen Energiewende. Die erneuerbaren Energien bieten keine Versorgungsicherheit und führen zu Netzinstabilitäten. Der Bau der notwendigen Großspeicher liegt aus technischen und ökonomischen Gründen in weiter Ferne. Mit jedem neuen Megawatt erneuerbaren Energien muss auch Reservekapazität bereitstehen, also grundlastfähige Kohl-, Gas- oder Kernkraftwerke. Dass Erneuerbare-Energien-Gesetz (EEG) bringt mit seinen Umlagen eine Umverteilung von unten nach oben. Der Facharbeiter in Duisburg zahlt für den Villenbesitzer mit Solardach am Starnberger See.

„Die seit Jahrzehnten mit ideologischem Eifer und rot-grünen Scheuklappen betriebene „Energiewende" ist, volkswirtschaftlich gesehen, die Fortführung der sozialistischen Planwirtschaft mit anderen Mitteln. Diesmal sind die kohlendioxidarme Atmosphäre, die reine Luft und die saubere Energie das Mantra, das es, koste was es wolle, durchzusetzen gilt. In Wirklichkeit geht

es hier um Indoktrination und Umformung einer bislang demokratisch organisierten Gesellschaft, wobei die Klima- und Energiewandler sich in ihren selbstproduzierten Widersprüchen verheddern: Kohlendioxid-Reduktion lässt sich mit dem schnellen Ausbau der Windenergie nicht vereinbaren, das durch die Abschaltung der KKW wieder die alten emissionsintensiven Braunkohleschleudern ans Netz gehen. Das EEG wird scheitern, da Wind-, Solar- und Energie aus Biomasse nicht ausreichend speicherbar sind", schreibt Petro-Alexander Rarei.

Die Politik gegen jegliche ökonomische Vernunft manifestiert sich in der Schulden- und Finanzkrise als Ausdruck des schuldeninduzierten Wohlfahrtsstaates im Rahmen der „Wählerbestechungsdemokratie". Das fatale staatliche Geldmonopol ermöglicht der politischen Klasse, soziale Wohltaten als Wahlgeschenke zu verteilen und dies durch schamlose Verschuldung (auf Kosten nachfolgender Generationen) zu finanzieren. Der Versuch der Regierungen, die Schuldenproblematik durch weiteres Gelddrucken zu bekämpfen, entspricht in etwa dem Bild, dass jemand Feuer mit Benzin zu löschen versucht.

Die kollektive Unvernunft aus Politikerversprechen zum Zwecke der Wählerstimmenmaximierung auf der einen Seite und dem naiven Anspruchsverhalten der Wähler auf der anderen Seite mündet in einen Teufelskreis, der am langen Ende zum wirtschaftlichen und moralischen Zusammenbruch führt. Der fortwährende Verstoß gegen alle ordnungspolitischen Grundsätze und ökonomischen Gesetzmäßigkeiten wird sich rächen – so, wie es stets in der Geschichte war. Wir leben bereits in der größten Geldblase aller Zeiten. Letztlich wird der überschuldete Sozialstaat genauso scheitern wie der Sozialismus.

Hinzu kommt nun auch noch das Desaster der EU-Währungsunion. Der Euro zwingt zusammen, was ökonomisch und kulturell nicht zusammen passt. Das erfolgreiche Konzept von Marktwirtschaft, Vielgestaltigkeit und

Wettbewerb wird einer falsch verstandenen europäischen Einigungsidee geopfert. Der Euro verurteilt die EU auf Dauer zu einer subventionsgeplagten, wachstumsschwachen Transfer- und Schulden-Union, die in ihrer Gesamtheit kontinuierlich an internationaler Wettbewerbsfähigkeit und somit an Wohlstand verlieren wird. Die jetzige Politik endet in der „Union sozialistischer Bundesstaaten" (Michael Klonovsky). Dem Schuldensozialismus entspricht eine zentralistische Demokratur der Eurokraten.

Der Harvard-Ökonom Martin Feldstein hatte schon in den neunziger Jahren gewarnt, die politische Strategie, durch die Euroeinführung Frieden und Kooperation in Europa voranzubringen, sei zum Scheitern verurteilt. Sie könne nur in Massenarbeitslosigkeit und Zwietracht enden. Unsere sozialpolitisch motivierte Schuldenwirtschaft kann nur Scheinblüten und Scheinreichtum erzeugen, alsbald aber muss sie schrumpfen und gerät in eine lange, schwere Rezession. Wachsen und Wohlhabend werden kann eine Volkswirtschaft nur durch reales Wachstum, d.h. Mehrleistung – mehr produzieren als konsumieren. Und Mehrleistung setzt Investitionen voraus, also Ersparnisse, echte Ersparnisse. Genau wie jeder einzelne Mensch kann auch eine Volkwirtschaft als Ganzes nur durch Sparen (und Investieren des Ersparten) wohlhabend werden. Mehrkonsum erfordert mehr vorgelagerte Produktion – nicht wertlose und verlogene Papierversprechen auf Mehrproduktion. Wenn eine Volkswirtschaft aufgrund der papierenen Illusion mehr konsumiert als produziert, dann betreibt sie Kapitalverzehr. Und das bedeutet, dass sie real verarmt. (Roland Baader) Die sinkenden Realeinkommen der Deutschen seit Einführung des Euro zeugen für diese negative Entwicklung.

Die größten Volkswirtschaften der Welt schieben einen gigantischen Schuldenberg vor sich her. Die globale Geldschwemme sorgt mal hier, mal da für Blasen an verschiedenen Märkten. Das Zusammentreffen von Schuldenbergen und Geldschwemme führt u. a. zur Finanzrepression, mit der Folge, dass die überschuldeten Staaten und andere Schuldner sich über die Kombination von Geldentwertung und niedrigen Zinsen zumindest teilweise zu entschulden versuchen. (Manfred Gburek)

In vielen deutschen Unternehmen liegen die Investitionen innerhalb Deutschlands unter den Abschreibungen. Das sind erste Anzeichen für eine De-Industrialisierung. Viele Unternehmen bauen neue Werke nicht hier, sondern im Ausland. Das schuldeninduzierte Wohlfahrtsstaatsmodell, eine ökonomisch unverantwortliche Währungsunion und ein fehlkonstruiertes Geldsystem (staatliches Geldmonopol!) sind Problemfelder, an denen das westliche Demokratiemodell durchaus scheitern kann.

Selbst wenn wirtschaftlich stürmische Zeiten unausweichlich bevorstehen, so können Gesellschaften auf diese Herausforderungen unterschiedlich reagieren. Entweder die Gesellschaft geht in einem Prozess der Erneuerung auf schonungslose Fehlersuche und zieht daraus die richtigen Schlussfolgerungen sowie die Profiteure und Verursacher dieser verfehlten Politik zu Verantwortung. Oder der bisherige Weg wird weiterhin beschritten. Dann ist der Zusammenbruch unvermeidlich.

2. Hintergründe und Folgen der Schulden- und Eurokrise

Die meisten demokratischen Staaten sind Wohlfahrtsstaaten. Sie wiegen ihre Bürger in der falschen Hoffnung, jeder könne alles und immer noch mehr bekommen und kaum jemand müsse dafür bezahlen. Alle möglichen Anspruchsgruppen fordern ihren „gerechten" Anteil an der gemeinsamen, aber knappen fiskalischen Ressource. Der Wohlfahrtsstaat gerät zwangsläufig in die Schuldenfalle, weil er eine Anspruchsgesellschaft erzeugt, die immer weitere und immer größere materielle Wohltaten einfordert. Die Politiker (fast aller Parteien) wiederum nutzen die schuldenfinanzierte Volksbeglückung zum Zwecke der eigenen Wahl bzw. Wiederwahl. Diese systemimmanente Selbstzerstörung des Wohlfahrtsstaates beruht auf der kollektiven Unvernunft aller Beteiligten. Man kann sie auch als „demokratische Krankheit" bezeichnen.

Die Regierungen verstehen sich als Umverteilungsagenturen. Unter der politischen Losung der „sozialen Gerechtigkeit" kennen Anmaßung und Hybris der wohlmeinenden Sozialstaatsfunktionäre keine Grenzen. Ähnliches gilt für all die staatsfrommen Volkswirte, die sich vor allem auf dem Gebiet der Makroökonomie in einem riesenhaften szientistischen Leerlauf (Wilhelm Röpke) bewegen und mit ihren spitzfindigen und durchaus beeindruckenden mathematischen Modellen die Vielgestaltigkeit der wirtschaftlichen Wirklichkeit doch nicht einfangen können. Mitten im Frieden hat Deutschland wieder den Staatsanteil und den Schuldenstand des Zweiten Weltkrieges erreicht. Das Konzept des Wohlfahrtsstaates bringt es mit sich, dass die ständig anwachsende Zahl von Transferempfängern es in der Hand hat, sich auf Kosten der Leistungsträger zu bereichern. Dieses Prinzip gilt auch in der EU: Im Ministerrat der Europäischen Union können die Nehmerländer die Geberländer überstimmen und zum Zahlen zwingen.

Zu der generellen Überschuldungsproblematik kommt nun auch noch die Problematik der verhängnisvollen EU-Währungsunion dazu. Europa wurde von seinen dünkelhaften Spitzenpolitikern tief im Keller voll gegen die Wand gefahren - ob aus reiner Unfähigkeit oder sogar mit diabolischer Absicht, sei dahingestellt.

Frankreich hatte die europäische Kooperation als Mittel zur Beibehaltung des eigenen politischen und ökonomischen Gewichts in der Welt angestrebt, Deutschland zur Überwindung seines Pariastatus (Alfred Grosser). Überzeugte Europäer – und deshalb vom Euro alles andere als überzeugt – misstrauen der Ansicht, dass die Antwort auf die gegenwärtige Krise „mehr zentralstaatliches Europa" lautet. Denn der Verlauf der Euro-Rettung ist eine Chronologie der falschen Behauptungen und gebrochenen Versprechungen. Die Regierungen kaufen sich lediglich Zeit, die notwendigen Strukturreformen unterbleiben jedoch und die Schulden wachsen ungehemmt weiter. Durch die Kunstwährung Euro erodiert die Substanz eines geeinten Europas langsam aber sicher, und zwar nicht nur in wirtschaftlicher Hinsicht, sondern übergreifend auf alle Bereiche zwischenstaatlicher Politik und Kultur. Das Grundprinzip der Euro-Zone lautet: Wer solide wirtschaftet, der muss im Zweifelsfall die unsoliden Staaten herauspauken. Da die unsolide wirtschaftenden Länder dies genau wissen, besteht für sie erst recht kein Grund zur Veränderung; der Schlendrian geht einfach weiter! Am Ende steht unweigerlich das umso größere Chaos.

Die Erkenntnis daraus ist ebenso einfach wie hart – Geld ist in gewissem Sinne nur eine Illusion, es gibt niemandem wirkliche Sicherheit. Bargeld in Höhe von 100.000 Euro zum Beispiel sind 2.000 Papierzettel auf denen steht, dass sie 50 Euro wert seien. Was gibt es für diese Banknoten?

Momentan mag es für jeden Schein noch ein Abendessen in einem guten Restaurant geben, doch in Zukunft könnten es nur Frikadellen und Büchsenbier sein. Demnach sind die 100.000 Euro der Glaube an Essen und Trinken im weitesten Sinne der Worte. Das ist bei Anleihen und Renten nicht viel anders.

Genauso verhält es sich im Prinzip mit allen anderen Kapitalanlage- bzw. Kapitalverwendungsmaßnahmen. Diese nüchterne Darstellung der Werthaltigkeit oder Wertlosigkeit der klassischen Geldanlagen zeigt, dass das Geld eben nur der Glaube bzw. die Illusion an seine Werthaltigkeit ist. Deshalb gibt es auch keine diesbezügliche Sicherheit. Es gibt beim staatlichen Geld keine Garantie, dass Anlagen morgen noch werthaltig sein werden. Im zwanzigsten Jahrhundert ist das staatliche Geld in Deutschland immerhin gleich sechsmal wertlos geworden und wurde jeweils durch eine neue Währung ersetzt. Selbst die DM hat im Laufe der Zeit fast 85 Prozent ihres Wertes verloren. Auf die längerfristige Werthaltigkeit des Euro mag heute zu Recht niemand mehr vertrauen. Die Bereitstellung praktisch unbegrenzter Liquidität fördert den wirtschaftlichen Aufschwung der Leute, die dem Geldfluss am nächsten stehen. Aber er hilft weder dem Arbeiter bei Ford in Köln noch der großen Mehrheit der Mittelschicht. Sie vertieft die Kluft zwischen Arm und Reich weiter. Die große Mehrheit verliert und nur eine kleine Minderheit gewinnt.

Die Neokeynesianer werden einwenden, hätte die Fed das System nicht mit Geld überschwemmt, wäre die Lage noch viel schlimmer. Das stimmt vielleicht sogar, aber diese Phase der schweren Einbrüche zur notwenigen Bereinigung fiele weitaus kürzer aus. Menschen mit finanziellen Vermögenswerten (zur Altersabsicherung) werden massive Verluste hinnehmen müssen, weil Aktien, Anleihen und sonstige Vermögensgüter aufgrund der Geldschwemme überbewertet sind. Dies ist die logische Konsequenz aus der riesigen Staatsverschuldung und der ebenso riesigen Finanzblase, in der wir leben und die jeden Tag noch vergrößert wird.

Die Finanzblase ist das Ergebnis der „sozialstaatlichen Raserei" des westlichen Wohlfahrtsstaatsmodells.

Das Wort „sozial" als die inzwischen heiligste Vokabel im Wohlfahrtsstaat hat im sozialdemokratischen Zeitalter den zehn Geboten der Bibel längst den Rang abgelaufen (Roland Baader). Das Wort „sozial" ist das meist missbrauchte Adjektiv und wird für alles benutzt, was der Politik in ihrer Geldverschwendungssucht so herrlich in den Kram passt.

Aufgrund des staatlichen Geldmonopols können die Politiker als „Kollektivmoralpharisäer" ihre sozialstaatlichen Wahlgeschenke über Verschuldung und Ingangsetzung der Notenpresse praktisch ad infinitum „finanzieren". Das staatliches Geldmonopol und die sozialstaatliche Massendemokratie führen automatisch zur permanenten Schuldenmacherei. Ist die Staatsverschuldung dann ab irgendeinem Punkt nicht mehr tragbar, muss sich der Staat seines Schuldenberges entledigen. Dies geschieht zwangsläufig auf Kosten seiner Bürger durch Inflation, Währungsschnitt bzw. Währungsreform. Erst wenn die Staatsschulden gegen Privatguthaben sozusagen verrechnet werden, d. h., die Bürger enteignet werden, wird den Leuten die wirtschaftliche und politische Tragweite der Schuldenmacherei des Sozialstaates klar. Aber dann ist es eben zu spät. Da nicht davon auszugehen ist, dass der Staat jemals auf sein wichtigstes Macht- und Herrschaftsinstrument, das staatliche Geldmonopol, verzichten wird, geht dann das ganze Spiel wieder von vorne los. Wie sagt doch die 90-jährige schwäbische Großmutter des Autors Marc Friedrich so treffend: *„Geld verreckt immer";* hat sie doch immerhin schon vier Währungen in ihrem Leben mitgemacht.

Der emeritierte Wirtschaftsprofessor Walter Wittmann aus der Schweiz schreibt in seinem Buch „Superkrise", dass sich der Trend zu immer mehr Schulden, der zur Zeit in praktisch allen westlichen Demokratien festzustellen ist, ungebremst fortsetzen werde, dass Staatsbankrotte in dichter Folge nicht mehr auszuschließen seien, dass ein neuer Börsencrash jederzeit möglich sei, dass die mit Hilfe von Derivaten aufgepumpte Superblase platzen werde.

1980, so der Investment-Stratege Marc Faber, seien die US-Staatsschulden erstmals über die Marke von einer Billion Dollar geklettert – und seitdem um das 14-fache auf 14 Billionen. In fünf bis 10 Jahren würden sie wiederum doppelt so hoch sein wie heute. Daher sei am Ende der Staatsbankrott unvermeidlich.

„Bevor Regierungen aber Bankrott machen, werden sie noch mehr Geld drucken", so Bernd-Thomas Ramb, Professor der Volkswirtschaftslehre an der Universität-Gesamthochschule Siegen. Ramb versucht in seinem Buch „Gebt uns unsere D-Mark zurück" die statistische Wahrscheinlichkeit einer Währungsreform in Deutschland zu berechnen. Demnach liegt diese bis 2017 bei 50 %, bis 2030 bei fast 100 %. Dabei stützt er sich vor allem auf die zunehmende Belastung der Staatsfinanzen durch die demografische Entwicklung. Ob der zeitliche Rahmen von Ramb annähernd stimmt oder, ob durch „finanzielle Repression" (langsame Teilenteignung der Bürger durch extrem niedrige Zinsen und permanentem Kaufkraftverlust der Währung), zeitlich noch gestreckt wird, bleibt abzuwarten. Völlig normal für solche Entwicklungen ist, dass sie eine durchaus lange Inkubationszeit durchlaufen und schließlich zu einem unvorhersehbaren Zeitpunkt plötzlich eintreten.

Felix Zulauf rechnet mit einer Eintrittswahrscheinlichkeit von 50 % damit, dass Japan in den nächsten zwei bis drei Jahren die Kontrolle über seine Währung und die Finanzmärkte verlieren wird. Dann gebe es einen Yen-Crash. Und wenn der Yen einbricht, dann kommen mit etwas Zeitverzögerung die anderen asiatischen Währungen unter Druck. Das war bisher immer der Fall. Ein sehr viel tieferer Yen werde die Preisgestaltung der Exportprodukte anderer asiatischer Volkswirtschaften über den Haufen werfen. Somit exportiert dann Japan sinkende Wachstumsraten in die Region und die ganze Welt. Die ganzen Erholungsphantasien werden sich dann als Fata Morgana raustellen.

Die Summe der künstlichen Finanzpapiere, die weltweit innerhalb einer Woche in die Märkte geworfen wird, ist so hoch wie das Bruttosozialprodukt der ganzen Welt innerhalb eines ganzen Jahres. Der keynesianische Ungeist der ungedeckten Kredite ist längst der Todeshauch der globalen Schuldenpyramiden, die auf Sicht zum Zusammenbruch des gesamten Finanzsystems führt. Der sich abzeichnende Crash wird die Grundfeste der westlichen Sozialsysteme sprengen.

Es ist natürlich für die politische Klasse bequemer, den Bürgern (also ihren potenziellen Wählern) unter tatkräftiger Unterstützung der Massenmedien einzureden, die Staatsschulden würden für das „Gemeinwohl" eingesetzt – damit bekommt Verantwortungslosigkeit einen besseren Klang. Wer sich jedoch Gedanken um seine finanzielle Vorsorge macht, dem stellt sich unweigerlich die Frage: Wie kann ich mich vor der zu erwartenden Inflation schützen? Kann man sein Vermögen überhaupt gegen Inflation schützen?

Eine wirklich seriöse Antwort auf diese Fragen kann es schon deshalb nicht geben, weil völlig unklar ist, welche politischen Kräfte zum kritischen Zeitpunkt regieren und welche Regeln dann für eine Währungsreform oder Umstellung und Neubewertung festgelegt werden. Dabei müssen sich die Bürger eben darüber klar sein, dass sich der Staat nur zu ihren Lasten entschulden kann.

3. Die amerikanische Fed

Vor rund hundert Jahren unterschrieb der damalige amerikanische Präsident Woodrow Wilson den Federal Reserve Act und monopolisierte die Geldversorgung in den Vereinigten Staaten. Der Bankier Ferdinand Lips hatte die Gründung der Fed und die Abkehr vom goldgedeckten Geld als die größte Tragödie in der Geschichte der Welt bezeichnet. Und in der Tat: Mit Gold als Geld hätte schon der Erste Weltkrieg von den beteiligten Staaten nicht mehr als ein paar Wochen geführt werden können.

Die private US-amerikanische Notenbank, genannt Federal Reserve System (Fed), setzt sich aus 12 regionalen „Federal Reserve Banks" zusammen. Anteilseigner dieser 12 regionalen Notenbanken sind private Geschäftsbanken, die sogenannten „Mitgliedsbanken". Die Namen der Eigentümer dieser „Mitgliedsbarken" sind offiziell nicht bekannt. Dem Vernehmen nach soll es sich um ein Kartell von acht Finanzdynastien handeln, die einen hohen Grad an wirtschaftlicher und finanzieller Konzentration widerspiegeln. Die Fed druckt für die Regierung das Geld und erhält dafür vom Staat nicht nur Kosten und Gebühren, sondern vor allem Zinsen. Außerdem bewahrt sie die Goldreserven auf – vermutlich als Pfand für den Druck der Banknoten. Der Fed-Präsident bzw. die Fed-Präsidentin wird vom US-Präsidenten ernannt.

Die Fed entstand ursprünglich nicht, um leere Staatskassen zu füllen, wie in England die Bank of England, sordern um nach der Wall-Street-Panik von 1907 weitere Finanzkrisen zu verhindern. Aber dann ließ sich die Fed doch von der Regierung schnell in die Pflicht nehmen, um die Kosten der Kriege durch inflationäre Entschuldung zu verringern. Und auch die heutige „Rettungspolitik" im Rahmen der Schulden- und Finanzkrise ähnelt mehr einer fiskalischen Kreditbeschaffung für die Regierung als einer Geldpolitik – ganz zu schweigen vom Ankauf von Staatsanleihen in Billionenhöhe. Durch diese faktische Monetisierung der Staatsschulden kuriert die Fed aber nur an Symptomen und „hilft" der Politik die notwendigen, aber sehr schmerzhaften Strukturreformen hinauszuschieben. So hat die Fed zuerst die politisch induzierte Immobilienblase angefeuert und dann während der Finanzkrise die großen Geldhäuser (mit Ausnahme von Lehman Brothers) herausgepaukt.

Da der US-Dollar die Weltleitwährung ist, gibt die Fed automatisch für praktisch alle Notenbanken den Kurs der Niedrigzinsen und Geldschwemme vor. Die Weltwirtschaft hat sich unter dem Einfluss der Fed in einem „Boom-and-Bust"-Zyklus verfangen. Der Grund für die chronischen Störungen im Wirtschaftsablauf ist einfach: Das Kreditgeldsystem auf Basis des staatlichen Geldmonopols. Zentralbanken und Geschäftsbanken weiten die Geldmenge via Kreditvergabe über die verfügbare Ersparnis hinaus aus. Die neu geschaffene Liquidität senkt die Marktzinsen künstlich. Dies löst eine wirtschaftliche „Scheinblüte" aus. Früher oder später platzt die Blase und es folgt eine entsprechende Bereinigung in Form einer Rezession mit Unternehmenskonkursen, steigender Arbeitslosigkeit und Überschuldung.

Die Tiefzinspolitik der Fed und der anderen Zentralbanken in den entwickelten Volkswirtschaften ließ in den letzten Jahren viel Auslandskapital in die Schwellenländer strömen. Überzogener Konsum, überdehnte Investitionsprojekte und staatliche Ausgaben ließen sich scheinbar problemlos finanzieren. Notwendige Strukturreformen unterblieben, stattdessen stiegen die Löhne weit überproportional, so dass sich die Wettbewerbsfähigkeit immer weiter verschlechterte. Am Ende ziehen die Investoren ihr Geld wieder ab und es droht der Staatsbankrott. Die Fed und die anderen Zentralbanken sind weniger „Retter in der Not", denn Verursacher der „Boom-and-Bust"-Zyklen.

Die Politik der Fed missachtet die Tatsache, dass auch Zinsen Preise sind. Wenn man diese Preise manipuliert, hat das reale und schädliche Folgen für die Wirtschaft. Den meisten Volkswirten ist bewusst, dass es zu

Fehlallokation von Kapital, Mangel und Elend führt, wenn Preise für Arbeit oder Rohstoffe per Regierungsdekret vorgeschrieben werden. Trotzdem nehmen sie es einfach so hin, dass Zentralbanken nicht nur das Angebot an einem bestimmten Rohstoff – Geld nämlich – kontrollieren sollen, sondern über die Zinsen auch dessen Preis. Das Drucken von unendlich viel Geld führt nicht zu unendlich viel Wohlstand. Das lässt sich leicht anhand der Geldpolitik der Fed in der Vergangenheit erkennen: Sie hat Billionen Dollar in die Wirtschaft gepumpt und Banken in der Hoffnung, dass dies zu mehr Krediten und dadurch zu mehr Konsum führt, reichlich billiges Geld zur Verfügung gestellt. Diese Interventionen sollen die Aktienkurse nach oben steigen lassen, die Kreditkosten für Unternehmen und Privathaushalte verringern und die hohen Wohnhauspreise stützen.

Wie schon in den 1930er-Jahren benimmt sich die Fed heute jedoch so, als gelte es, Zustände anzustreben, wie sie auf dem Höhepunkt der Kreditblase herrschten. Dabei verwechseln sie Geld mit Wirtschaftskraft und zeigen, dass sie glauben, durch hohe Vermögenswert-Preise und große Mengen an Geld und Krediten könne Wohlstand entstehen.

Seit der Zentralisierung der Geldpolitik durch die Gründung der Fed im Jahre 1913 sind Finanzkrisen in den USA (und damit automatisch auch in vielen anderen Ländern!) nur noch schlimmer geworden: Die Depression in den 1930er-Jahren, das Ausbluten der Goldreserven in den 1960er-Jahren, die Stagflation in den 1970er-Jahren, die Dotcom-Blase der frühen 2000er-Jahre und die aktuelle Krise. Alle diese Krisen haben ihren Ursprung in der lockeren Geldpolitik der Fed. Jede dieser Krisen begann mit inflationärer Geldpolitik, die in einer Blase mündete. Und die Lösung für das Platzen, das unweigerlich folgte, war jedes Mal der Versuch, die Blase wieder zu füllen.

Laurence White hat die Leistung der Fed für das marktliberale *Cato-Institut* in Washington in vier Punkte zusammengefasst: Ersten habe die Fed die Inflation dramatisch gesteigert – verglichen mit dem Goldstandard der Vor-

Fed-Ära: Ein Warenkorb, der 1879 für 100 Dollar zu haben war, kostete 1914 nur 99,95 Dollar. Der gleiche Warenkorb, 1963 für 100 Dollar gekauft, kostete in 2013 761,54 Dollar. Zweitens habe die Fed die Unsicherheit über das künftige Preisniveau erhöht. Daher seien sehr langfristige Unternehmensanleihen fast völlig vom Markt verschwunden. Drittens habe die Fed die Konjunkturschwankungen verstärkt. Die Schwankungen der gesamtwirtschaftlichen Produktion war mit der Fed viel ausgeprägter als *vor-der-Fed-Zeit* und dies, obwohl die stärker diversifizierte Wirtschaft kleinere Schwankungen erwarten ließ. Viertens habe die Fed die Arbeitslosigkeit keinesfalls verringert.

Der frühere Harvard-Professor Terry Burnham kritisiert die Politik der Fed schon seit rund fünfzig Jahren. Seiner Meinung nach habe die Politik der Fed zwei gravierend negative Folgen. Zum einen verzerre die Fed den Markt und verursache dadurch Fehlinvestitionen. Zum anderen sei die Fed ein „umgekehrter Robin Hood" – sie nehme von den Armen und gebe den Reichen sowie denen, die gute Beziehungen hätten.

In jedem Fall stellt sich natürlich die Frage, weshalb nur ganz wenige Ökonomen die Fed kritisieren!? Die Antwort ist relativ einfach. Nicht nur in den USA dominiert die Fed mit einem riesigen Netzwerk von Beratern, Dozenten, Schülern und Angestellten Ökonomen das Gebiet der Ökonomie so vollständig, dass echte Kritik an der Fed und der von ihr vertretenen Finanz- und Geldpolitik ein Karriererisiko darstellt. Seit über drei Jahrzehnten hat die Fed die gesamte Berufssparte der Geldtheorie- und Geldpolitik-Ökonomen auf die eine oder andere Art und Weise auf ihrer Gehaltsliste. Wenn man zu den auf der Gehaltsliste stehenden Ökonomen diejenigen hinzuzählt, die in der Vergangenheit dort gelistet waren, dazu die Wirtschaftswissenschaftler, die Subventionen erhalten haben – und diejenigen, die auf künftige Subventionen hoffen, dann wird deutlich, dass es sich um eine Mehrheit der Ökonomen-Zunft handelt. Hunderte Millionen Dollar gibt die Fed jedes Jahr für Aufträge an Ökonomen in Sachen Geld-

und Wirtschaftspolitik aus. Hinzu kommt, dass die Fed die wichtigsten Herausgeber akademischer Zeitschriften auf ihrer Gehalts- und Unterstützungsliste hat.

Ein wirklich kritischer Artikel über die Fed würde in keiner einzigen maßgeblichen Fachzeitschrift erscheinen. Darüber hinaus muss man wissen, dass es sich bei jeder Stellenbewerbung auf den Berufsfeldern der Ökonomen auszahlt, zeigen zu können, dass man von der Fed geschätzt wird. Mit ihren zahlreichen Konferenzen bietet die Fed externen Wissenschaftlern zudem eine ideale Plattform zur Selbstdarstellung. Auch, weil sie in Verbindung zur Fed stehen, haben die meisten Ökonomen das weltweite Finanzdesaster 2008 nicht vorausgesehen – mit Ausnahme der wenigen Vertreter der sogenannten „Österreichischen Schule der Nationalökonomie".

Vorbei sind die Zeiten als Milton Friedman formulierte: *„Keine größere Institution in den Vereinigten Staaten hat eine so schlechte Leistung für eine so lange Zeit, aber zugleich eine so große Reputation."* Inzwischen scheinen in der Öffentlichkeit Leistung und Reputation der Fed gleich schlecht beurteilt zu werden.

Für Anleger und Sparer sind diese Hintergründe wichtig, weil die Maßnahmen der Fed die Geldpolitik weltweit maßgeblich beeinflusst.

4. Die „statistisch frisierte" Preisinflationsrate

Die Preisinflationsrate wird in Prozent angegeben und anhand eines standardisierten Warenkobes gemessen. Es handelt sich um einen Verbraucherpreisindex, der die durchschnittliche Preisentwicklung des Warenkorbes ermittelt, der typischerweise von einem privaten Haushalt für Konsumzwecke eingekauft wird. Für die Ökonomen ist allerdings nicht die Höhe der Verbraucherpreise, sondern die Veränderung von Bedeutung, denn diese entspricht der Preisinflationsrate. Das Statistische Bundesamt in Wiesbaden gibt monatlich die Veränderung der Verbraucherpreise bekannt. Für EU-Zwecke wird der harmonisierte Verbraucherpreisindex (HVPI) berechnet.

Jedem Haushalt flattern sie wöchentlich in den Briefkasten, die Anzeigenblättchen von *Aldi, Lidl, Netto, Penny, Rewe, Edeka, Kaufland, Kaisers, Tengelmann & Co.* Mit Äpfeln für 1,99 Euro, Kaffee für 3,99 Euro, Saft für 60 Cent oder dem Kasten Bier für 8,88 Euro. Doch nach dem Wochenendeinkauf bleibt immer weniger im Portemonnaie. Das Gefühl trügt nicht. Die Nahrungsmittelpreise zogen in den letzten Monaten in 2013 um fast sechs Prozent an – so stark wie in den vier Jahren davor nicht mehr. 15,4 % mehr kosteten laut Statistischem Bundesamt Fette und Speiseöle. Butter war 30,8 % teurer als in 2012, Kartoffeln 44,4 %, Gemüse 11,7 %. Dennoch betrug die offizielle Preisinflationsrate nur 1,9 %. Lag das vielleicht an der Bundestagswahl in 2013? Denn bei niedriger Preisinflation können Wirtschaftsleistung oder Reallohnwachstum höher ausgewiesen werden.

Der kreative Spielraum der deutschen Statistiker ist zwar längst nicht so hoch wie bei ihren Kollegen in den USA, dennoch fällt die Differenz zwischen der „gefühlten Preisinflation" und der offiziellen Preisinflation auf. Die wahrgenommene Preissteigerung wird in erster Linie durch alltägliche Dinge bestimmt.

Und alltägliche Ausgaben für Lebensmittel, Strom oder Benzin haben meist einen höheren Preisanstieg zu verzeichnen als teure Güter wie Autos, Computer, Mieten oder Pauschalreisen. Je nachdem wie die prozentuale Gewichtung dieser Güter von den Statistikern bei der Zusammensetzung des standardisierten Warenkorbes vorgenommen wird, errechnet sich entsprechend eine unterschiedlich hohe Preisinflationsrate. Statistiker können darüber hinaus die Lebenshaltungskosten leicht mit ein paar Tricks nach unten rechnen. Wie soll man etwa die Preisentwicklung eins Laptops ansetzen, der bei gleichem Preis eine wesentlich höhere Leistung gegenüber dem Vorjahrmodell aufweist? In der Statistik wird jedenfalls so getan, als habe sich der Preis halbiert, mit entsprechend dämpfender Wirkung auf die Preisinflationsrate.

Die verkürzte und verbilligte Abwicklung neuer Blinddarmoperationen aufgrund des medizinische Fortschritts und engerer Vorgaben durch die Krankenkassen wird ebenfalls als Preisrückgang gewertet – ebenso wie es als Preisrückgang von Bildungskosten gewertet wird, wenn Hochschuldozenten vor mehr Studenten lehren, so dass rechnerisch weniger Lehrpersonal pro Uniabschluss notwendig ist. Vermögenspreise – etwa für Eigentumswohnungen oder Aktien – werden vom Warenkorb gar nicht erfasst. Dabei wohnen zwei von fünf Deutschen in den eigenen vier Wänden. Das erinnert an das Bonmot: *„Traue keiner Statistik, die du nicht selbst gefälscht hast!"*

Bei der Ermittlung der Preisinflationsrate wird nicht gelogen oder falsch gerechnet, doch statistische Gestaltungs- und Interpretationsspielräume gibt es reichlich. Jede Regierung ist an einer möglichst niedrig ausgewiesenen Inflationsrate interessiert. Denn Hauptursache der zu Grunde liegenden Inflation (Geldmengenausweitung) ist die überbordende Staatsverschuldung sowie deren indirekte Finanzierung per Notenpresse.

Das staatliche Geldmonopol (früher der Bundesbank, jetzt der EZB) ermöglicht der Politik im Rahmen ihrer „Wählerbestechungsdemokratie" diese verantwortungslose Schuldenmacherei. Die Folge sind – trotz aller Schönrechnerei – klar erkennbar: 2002 ersetzte der Euro die D-Mark. Anstatt 1.000 Mark in etwa 500 Euro zu tauschen, hätte man damals 125 Gramm Gold kaufen können. Der 500-Euro-Schein wäre zwar heute immer noch 50 Euro wert, aber man kann eben nur halb so viel damit kaufen. Die 125 Gramm Gold wären heute rund 3.500 Euro wert.

Laut Berechnungen der Postbank verloren die deutschen Sparer alleine in 2013 14 Milliarden Euro. Im letzten Jahr sollen es bereits 21 Milliarden gewesen sein, weil die künstlich niedrigen Zinsen unterhalb der Inflationsrate liegen (siehe folgenden Gliederungspunkt).

Europaweit stieg seit 2002 die Geldmenge um 160 %, der Wert der produzierten Güter und Dienstleistungen nur um gut 10 %. Die Schulden in Europa wachsen im Tempo von 100 Millionen Euro – pro Tag. Und durch die Entscheidung der EZB im Januar 2015 wird dieses Gebaren noch schneller vorangetrieben. So breitet sich die größte Finanzblase aller Zeiten wie ein Krebsgeschwür aus; die Lehman-Pleite 2008 war in diesem „Spiel" nur ein temporäres Innehalten. Im Rahmen der notwendigen und unausweichlichen Bereinigung dieser Scheinblüte wird der Lebensstandard sinken müssen, weil das Scheinwachstum alleine auf dem zunehmenden Verhältnis zwischen Schulden und Sozialprodukt beruht. Das lässt sich nicht grenzenlos ausweiten.

Die Geldschwemme führt zu immer neuen, immer größeren Vermögenspreisblasen (Aktien, Rohstoffe, Immobilien). Irgendwann greift dieser Prozess automatisch auch auf den Konsumgütersektor über. Dann wird die Preisinflation als „Taschendieb des kleinen Mannes" für jeden Bürger deutlich spürbar. Die gigantischen Schuldenberge bedürfen in jedem

Fall irgendwann der Bereinigung. Dann kehrt wieder einmal das staatliche Papiergeld zu seinem inneren Wert zurück: Null! (Voltaire)

Ludwig Erhard nannte die Inflation „Volksbetrug"; Staatsverschuldung lehnte er grundsätzlich ab. Für ihn war klar, dass der Wohlfahrtsstaat durch seine unsolide Finanzierung sein eigenes Ende herbeiführt. Und ist der Staat erst einmal finanziell so richtig klamm, so wandelt er sich vom Rechtsstaat zum Zwangsstaat. Der Hochschullehrer Walter Wittmann brachte es 2001 auf den Punkt: *„Es ist historisch erwiesen, dass Staaten sich weder an die Verfassung noch an Gesetze oder Verordnungen gebunden fühlen, wenn sie das für opportun halten. Sie setzen sie außer Kraft, oder ignorieren sie einfach. Hat sich der Staat bis an seine Grenzen verschuldet, so geht er mit seinen freiwilligen und seinen gezwungenen Geldgebern nicht mehr zimperlich um."*

Dann gilt der Ausspruch von Michael Corleone in „Der Pate III" (von Mario Puzo): *„Politik und Kriminalität sind ein und dasselbe."* Wer will noch Moral und Anstand von der Gesellschaft verlangen, wenn der Staat selbst zum Ganoven wird? Vom überzogenen Wohlfahrtsstaat mit seiner schamlosen Staatsverschuldung über die anschließend unvermeidliche Geldentwertung und eine selbstentmündigte Bevölkerung im würdelosen Kampf um die größten Stücke des Sozialkuchens bis zur allgemeinen Unmoral der ganzen Gesellschaft – so sieht der unvermeidliche Gang des überzogenen Wohlfahrtsstaates zum Schafott aus.

Für Ludwig Erhard war klar – Anstand und Moral einer Gesellschaft hängen in erster Linie von einer Haushaltspolitik ohne Staatsverschuldung, einer stabilen Währung, garantiertem Privateigentum, strikter Rechtsstaatlichkeit und einem neutralen, wettbewerblichen Leistungsprinzip (Marktwirtschaft!) ab.

5. „Finanzrepression" – so bluten die Sparer für die Staatsschulden

Spätestens wenn die Staatsschulden dann mit den Privatvermögen der Bürger „verrechnet" werden, merken die Bürger, dass Staatsschulden ihre eigenen Schulden sind. Vorher haben sie das vielleicht auch schon gewusst, aber erfolgreich verdrängt. Nicht immer wendet der Staat im Falle der Überschuldung gleich die großen Folterinstrumente an. Zunächst geht er subtiler vor, zum Beispiel im Wege der „Finanzrepression".

Der englische Begriff „financial repression" (deutsch sinngemäß: schleichender Sparverlust) beschreibt ein Bündel von Maßnahmen, mit denen der Staat in den Markt eingreift und seine Finanzierungskosten (sprich Zinsen) künstlich niedrig hält, damit er seine Schulden zinsmäßig noch bedienen kann; getilgt werden Schulden sowieso nie, sondern immer nur durch Aufnahme neuer Verbindlichkeiten prolongiert.

Sparer und Anleger erleiden dadurch negative Realzinsen, weil die Zinshöhe unter der Inflationsrate liegt. Die Differenz zwischen der Höhe der Habenzinsen für Sparer und der Inflationsrate stellt den Vermögensverlust dar. In dieser Höhe werden die Sparer und Anleger zwangsweise enteignet. Normalerweise würden steigende Staatsschulden die Zinssätze steigen lassen. Doch durch die marktwidrig niedrigen Zinsen reicht dem Staat ein etwas höheres Nominalwachstum, um die Schulden nach und nach abzubauen – eben zu Lasten der Sparer und Anleger. Nach dem Zweiten Weltkrieg haben sich auf diese Art und Weise die Vereinigten Staaten und Großbritannien eines Teils ihrer Kriegsschulden entledigt.

Durch die Finanzrepression kommt es also zu einer verdeckten Umverteilung von den Sparern und Anlegern hin zum Staat. Die negativen Realzinsen haben ihre Ursache unter anderem in der politisch bedingten Niedrigzinspolitik der staatlichen Zentralbanken seit Ausbruch der Staatsschuldenkrise und der „Euro-Rettungsmaßnahmen".

Zugleich strömt viel Geld aus den Krisenländern der EU-Währungsunion in diejenigen Länder, die (noch) als sicher gelten, was dort die Zinsen für Geldanlagen zusätzlich sinken lässt. Die oftmals aufgestellte Behauptung, dass die niedrigen Zinsen Konjunktur und Wachstum beflügeln würden, hat sich in der Realität als völlig unzutreffend erwiesen.

Sparer und Anleger verlieren zurzeit weltweit pro Jahr mehr als 100 Milliarden Euro, weil die Zinsen in vielen Ländern unter der Inflationsrate liegen. 23 Länder sind derzeit von negativen Realzinsen betroffen. Alleine deutsche Sparer verlieren dadurch pro Jahr rund 14 Milliarden Euro bei Tagesgeld, Girokonten und Sparkonten. Das geht aus Berechnungen der Frankfurter *Dekabank* und des *Instituts der Deutschen Wirtschaft* hervor. Übrigens spielt im umgekehrten Fall, wenn also der Bürger dem Staat (Steuer-)Geld schuldet, das aktuell niedrige Zinsniveau keine Rolle. Der Fiskus berechnet nach wie vor sechs Prozent pro Jahr – und das bei einem vergleichsweise beschränkten Risiko, denn anders als private Gläubiger kann der Staat sofort zuschlagen und das Eigentum des Schuldners verwerten.

Bei manchen Sparkassen oder Banken werden laut der Internetseite *banken-auskunft.de* (Stand: 14.01.2015) inzwischen nur noch zwischen 0,05 und 0,90 % für klassische Spareinlagen gezahlt. Mit einer höheren Verzinsung von bis zu 1,3 % locken einzelne Banken, sofern es sich um Anlagegelder von Neukunden handelt. Dieser Zinssatz gilt dann nur für eine bestimmte Zeit und nur bis zu einem bestimmten Höchstbetrag.

Die Finanzrepression oder auch „Sparbuchsteuer zur Krisenbewältigung" genannt, beutelt den Mittelstand deutlich härter als die wirklich Reichen, weil die klassische Altersvorsorge des Mittelstandes besonders leidet. Denn die kapitalgedeckte Altersvorsorge wird unattraktiv, weil Sparer keine Anlageform mehr finden, die eine reale Verzinsung erbringen. Das Problem, das mit der umlagefinanzierten Altersvorsorge heute schon besteht, kann also nicht mehr durch private Vorsorge ausgeglichen werden. Zinsen und Zinseszinsen sind so niedrig, dass sie nicht mehr in dem Maße zur Kapitalbildung beitragen, wie man es sich zum Beispiel bei der Einführung der „Riester-Rente" vorgestellt hatte. Da nutzen dann auch die fiskalischen (angeblichen) Zuschüsse zur Riester-Rente nichts. Deshalb entsteht jetzt eine massive Vorsorgelücke. Hält die Niedrigzinsphase noch lange an, werden manche Versicherungsunternehmen Liquiditätsprobleme bekommen, da sie über 60 % ihrer Anlagen in festverzinslichen Papieren anlegen (müssen). Das heißt, die Überschussbeteiligung wird geringer. Betroffen von sinkenden Gutschriften wären dann und 40 Millionen Haushalte in Deutschland.

Die Kunden müssen weiterhin mit niedrigeren Gewinnbeteiligungen und sogar noch weiter sinkenden Renditen rechnen. Erst zum 01. Januar 2015 wurde die Garantieverzinsung in klassischen Lebensversicherungen von 1,75 % p.a. auf 1,25 % p.a. abgesenkt. Die Differenz zwischen dem, was die Lebensversicherer an Rendite erwirtschaften, und dem, was sie als Zins garantieren, liegt im Durchschnitt nur bei etwa 0,4 %. Die Frage ist, wieviel Lebensversicherer verfügen über ausreichend Kapitalrücklage, um die Zeit der niedrigen Nettoverzinsung ihrer Kapitalanlagen zu überstehen? Und betroffen sind in diesem Zusammenhang nicht nur die Anbieter von Lebensversicherungen, sondern auch die Pensionsfonds. Das Risikokapital der Lebensversicherer, das zur Überbrückung von Ergebnisschwankungen benötigt wird, ist in den letzten Jahren bereits um bis zu 60 % geschrumpft. Die Versicherungsgesellschaften und ihre Kunden leiden also unter einer Kaitalmarktsituation, die von „politischen Niedrigzinsen" geprägt ist.

Aus volkswirtschaftlicher Sicht führen die künstlich niedriggehaltenen Zinsen zwangsläufig zur Fehlallokation von Geldmitteln für Investitionen, die sich bei marktgerechter Zinshöhe nicht rechnen würden, so dass sich schleichend eine umso stärkere Rezession in der Zukunft aufbaut. Außerdem können Zinshöhen, die niedriger als das Wachstum des

Bruttoinlandprodukts (BIP) sind, nicht über viele Jahre hinweg durchgehalten werden. Am langen Ende wird es deshalb trotz Finanzrepression doch zu einem „Vermögensschnitt" kommen.

Laut dem Fiscal-Monitoring-Bericht des IWF vom Oktober 2013 wird für Deutschland ein pauschaler Vermögensschnitt in Höhe von 11 % kalkuliert. Gedacht wird in dieser Blaupause nicht nur an eine einmalige Sonderabgabe auf Wertpapiere, sondern auch auf andere Anlage- und Vermögensformen, darunter zum Beispiel auch Immobilien. Die Beratungsgesellschaft Boston Consulting Group geht sogar von einem notwendigen Vermögensschnitt in Höhe von 25 % aus.

6. Klassische Anlagemöglichkeiten

Anleger, die heute auf die durchgängig positiven Wirtschaftsprognosen einschlägiger Experten des Jahres 2007 zurückblicken, können sich nur wundern. Denn als es in 2008 dann zu schweren Verwerfungen an den Finanzmärkten kam, waren alle Prognosen plötzlich nutzlos. Nur ganz wenige Finanzfachleute hatten die Krise richtig vorhergesagt – inwieweit dies aber eher auf Zufall beruhte, ist nicht abzuschätzen. Und die meisten der staatsfrohen Mainstream-Ökonomen keynesianischer Prägung vertreten selbst heute noch die groteske Meinung, dass man sich „quasi nur arm verschulden, aber reich verschulden könne." Im Schlagschatten der Politik (als Staatsbeamte, oder in Verbindung mit Finanzkonzernen) hantieren diese makroökonomischen Klempner mit ihren beeindruckenden Formeln, Gleichungen und mathematischen Modellen, können damit die wirtschaftlichen Wirklichkeit aber dennoch nicht verstehen, geschweige denn erklären. Dennoch dominieren sie die volkswirtschaftlichen Fakultäten des staatlichen Hochschulbereiches, weil sie der Politik eine scheinbar wissenschaftliche Expertise für deren hemmungslose Schuldenmacherei liefern.

Lediglich die weltweit kleine Schar der Ökonomen, die die sogenannte „Österreichische Schule der Ökonomie" im Sinne von Ludwig von Mises und Friedrich A. von Hayek vertreten, haben die Krise nicht nur vorhergesagt, sondern auch die Gründe dafür, sowie die Konsequenzen exakt beschrieben.

Es stellt sich angesichts der exorbitant hohen Staatsverschuldung und der zu erwartenden Inflation als Folge der weltweiten Liquiditätsflutung nunmehr für jeden Anleger und Sparer die Frage, wie er sein Geld überhaupt noch einigermaßen sicher anlegen kann. Seit der „Zypern-Rettung" muss eben selbst die Anlageform „Sichteinlagen" generell von der bisherigen Kategorie „absolut sicher" in die Kategorie „potenziell unsicher" korrekt eingestuft werden. Bisher in der Europäischen Union undenkbare Kapitalverkehrsbeschränkungen und staatliche Kapitalverkehrskontrollen sind inzwischen konkretes Szenario.

Der emeritierte Wirtschaftsprofessor Walter Wittmann aus der Schweiz schreibt in seinem Buch „Superkrise", dass sich der Trend zu immer mehr Schulden ungebremst fortsetzen werde, dass Staatsbankrotte in dichter Folge nicht mehr auszuschließen seien und dass ein neuer Börsencrash jederzeit möglich sei.

Bevor Regierungen Bankrott machen, lassen sie in aller Regel die Notenpresse auf Hochdruck laufen. Daher stellt sich für den Sparer und Anleger die Frage nach einem Schutz vor Inflation. Kann man sein Vermögen überhaupt gegen Inflation schützen? Eine wirklich seriöse Antwort kann es schon deshalb nicht geben, weil völlig unklar ist, welche politischen Kräfte zum kritischen Zeitpunkt regieren und welche Regeln dann für einen Vermögensschnitt, eine Währungsreform oder Umstellung und Neubewertung festgelegt werden.

Aufgrund der allgemeinen Unsicherheit und der konkreten Angst vor Enteignung fliehen viele Leute ins Bargeld. In der EU ist deutlich mehr Bargeld im Umlauf als noch vor einem Jahr. Dennoch bezahlen die Konsumenten nicht mehr Produkte mit Bargeld – ganz im Gegenteil. Vielmehr holen sie das Bargeld von den Banken und horten es unter der Matratze. Die Regierungen und die EZB sehen diese Entwicklung äußerst kritisch und wollen deshalb den Bargeldverkehr mittelfristig am liebsten abschaffen. Dies würde ihnen die Überwachung der Bürger und des Geldverkehrs erleichtern, sowie den schnellen Zugriff auf die Kundenkonten bei den Banken ermöglichen.

6.1. Immobilien

Allgemein heißt es, dass in der Regel Sachwerte besser als reine Geldwerte vor der Inflation geschützt seien. Doch wer auf Immobilien, Aktien oder Gold setzt, sollte davon ausgehen, dass er durch einen wie auch immer gearteten „Lastenausgleich" mit herangezogen wird. Grundeigentümer entkommen der Inflation nicht – wie das Beispiel von 1923 zeigt. Entgegen weit verbreiteter Meinung gelang es den Immobilieneigentümern ganz und gar nicht, sich durch Inflation zu entschulden.

Um die Mieten wegen der Geldentwertung bzw. des Kaufkraftverlustes entsprechend anheben zu können, hätten die Löhne in gleicher Höhe mit der Geldentwertung steigen müssen. Doch die Löhne hinkten nicht nur der Inflationsrate weit hinterher. Viele Beschäftigte wurden zudem arbeitslos, so dass sie gar keine Mieten mehr zahlen konnten. Außerdem entschied das Reichsgericht 1923, dass Schulden nicht mit der wertlosen Papiermark, sondern mit der von der Inflation nicht betroffenen Goldmark beglichen werden mussten. Die aber hatten die meisten Hauseigentümer nicht und mussten deshalb ihre Immobilien zwangsversteigern lassen. Dass das Märchen von der Schuldentilgung der Hauseigentümer via Inflation überhaupt entstanden ist, lag an einem Trick des in der Krise ins Amt gekommenen Reichskanzlers Gustav Stresemann.

Nach der Einführung der neuen Reichsmark Ende 1923 erhob die Regierung die so genannte Hauszinssteuer auf Wohneigentum mit der (falschen) Begründung, die Immobilieneigentümer hätten sich durch die Inflation ihrer Schulden entledigt und müssten nun einen Lastenausgleich gegenüber den Nicht-Immobilieneigentümern zahlen. Dass Grundeigentümer vom Staat zur Kasse gebeten wurden, hatte einen einfachen Grund: Anders als Geld und Gold können Immobilien nicht außer Landes gebracht werden; sie sind eben immobil. Die Hauszinssteuer war so hoch, dass die Länder und Kommunen von 1926 bis 1930 immerhin rund 20 % ihrer Ausgaben damit bestreiten konnten. Viele Immobilieneigentümer konnten ihre Häuser nicht mehr halten und mussten sie an die Städte verkaufen, die damit den Grundstock für ihre kommunalen Wohnungsunternehmen legten.

Im Einzelfall kann die Immobilie selbstverständlich durchaus als Inflationsschutz wirksam sein. Man kann allerdings nicht behaupten, dass die Immobilienanlage generell ein geeigneter Inflationsschutz ist. Das jedenfalls ist das Ergebnis einer Studie des Instituts der Deutschen Wirtschaft, bei der die Entwicklung der Immobilienmärkte in 10 Industrieländern seit 1970 untersucht wurde. In acht von 10 Ländern führte ein Anstieg des Preisniveaus zu sinkenden Preisen auf dem Immobilienmarkt. In Deutschland verzeichnete die Studie zwar einen Wertzuwachs, doch lag dieser deutlich unter der Inflationsrate. Die Theorie, dass die Immobilienpreise automatisch steigen, wenn alles andere teurer wird, lässt sich also empirisch nicht belegen.

Zurzeit wird sogar in Deutschland vor einer möglichen Immobilienblase gewarnt, da zumindest in den Ballungszentren wie Berlin, München oder Hamburg eine Überhitzung der Preise festzustellen ist. In diesen Metropolen sind die Preise für Eigentumswohnungen in den letzten vier bis fünf Jahren zum Teil mehr als 70 % gestiegen. Bis zu 55 Jahresmieten wurden in München bereits für Topwohnungen bezahlt – was einer Rendite aus Mieterträgen von lediglich 1,8 % entspricht.

Die durchschnittliche Rendite in Deutschland ist auf drei Prozent gefallen, berichtet der britische „Real Estate Finance Intelligence Report" und rät Investoren auf der Insel, sich von Eigenheimengagements in Deutschland fernzuhalten. Betriebswirtschaftlich muss der Ertrag aus Mieteinnahmen die Inflationsrate deutlich übersteigen, denn Eigentümer müssen Geld für Reparaturen und Instandhaltungsmaßnahmen zurücklegen und sich auch auf das Risiko von Mietausfällen vorbereiten. Solche notwendigen Sicherheitskalkulationen werden auf dem derzeitigen Preisniveau meistens missachtet. Die Illusion einer langfristig garantierten, wertstabilen Anlage in Immobilien sollte sich niemand machen. Der Wert einer Immobilie sinkt langfristig, und das kann allenfalls in Spitzenlagen durch steigende Grundstückspreise überkompensiert werden. Die Lage ist und bleibt also das entscheidende Kriterium. Bei einem größeren Investment in Immobilien sollte wegen der zu erwartenden Turbulenzen in der Euro-Zone und möglichen „Lastenausgleichsmaßnahmen" (zum Beispiel in Form von staatlichen Zwangshypotheken, die im Übrigen von Grundgesetz abgedeckt sind), Länder außerhalb der Euro-Zone gewählt werden. Auch der an sich durchaus verständliche Wunsch vielen Menschen, statt Miete an einen Dritten zu zahlen, lieber das eigene Dach über dem Kopf zu finanzieren, muss genau berechnet und kalkuliert werden. Dabei wird nämlich oft die notwendige Kapitalisierung von Einnahmen und Ausgaben (sog. Barwerte) fälschlicherweise außer Acht gelassen, wie der Finanzanalyst Volker Looman aufzeigt.

Wer zum Beispiel 30 Jahre lang monatlich 1.000 Euro Miete zahlt, muss bei einem Anstieg in Höhe von zwei Prozent pro Jahr insgesamt 486.817 Euro bezahlen. Die Zahl ist insofern richtig, weil die Raten korrekt aufaddiert sind. Trotzdem ist diese Rechnung nicht aussagefähig. Erstens bekommt der Mieter für diesen Betrag sehr wohl einen Gegenwert, und man muss fragen, welcher Kredit mit 360 Raten zu je 1.000 Euro getilgt werden könnte.

Hierfür ist der Barwert heranzuziehen: Hypotheken mit einer Laufzeit von 30 Jahren kosten rund fünf Prozent pro Jahr. Folglich liegt der Multiplikator bei 239, und das bedeutet, dass mit 360 Raten ein Kredit in Höhe von 239.000 Euro verzinst und getilgt werden könnte. In der Praxis ist es weniger, weil von den Raten mindestens 20 % für Instandhaltung und Reparaturen der Immobilie abzuziehen sind. Werden auch noch die Nebenkosten für den Immobilienkauf einkalkuliert, wird das zulässige Darlehen etwa 182.000 Euro betragen. Nun stellt sich die Frage, ob man für

182.000 Euro zum Beispiel in Kassel oder Mannheim ein Dach über dem Kopf bekommt, das dem Komfort der eigenen Mietwohnung ebenbürtig ist. In der Regel dürfte das eher nicht der Fall sein.

Wer noch vor einigen Jahren mit 35 Jahren an den Kauf eines Hauses oder einer Eigentumswohnung dachte, galt als spießig und langweilig. „Der Profi wohnt zur Miete!" war ein beliebter Slogan bei gutverdienenden, karriereorientierten Menschen, die vor allem flexibel bleiben wollten. Das Bild hat sich gerade in den letzten fünf bis sechs Jahren massiv gewandelt; die Immobilienkäufer werden immer jünger. Sogar die lang als „muffig und verstaubt" geltenden Bausparkassen erfreuen sich einer Beliebtheit, die lange als vollkommen ausgeschlossen galt. Die anhaltende Finanz,- Bank,- Schulden,-Vertrauenskrise führt dazu, dass die Menschen ihr Heil im „Betongold" sehen und Immobilien als „sichere" Geldanlage. Doch ist dies tatsächlich so?

Immobilienkredite bekommt man inzwischen zu Konditionen, die Käufern aus Hochzinsphasen die Tränen in die Augen treibt; woher diese gnadenlos billigen Kredite kommen und welche Folgen sie haben, egal! Amerika, wo das Drama genau in diesem Segment begann, ist weit weg; Spanien, das unter massivem Wertverlust bei Immobilien leidet und auch die Niederlande, die zusehends in diesem Bereich enorme Schwierigkeiten bekommt – nun, das spielt hier bei uns anscheinend keine Rolle. Diese Zeiten sind ein Fest für Immobilienmakler. Die Frage, ob der Markt nicht längst überhitzt ist, wird ganz einfach ignoriert oder empört zurückgewiesen. Was sollen diese auch sonst sagen, wo sich doch mit zum Teil wirtschaftlich haarsträubenden Argumenten gute Geschäfte machen lassen?

Die meisten Menschen halten Immobilien für sicher, werterhaltend, inflationsgeschützt. Alles Eigenschaften, die den meisten Geldanlagen in diesen unsicheren Zeiten anscheinend kaum oder gar nicht mehr gegeben sind. Ist die Generation der jetzigen „Häuslebauer" zwischen 30 und 40 Jahren eine besonders Optimistische? Der Nobelpreisträger Daniel Kahneman schreibt in seinem Buch „Schnelles Denken, langsames Denken": „Optimisten sind normalerweise fröhlich und zufrieden und daher beliebt; sie kommen gut mit Fehlschlägen und Notlagen zurecht, sie haben ein geringeres Risiko an einer klinischen Depression zu erkranken, ihr Immunsystem ist stärker, sich achten besser auf ihre Gesundheit, sie fühlen sich gesünder als andere und sie haben tatsächlich eine höhere Lebenserwartung." Und weiter: "Die Wahrscheinlichkeit, dass ein neu gegründetes Kleinunternehmen in den Vereinigten Staaten die ersten fünf Jahre überstehen wird, beträgt etwa 35 %. Aber die Personen, die solche Unternehmen gründen, glauben nicht daran, dass diese statistischen Werte für sie gelten." Daniel Kahneman beschreibt auch, dass die jungen Unternehmer die Erfolgsaussichten auf fast 60 % schätzen, fast doppelt so viel wie tatsächlich. Fragte man die Unternehmer, wie hoch sie das eigene Versagen einschätzen, gaben 33 % der Befragten die Prognose von Null Prozent Versagenswahrscheinlichkeit ab.

Ist es also Optimismus oder in vielen Fällen eine krasse Fehleinschätzung des persönlichen Risikos? Oder haben sie einfach nur „falsche" Informationen? Was ist das Erstrebenswerte an Immobilien außer den genannten Eigenschaften, die ihnen zugerechnet werden? Ist es die angenehme Vorstellung von „den eigenen vier Wänden"? Niemandem, außer der Bank natürlich, Rechenschaft ablegen zu müssen? Das Gefühl zu haben, es „für sich und die Kinder" zu tun? Im Alter „mietfrei" wohnen zu können und etwas „geschaffen" zu haben?

Bemühen wir in einem ersten Schritt also zunächst die nicht mit sich handelbare und neutrale Mathematik und schauen uns die momentan sehr verlockende Zinslandschaft an. Darlehen sind im Falle der Eigennutzung, bei bester Bonität, einem Beleihungsauslauf von 90 % des Verkehrswertes und einer 15-jährigen Laufzeit je nach Bank, sofern es denn ein Bankdarlehen werden soll, in der Regel zwischen 3,52 % und 3,67 % zu bekommen.

Dies gilt für sogenannte 1a-Darlehen, die für Banken besonders attraktiv sind. Nun hat der Erwerber in spe ein gespartes Kapital von 20.000 Euro, welches er gerne investieren möchte. Bei einer Tilgung von ein Prozent pro Jahr, Kaufnebenkosten wie Notar, Grunderwerbssteuer (ohne Maklergebühren) und einer monatlichen Annuität von maximal 800 Euro kann dieser sich also „Eigentum" in Höhe von rund 216.000 Euro leisten. Werden hingegen noch Maklergebühren fällig, reduziert sich die Summe der möglichen Finanzierung auf rund 210.000 Euro! Sofern Immobilien tatsächlich eine Geldanlage, also eine Anlage aus eigenem Geld, sind, treffen diese Einschätzungen zumindest größtenteils zu; wird die Immobilie allerdings mit fremdem Kapital, also mit geliehenem Geld und im schlimmsten Fall auch noch zu 100 % fremd, also durch Kredit finanziert, dann kann man nicht mehr von einer „Geldanlage" sprechen.

Milliarden neue Euros an Schulden werden aufgenommen und Schulden sind eine seltsame Sache. Sie beginnen sich erst unangenehm bemerkbar zu machen, wenn es schwer wird, sie zu bedienen. Warum sind so viele gerade noch junge Menschen bereit, sich für viele Jahrzehnte in Verpflichtungen und Schulden zu stürzen? Warum ist das bei uns so ausgeprägte Sicherheitsbedürfnis „eingeschränkt", wenn es darum geht, eine Kreditverpflichtung einzugehen, die bei „Nichtfunktionieren" böse Auswirkungen auf ein ganzes Leben haben kann? Unser „Musterexemplar" macht sich nichtsdestotrotz mutig auf den Weg zur Bank und lässt sich für diese Summe von 210.000 Euro einen Tilgungsplan aufstellen; schließlich war es nie billiger, Schulden zu machen!

Wert der Immobilie und Darlehensbetrag: **210.000 Euro**
Monatliche Tilgungsrate: 798 Euro
Tilgungsrate: 1 %

Zinsrate: 3,62 % p.a. effektiv
Laufzeit des Darlehens: 42,5 Jahre

Restwert des Darlehens: 0 Euro
Keine Sondertilgungen
Höhe der Zinszahlungen: **198.748,09 Euro**

Höhe des Gesamtaufwandes: **408.748,09 Euro**

Dies ist das klassische Beispiel einer „Nichtinvestition"! Eine Investition bringt Geld, hier wird nur Geld ausgegeben! Wichtig ist an dieser Stelle, wirklich „nur" von der wirtschaftlichen Situation auszugehen. Emotionale Gründe spielen natürlich eine Rolle, sie verwässern jedoch leider oft die so wichtige neutrale Basis.

Und was sind nun die „Lieblingsirrtümer" rund um die eigen genutzte Immobilie?

1.) Die Immobilienfinanzierung funktioniert auch ohne Eigenkapital!

Lieber nicht! Jeder einzelne Euro, der selbst eingebracht wird, schmälert den Kreditaufwand erheblich! Und es sind nicht die hohen Zinsen auf kurze Zeit, sondern die geringen Zinsen auf lange Zeit, die sehr viel Geld kosten! Die Zinsdauer ist von enormer Bedeutung!

2.) Mit den Jahren wird die finanzielle Belastung immer geringer!

Nun, das kann, muss aber nicht so sein. Die Banken kalkulieren intern mit einem langfristigen Zins von mindestens sechs Prozent. Auch wird die historisch niedrige Zinsphase nicht ewig dauern und dann werden Verlängerungen (Prolongationen) teurer. Liegen die Zinsen nämlich zum Zeitpunkt der erneuten Finanzierung höher als heute, kann die monatliche Belastung sogar erheblich größer ausfallen. Bei einem Darlehen von 210.000 Euro, das für 10 Jahre zu einem Effektivsatz von 3,62 %

abgeschlossen wird, werden monatlich 798 Euro für Zins und Tilgung fällig. Liegt der Zinssatz in 10 Jahren bei 6,5 %, kostet der Kredit plötzlich rund 1.150 Euro pro Monat. Und das, obwohl der Darlehensnehmer in den zurückliegenden 10 Jahren bereits knapp 26.000 Euro Euro an Zins und Tilgung abbezahlt hat. Eine Reduzierung der Laufzeit findet dadurch nicht statt.

3.) Das beste Zinsangebot ist auch das beste Gesamtangebot!

Nein, bitte auf versteckte Gebühren und Kosten achten. Gerade hier schlummern etliche Euros, die gespart werden können!

4.) Ein Prozent Tilgung reichen aus!

In Hochzinsphasen ist eine höhere Tilgung meist ja auch gar nicht möglich, weil dies die finanziellen Fähigkeiten vieler Menschen überlastet. In diesen Niedrigzinsphasen sollte unbedingt mehr Tilgung eingebaut werden. Sonst dauert es ewig und die Zinsen, die man über die Laufzeit zahlt, sind enorm hoch.

5.) Langfristige Zinsbindungen sind unflexibel!

Stimmt! In Hochzinsphasen sollten unbedingt möglichst kurze Laufzeiten vereinbart werden, um hier auf positive Veränderungen schneller reagieren zu können. Im Moment sind allerdings lange Bindungen von großem Vorteil, weil man sich den günstigen Zins eben auf lange Zeit sichert. Nach 10 Jahren kann jeder Kredit mit einer vertragsgemäßen Frist gekündigt werden, so dass die Gefahr, sogenannte „Vorfälligkeitszinsen", die erheblich sein können, zahlen zu müssen, ausgeschlossen ist. Allerdings darf auch die Bank nach frühestens 10 Jahren den Kredit kündigen. Eine Prolongation muss dann neu verhandelt werden.

6.) Die Hausbank berät am besten!

Ja, das wäre schön! Natürlich ist es angenehmer zu der Bank zu gehen, die man jahrelang kennt und einem dadurch die lästige und zeitraubende Kreditprüfung erspart – aber: Banken „beraten" nicht, auch wenn sie anderes suggerieren mögen. Banken verkaufen. Auch Baugeld!

7.) In meinem „Eigentum" spare ich die Miete!

Ja, das stimmt, aber die Zinsen, die viele Jahre an die Bank zu zahlen sind, stellen auch eine Form der Miete dar. In diesem Beispiel kann man nur für den Zinsaufwand, der keinerlei Werterhöhung der Immobilie darstellt, bei einer monatlichen Miete von 700 Euro, fast 24 Jahre lang eben diese zahlen. Erst nach 24 Jahren „wohnt man die Immobilie ab"! In der Zwischenzeit, möglicherweise weitere auf Kredit, erfolgte Renovierungen sind noch nicht einmal berücksichtigt. 24 Jahre bei einer extrem niedrigen Verzinsung. Die Berechnung wird richtig „unschön", sofern von einer sechsprozentigen Verzinsung ausgegangen wird.

8.) Ich sorge für mein Rentenalter vor; somit habe ich später keine Mietzahlungen mehr zu leisten!

Auch das stimmt! Leider ist das Eigenheim, auch wenn der Kredit vollständig abbezahlt ist, eine lebenslange Verbindlichkeit. Laufende Abgaben wie Grundsteuer, Energiekosten, kostspielige Reparaturen und mögliche staatliche Eingriffe sind immer zu berücksichtigen, auch wenn später nur eine „normale" Rente zu erwarten ist. Ein Eigenheim ist niemals ein Vermögenswert, denn dieser würde Kapital abwerfen und nicht kosten!

9.) Die Freiheit, tun und lassen zu können, ist es mir wert, viele Jahre lang hohe Schulden abtragen zu müssen!

Tolle Nachbarn sind eine Wonne, nicht so tolle Nachbarn ein Graus! In der heutigen Zeit können wir nicht mehr davon ausgehen, dass wir unsere, im besten Fall sehr angenehme Nachbarschaft, ein Leben lang behalten werden. Und wenn dann die „Nervtöter" nebenan einziehen, ist das mit der Freiheit unter Umständen schnell vorbei. Die Gerichte sind voll von diesen Beispielen. Dies gilt auch dann, wenn wir meinen, uns würde das nie treffen! Allen anderen ja – uns niemals! Der unbedingte Wunsch zur Selbsttäuschung ist gerade dann am größten, wenn es sich um das „Eigenheim" handelt.

10.) In meinem Umfeld haben alle Eigentum!

Der Herdentrieb ist einer der größten Probleme unserer Zeit! SIE verpflichten sich zur Rückzahlung eines Darlehens, SIE müssen den Kredit abzahlen, SIE haben unter Umständen schlaflose Nächte! Vermeintlich gute Ratgeber sind oft schnell verschwunden, wenn es ernst wird!

11.) Wenn mir das Haus/die Wohnung nicht mehr gefällt oder ich mir die Kreditrate nicht mehr leisten kann, dann verkaufe ich es halt!

Der „Wert" der Immobilie unterliegt der jeweiligen Einschätzung des Marktes, während die Verbindlichkeit bei der Bank ein fester Wert ist, der nicht davon beeinflusst wird. Sicher ist es hilfreich, Immobilien in bevorzugter Lage zu besitzen; diese waren dann oft aber schon im Einkauf teurer. Leider zeigt sich sehr oft, dass im Falle des Verkaufs, ein entsprechender Käufer eben nicht so leicht zu finden ist und im Notfall eben unter dem Wert der Immobilie verkauft werden muss – von den gezahlten Zinsen ganz zu schweigen!

Sollte aber, trotz all dieser Argumente, trotz der Tatsache, dass das „Eigentum" für sehr viele Jahre das Eigentum der Bank ist und auch persönliche (mögliche) Rückschläge wie Arbeitslosigkeit, Krankheit, Scheidung und/oder Trennung „eingepreist" sind, die Überzeugung überwiegen, dass die Entscheidung für eine eigen genutzte Immobilie die Richtige ist, dann ist es wahrscheinlich auch wirklich so. Der wichtigste Rat lautet: Augen auf beim Einkauf! Und sich nicht so sehr von Emotionen leiten lassen. Der deutsche Immobilienmarkt muss differenziert betrachtet werden. Insgesamt boomen deutsche Immobilien in den innerstädtischen Lagen der Metropolen und auch der größeren Städte.

Doch wer zu den aktuellen Preisen einkauft, muss sich die Frage stellen, ob die Preise sich immer weiter so entwickeln können. Die Deutsche Bundesbank warnt bereits vor einer denkbaren Immobilienblase. Die Bevölkerung in Deutschland schrumpft weiter und im Gegenzug werden Probleme bei Wohnimmobilien, wie schwer durchsetzbare Mietpreisanpassungen, Leerstände oder Mietnomaden wohl weiter zunehmen. Es herrscht in Deutschland kein echter Wachstumsmarkt bei Wohnimmobilien, wie das in den vergangenen Jahrzehnten der Fall war. Es wird daher schwieriger werden, mit Immobilien nachhaltig Vermögen aufzubauen.

Ganz anders sieht es in einem Spezialsegment des Immobilienmarktes aus: den Pflegeimmobilien. In den nächsten Jahren bzw. Jahrzehnten werden immer mehr Pflegeplätze benötigt. Dazu kommt, dass viele der heutigen Pflegeheime bereits über 25 Jahre alt sind. Entsprechend unzeitgemäß sind oft die Einrichtungen und Standards dieser Häuser. Ein Wachstumsmarkt sind daher vor allem neue und anspruchsvolle Pflegeheime. Hier ist die Kluft zwischen Angebot und Nachfrage heute schon sehr groß. In den nächsten Jahren werden mehrere tausend Pflegeheime benötigt und eine ähnliche Anzahl bestehender Objekte muss erneuert werden.

Der Bedarf an Pflegeplätzen ist unabhängig von der gesamtwirtschaftlichen Entwicklung und der Immobilienmärkte so oder so stark steigend. Wer eine Pflegeimmobilie als Kapitalanlage erwirbt, hat diese Sicherheiten jedoch nur, wenn er darauf achtet, ein seriöses und langfristig exakt kalkuliertes Angebot auszuwählen. Wie so oft, liegt der Schlüssel zum Erfolg in den Details.

Wichtige Prüfkriterien bei Pflegeimmobilien sind:

- Ist der Standort erstklassig und wirtschaftlich?

- Stimmt die Größe (mindestens 80 Betten)

- Handelt es sich um einen Top-Betreiber?

- Stimmen Verkehrsanbindung und Infrastruktur?

- Ist es eine moderne Niedrigenergiebauweise (KfW 70 Standard)?

- Werden ausreichend Rücklagen gebildet?

- Ist der Verwalter spezialisiert auf Pflegeeinrichtungen?

- Stimmt das Verhältnis zwischen Einzel- und Doppelzimmer?

- Hat der Eigentümer (inkl. Verwandtschaft) ein bevorzugtes Belegrecht?

Fachleute gehen davon aus, dass bei optimal geplanten und gemanagten Pflegeheimen langfristig bis zu fünf Prozent Rendite jährlich zu erzielen sind.

Mit der Anlageform der Immobilienfonds bietet sich Anlegern die Möglichkeit, durch Streuung des eingesetzten Kapitals in eine Reihe von verschiedenen Immobilien ihr Risiko gegenüber der Kapitalanlage in eine einzige Immobilie zu verringern.

Außerdem kann man in Immobilienfonds auch mit kleineren Beträgen einsteigen. Wie bei jedem Investmentfonds erwirbt der Anleger Anteile an dem von ihm ausgewählten Immobilienfonds in Höhe seiner finanziellen Möglichkeiten.

Die meisten Immobilienfonds sind in der Form des offenen Immobilienfonds aufgelegt, was bedeutet, dass die Vermögenswerte, die Immobilien, innerhalb des Fondsvermögens durch Zu- und Abverkäufe ständig wechseln können. Die liquiden Mittel, die dem offenen Immobilienfonds gehören, verwahrt eine Depotbank. Diese gibt die Fondsanteile aus. Aus den vielen kleinen Anlagebeträgen bildet sich ein größeres Kapitalvermögen. Mit den Geldern werden Immobilien erworben. Oft sind das Gewerbeimmobilien (Büro- oder Einzelhandelsobjekte), Gewerbegrundstücke oder Einkaufszentren in Ballungsgebieten und Großstädten. Außerdem kann auch in Beteiligungen in- und ausländischer Grundstücksgesellschaften investiert werden.

Das Ziel ist die Erwirtschaftung von Erträgen aus Mieteinnahmen zu zwei Dritteln (beim Anleger anteilig als Einkünfte aus Kapitalvermögen zu versteuern) und zu einem Drittel aus Wertsteigerungen der Objekte (in der Regel steuerfreie Erträge). Anteile an offenen Immobilienfonds können in der Regel zu jedem Zeitpunkt gekauft werden und auch an die Fondsgesellschaft zurückgegeben werden. Deshalb investieren die Fondsmanager das Kapital nicht nur in Grundstücke und Gebäude, sondern auch in festverzinsliche Wertpapiere oder ähnlich schnell verfügbare Anlagen. Offene Immobilienfonds müssen eine Liquiditätsreserve von mindestens fünf Prozent des Fondsvermögens halten. Diese darf maximal auf 49 % ansteigen. Wenn mehr Fondsanteile zurückgegeben werden als liquide Mittel vorhanden sind, darf der Immobilienfonds Fremdkapital aufnehmen (belastet die Rendite) oder er muss Immobilien verkaufen.

Die Kapitalanlagegesellschaften haben in der Regel die Rechtsform der GmbH und sie müssen über ein ausreichendes Eigenkapital verfügen. Möchte eine Kapitalanlagegesellschaft einen Fonds auflegen, benötigt sie in der Regel mindestens 2,5 Millionen Euro Anfangskapital. Das Kapital muss komplett eingezahlt sein. Offene Immobilienfonds setzen ihre Objekte zum Verkehrswert nach § 194 BauGb an.

Unabhängige Gutachter prüfen die Mieterträge und die Kosten und stellen den Verkehrswert des Objektes fest. Ein offener Immobilienfonds darf seine Objekte nicht bzw. „nur unwesentlich" unterhalb des festgestellten Wertes verkaufen. Wenn der erzielbare Verkaufspreis unter den Verkehrswert sinkt, ist ein Verkauf nicht mehr zulässig. Dann müssen häufig die ertragsstarken Objekte verkauft werden, was die Rendite des Fonds natürlich entsprechend beeinträchtigt.

Offene Immobilienfonds haben dem Schutz des Anlegers dienende Vorschriften bei der Anlagepolitik, der Veröffentlichungspflicht und bei der Darstellung des Fondsvermögens zu beachten. Die Kontrolle erfolgt meist durch die Depotbank und einem unabhängigen Gutachterausschuss.

Gegenüber den offenen Immobilienfonds gibt es auch so genannte geschlossene Immobilienfonds. Bei dieser Variante ist das einmal erworbene Immobilienvermögen des Fonds unabänderlich und kann nicht durch Zu- und Abverkäufe variabel gestaltet werden. In der Regel wird der Anleger hier Kommanditist einer KG und sein Risiko ist meistens auf seine Kommanditeinlage beschränkt. Einen Anspruch auf Rückgabe der Anteile und Auszahlung gibt es nicht. Ein Verkauf von Anteilen an einem geschlossenen Immobilienfonds vor Ende der Laufzeit ist im Regelfall nur möglich, wenn ein neuer Käufer gefunden wird.

In einem Emissionsprospekt wird das betreffende Immobilienprojekt detailliert dargestellt. Hauptentscheidungskriterium aus Anlegersicht sind die Ertrags-, Investitions- und Finanzierungsrechnung des Fonds.

Innerhalb der Platzierungsdauer wird ein geschlossener Immobilienfonds erstmalig an Investoren verkauft. Sie beginnt mit dem Vertriebsstart. Voraussetzungen für den Start des Vertriebes ist eine Genehmigung des Verkaufsprospektes durch die Bundesanstalt für Finanzdienstleistungsaufsicht (BaFin). Wenn genügend Anleger dem Fonds beigetreten sind bzw. das notwendige Kapital erreicht ist (durch die Einlagen der Anleger und die Aufnahme von Fremdkapital), wird die Platzierung geschlossen – der Immobilienfonds ist „geschlossen".

In aller Regel sind es vor allem steuerliche Argumente (Stichwort Abschreibungsobjekte), die gutverdienende Bürger zur Zeichnung von Anteilen an geschlossenen Immobilienfonds verleiten. Dabei sind in der Vergangenheit allerdings viele Anleger nicht glücklich geworden. (siehe Gliederungspunkt „Beliebte Irrtümer bei der Geldanlage")

6.2. Aktien und Aktienanleihen

Bei der Anlage in Aktien ist fraglich, inwieweit sie tatsächlich einen Inflationsschutz bieten. Einer empirischen Untersuchung hält diese oft zitierte These ebenfalls nicht stand. In Inflationszeiten haben sich nämlich Aktien oftmals schlechter entwickelt als andere Anlagealternativen. Es ist fraglich, inwieweit Unternehmen zum Beispiel steigende Rohstoffpreise weitergeben können oder diese nur ihre Gewinnmarge schmälern. Höhere Dividenden muss man mit einem wegen der Inflation höheren Zinssatz abzinsen. Dennoch erscheint die Anlage in besonders substanzstarke und dividendenstabile Unternehmen aus relativ krisengeschützten Branchen durchaus sinnvoll.

Hinsichtlich einer Aktienauswahl kommen in diesem Zusammenhang zum Beispiel *VW, Siemens, BASF, Bayer, Nestlé* und *Samsung* in Frage. Denkbar sind auch beispielsweise *Coca-Cola, Philipp Morris, Unilever, McDonald's* und *Procter&Gamble (Gillette, Pampers)*. Wichtige Auswahlkriterien neben defensiv und konjunkturunabhängig sind zudem hohe Bargeldzuflüsse aus dem operativen Geschäft und starke Marken, die auf lange Zeit stetige Einnahmen erwarten lassen. Und natürlich muss die Bewertung stimmen. Daran hapert es zurzeit bei einigen Titeln, was sie teuer macht. Dies gilt zum Beispiel für *Unilever* oder *Coca-Cola*. Das wichtigste Auswahlkriterium ist das Kurs-Cashflow-Verhältnis (KCV): Je niedriger das KCV im Vergleich zum Wert eines anderen Unternehmens ausfällt, je besser – denn umso günstiger ist die Aktie.

Privatanleger dürften allerdings Probleme haben, das KCV in Erfahrung zu bringen. Auch die Historie ist bei Aktien ein Auswahlkriterium. Unternehmen wie die *Münchner Rück* gibt es schon seit 1888, die *Allianz* seit 1890, *BASF* kann auf eine Historie bis 1865 zurückblicken, *Siemens* sogar bis 1847. Zwei Weltkriege haben diese Unternehmen überlebt, drei Währungsreformen, etliche Börsencrashs und Naturkatastrophen.

Ein Plus von 3.100 % schaffte die Aktie der *Münchner Rück* in den vergangenen 38 Jahren, ein für den Aufbau einer soliden Altersvorsorge realistischer Zeitraum. Nicht einmal ein Drittel davon waren es beim Leitindex, dem Dax. Der Chemieriese *BASF* und der Versicherungskonzern *Allianz* schafften im selben Zeitraum 1.000 % mehr als der Dax. Siemens bewegte sich zumindest im Gleichklang mit dem Index. Dieser Trend dürfte auch für die Zukunft gelten, selbst wenn weitaus mehr Schwankungen als in den vergangenen Jahrzehnten zu erwarten sind. Denn geht es an der Börse bergab, trennen sich Anleger zuerst von Aktien ohne Historie. Dies gilt umso mehr für ausländische Investoren, die mittlerweile mehr als die Hälfte der Anteile an allen Dax-Konzernen besitzen. *Siemens, Daimler* oder *Allianz* werden als große deutsche Traditionsunternehmen wahrgenommen, deren Aktien quer durch alle Börsenphasen schlicht im Depot sein müssen. Unternehmen ohne Historie, wie zum Beispiel *Infineon*, gehören eher nicht dazu. Langfriststudien haben ergeben, dass eine solide und anschließend wieder angelegte Dividende viel wettmacht, was es in der Zwischenzeit an Verwerfungen an den Aktienmärkten gab.

Ab einer Haltedauer von fünf Jahren ist, statistisch gesehen, der Zeitpunkt erreicht, an dem das richtige Timing für den Einstieg kaum noch eine Rolle spielt. Die ausgeschütteten Dividenden sollten am besten wieder in dieselbe Aktie angelegt werden. Kenneth R. French, Finanzprofessor an der Tuck School of Business in Hanover/New Hampshire, hat berechnet, wie sich Aktien im breit gestreuten amerikanischen Leitindex S&P ab dem Jahr 1926 bis heute entwickelt hätten, wenn die Dividenden gleich wieder angelegt oder alternativ konsumiert worden wären. Wäre die Dividende regelmäßig in Autos, Mode oder Urlaub geflossen, hätte die Rendite bei 5,35 % pro Jahr gelegen.

Wenn die Anleger die Dividende jedoch sofort wieder in die gleiche Aktie gesteckt hätten, wäre die Rendite über diesen Zeitraum am Ende fast auf die doppelte Höhe angestiegen – fast 10 % wären dann geflossen.

Der Grund dafür ist der so genannte Zinseszinseffekt, der natürlich bei allen Anlagen mit zwischenzeitlichen Ausschüttungen gilt. Noch länger haben die Wissenschaftler Elroy Dimson, Paul Marsh und Mike Staunton den Untersuchungszeitraum ich ihrem bekannten Buch „Triumph of the Optimists: 101 Years of Global Investment Return" angesetzt. Das Ergebnis überrascht noch mehr. Wenn ausgeschüttete Dividenden über den untersuchten Zeitraum von 101 Jahren gleich wieder angelegt wurden, dann war das Vermögen am Ende 85-mal so hoch, als wenn die Anleger die Ausschüttungen anderweitig verwendet hätten.

In der jetzigen Krisenzeit, wo viele Experten mit einem schwächeren Wachstum rechnen, wird die Dividendenstärke zu einem wichtigen Argument bei der Aktienauswahl. Hier hätten Kursverluste sogar ihr Gutes! Weil die Dividenden, die in Zukunft ausgezahlt werden, wohl weniger stark fallen werden als die Kurse, steigt im Gegenzug rein rechnerisch die Höhe der Dividendenrendite. Fachleute meinen, dass dann bis zu sieben Prozent möglich sein könnten.

Im Vergleich zu Immobilien bieten Aktien den generellen Vorteil, dass sie flexibel handelbar sind und als Produktivkapital grundsätzlich besser vor dem Zugriff des Staates geschützt sind. Doch Aktieninhaber mögen sich bewusst sein, dass steigende Aktienkurse schon ein Hinweis auf die Entwertung ist, die durch die Aufblähung der Wirtschaft vor sich geht. Ein Aktienkurs ist nämlich nichts anderes als ein Preis für eine Unternehmensbeteiligung. Auch das Ansteigen dieser Preise bedeutet also nichts anderes, als dass die Kaufkraft des Geldes sinkt. Es wird immer teurer, eine Beteiligung an einem Unternehmen zu erwerben.

Wenn die Aktienkurse steigen, sinken also die Reallöhne ausgedrückt in Unternehmensbeteiligungen, das heißt, die Leute müssen immer länger arbeiten, um sich einen solchen Anteil an einem Unternehmen kaufen zu können. Die steigenden Aktienkurse des künstlichen Booms sind also in

Wahrheit ein Zeichen für die Verarmung der Bevölkerung zugunsten der Geldschöpfer (Staat und Banken).

Grundsätzlich muss ein Anleger entscheiden, ob er Aktien unmittelbar kaufen oder in Fonds investieren will, die aus einer größeren Anzahl von Aktien bestehen. Die Grundidee des Fonds besteht darin, durch eine Kombination mehrerer Aktien Renditechancen zu wahren, aber bei einem gegenüber der Einzelaktie geringerem Risiko. Ein Fonds funktioniert damit nach dem bekannten Prinzip, dass man nicht alle Eier in einen Korb legen soll. Gerade für Anleger, die sich nicht mit einzelnen Aktien befassen wollen, sind Fonds eine durchaus überlegenswerte Alternative. Das Angebot ist sehr unübersichtlich, aber es lassen sich zwei große Kategorien unterscheiden. Beim traditionellen Fonds kümmert sich ein Fondsmanagement um die Aktienanalyse und die entsprechende Anlage der Kundengelder. In der Praxis schlagen viele aktiv gemanagte Fonds auf lange Sicht (die Kosten eingerechnet) allerdings nicht besser ab als ein ETF, der den Marktdurchschnitt abbildet.

Die einfachste Form der Aktienanlage ist der Kauf von Anteilen eines ETF auf den weltumspannenden Aktienindex MSCI World. Dieser Index besteht aus mehr als 6.000 Aktien aus 23 Ländern. Wer in diesen Index investiert, erhält so etwas wie die durchschnittliche Entwicklung der wichtigsten Aktienmärkte der Welt. Der größte Fonds der Welt ist ein ETF, der aus Aktien mittelgroßer und kleinerer amerikanischer Unternehmen besteht. Der Vanguard Total Stock Market Index Fund kommt auf ein Volumen von rund 250 Milliarden Dollar. In Deutschland sind ETF auf den Deutschen Aktien Index (Dax) beliebt; es gibt aber auch einen ETF auf den 100 Werte umfassenden F.A.Z.-Aktienindex.

Aktiv gemanagte Fonds sind dann von Interesse, wenn spezialisierte Fondsmanager besondere Anlagekonzepte gezielt umsetzen. So gibt es zum Beispiel interessante Fonds auf Aktienmärkte von Ländern, die nicht im breiten Interesse der Öffentlichkeit stehen oder auf einzelne Branchen. Manche Fondsmanager spezialisieren sich auch auf kleine und mittlere Unternehmen. Solche sehr spezialisierten Fonds sollten aber nur als Abrundung eines Wertpapierdepots dienen.

Wer vor gut zwei Jahren Anteile eines Fonds gekauft hätte, der den Index der Technologiebörse Nasdaq abbildet (ETF), hätte fast 40 % Rendite erzielt (minus Gebühren). Internet-Aktien haben im vergangenen Jahr ihren Wert extrem gesteigert. Sind die Kurse nun bereits zu hoch? Droht wieder das Platzen wie bei der Dot.com-Blase vor bald 15 Jahren? Hier gehen die Meinungen der Experten weit auseinander: Wirtschaftsnobelpreisträger Robert Shiller, der den Dot.com-Crash seinerzeit richtig vorausgesagt hatte, erwartet erneut eine ähnliche Entwicklung. John Paul Scandalios von Franklin Templeton, ein Schwergewicht, in dessen Tech-Fonds 800 Millionen US-Dollar stecken, sagt hingegen. *„Nie war es interessanter, in Technologie zu investieren."*

An *Google, Apple, Microsoft, Facebook, Amazon* usw. scheiden sich die Geister. Hendrik Ankenbrand weist in diesem Zusammenhang darauf hin, dass der neue Dot.com-Boom sich nicht mit der Dot.com-Blase von vor 15 Jahren vergleichen lässt. Der Markt ist heute wesentlich größer und stabiler als zur Jahrtausendwende. Der jetzige Web-Boom ist nicht bloß ein Hoffnungswert, wie es seinerzeit der Dot.com-Boom war, sondern es handelt sich um langfristiges und nachhaltiges Wachstum. *Facebook* verdient heute pro Jahr eineinhalb Mal so viel wie *AOL* im Jahr 1999, *Google* verdient das 13-fache und *Apple* verdient sogar 37 Mal so viel. Die Entwicklung der „Smartphone-Technologie" ist wohl noch lange nicht am Ende und das Wachstumspotenzial alleine in China mehr als beeindruckend. Eine vorsichtige Beimischung von Internet-Aktien bzw. Internet-Fonds im Anleger-Portfolio kann daher durchaus überlegt werden.

Wie bereits angeführt, gibt es auch Warnungen vor einer Blasenbildung und dem möglichen Platzen dieser Blase. Eine ganz andere Frage bezüglich dieses Sektors besteht für den einen oder anderen Anleger wohl darin, inwieweit man es mit Ethik und Moral verbinden kann, in Konzerne zu investieren, die maßgeblich an der nachhaltigen Zerstörung der Privatsphäre der Menschen beteiligt sind.

Hinsichtlich der Auswahl von Ländern, in deren Aktienmärkte man investieren möchte, schlägt Dave Garff von der amerikanischen Finanzgesellschaft *Accuvest Global Advisors* eine analytische Vorgehensweise vor. (Gerald Braunberger) Seine Methode besteht darin, einzelne Länder aus der Sicht eines Aktienanlegers als Anlageziele zu überprüfen und hat dies für 32 Industrieländer und Schwellenländer getan. Aktienmärkte lassen sich natürlich unter verschiedenen Gesichtspunkten analysieren. Dave Garff hat das aus dem Blickwinkel der so genannten wertorientierten Anlage („Value Investing") getan. Demnach geht ein Anleger hier an den Aktienmarkt heran, wie es Warren Buffet auch macht: Er sucht sich langfristig Aktien von Unternehmen mit guten wirtschaftlichen Aussichten, die derzeit an der Börse unterbewertet sind. Garff zieht drei Indikatoren heran, mit denen er die einzelnen Aktienmärkte bewertet. Es handelt sich für die Unternehmen um das Verhältnis von Kurs zu Buchwert, von Kurs zum Gewinn der vergangenen fünf Jahre und von Kurs zum geschätzten Gewinn der kommenden zwölf Monate. Das Ergebnis dieser Bewertungsanalyse ist interessant – im Durchschnitt sind die Schwellenmärkte nicht sehr hoch bewertet, aber die Unterschiede zwischen den einzelnen Staaten sind relativ groß.

Von den zehn am höchsten bewerteten Aktienmärkten befinden sich mehrere in den Industrienationen, aber mit Mexiko, Malaysia, Indien, Chile und Südafrika fünf in Schwellenländern. Umgekehrt befinden sich mit Russland, der Türkei, Brasilien und China auch einige Schwellenländer unter den Aktienmärkten, die vergleichsweise niedrig bewertet erscheinen. Das sind gerade die Länder, aus denen die Anleger in den vergangenen Monaten geflüchtet sind. Im Fall Russland ist dies nicht weiter verwunderlich. In China ist die Situation laut Christian Geinitz vielschichtiger. Obwohl China nach wie vor der Wachstumsmotor der Weltwirtschaft ist, ist an Chinas Aktienmarkt ein führender Aktienindex auf ein Fünfjahrestief gefallen. Das legt darin begründet, dass die Kurse in China wenig mit der Lage der Volkwirtschaft zu tun haben. Beeinflusst werden sie in erster Linie von der Liquidität, von politischen Einflüssen und von Millionen von Kleinaktionären, die wie Glücksspieler agieren. Christian Geinitz: *„Wer am Aufschwung von Unternehmen verdienen will, solite ihre Aktien in New York oder Hongkong kaufen. Dort legen Titel wie Tencent einen Kursrekord nach dem anderen hin."*

Die Königsdisziplin der Aktienanlage bleibt die Auswahl einzelner Aktien durch den Anleger. Der Grundfehler vieler Anleger besteht darin, die Aktie in erster Linie als ein Instrument für kurzfristige Spekulation zu betrachten. Natürlich lässt sich mit Aktien kurzfristig spekulieren, und manche Leute haben damit auch schon viel Geld verdient. Aber eigentlich ist die Aktie ein Instrument in einer langfristigen, oft über Jahrzehnte währenden Anlagestrategie. Denn Aktien verbriefen Eigentum an Unternehmen, und viele erfolgreiche Unternehmen sind mit ihren nicht selten namhaften Produkten am Markt. Die Grundidee der Aktienanlage besteht darin, langfristig in Form von Kurgewinnen und Dividendenausschüttungen von einer nachhaltigen Wertentwicklung von Unternehmen zu profitieren.

Diese Form der Investition in Produktivkapital ist wohl generell der sinnvollste Schutz gegen Inflation und Währungsschnitt bzw. Währungsreform (außer natürlich, man steckt sein Geld in sein eigenes produzierendes Unternehmen.) Dennoch darf natürlich nicht außer Acht gelassen werden, dass auch die Aktienkurse durch die weltweite Geldschwemme künstlich aufgebläht sind. Eine crashartige Kurskorrektur nach unten ist deshalb jederzeit möglich. Daher bieten einige Banken so genannte „Kapital-Schutz-Zertifikate" an. Bei diesen Papieren gehen Anleger kein oder nur ein geringes Kapitalverlustrisiko ein, profitieren aber trotzdem an möglichen Kursgewinnen. Emissionsbanken wie *HSBC Trinkaus*, die *HypoVereinsbank* oder die *Landesbank Baden-Württemberg (LBBW)* bieten neben den klassischen Vollschutz-Zertifikaten auch Papiere an, bei denen nur ein Teil des Anlagebetrags bei Fälligkeit sicher zurückgezahlt wird. Im Gegenzug profitieren die Anleger aber von etwaigen Indexgewinnen nach oben allerdings nur bis zu einer gewissen Obergrenze („Cap").

Bei Zertifikaten mit Vollschutz müssen Anleger mir einer geringeren Rendite zufrieden sein. Das Problem der Emittenten solcher Zertifikate ist das extrem niedrige Zinsniveau. Denn um den Kapitalschutz sicherzustellen, müssen in den Finanzprodukten natürlich auch die momentan sehr renditeschwachen Anleihen verarbeitet werden, so dass nur wenig Spielraum übrig bleibt, um über gezielte Beimischung, zum Beispiel von attraktiven Aktienoptionen, entsprechende Gewinnchancen zu generieren.

Eine Alternative ohne Abstriche bei der Kapitalsicherung und ohne Gewinnbegrenzung nach oben („Cap") bietet die Credit Suisse an (Stand: September 2014). Während jedoch bei anderen Produkten die Kursgewinne bis zur festgelegten Obergrenze voll angerechnet werden, gibt es hier am Ende für jeden Indexpunkt nur 50 Cent. Würde der Euro Stoxx bis zur Fälligkeit zum Beispiel um 50 % auf 4.674 Punkte steigen, würden die Anleger demnach eine Rückzahlung von 125 % erhalten. Dafür ist das Kapital aber voll gesichert und es entfällt die Obergrenze, über die Anleger im Falle einer Aktienhausse sonst nicht mehr beteiligt werden. Die Anleger müssen aber bedenken, dass sich die Kapitalsicherung nur auf die reinen Marktrisiken bezieht. Einen Schutz gegen den Ausfall eines Emittenten bieten diese Papiere nämlich nicht. (Ralf Andress)

Aktienanleihen sind derzeit ein regelrechtes Modeprodukt der Banken. Seit 2008 hat sich ihr Markanteil versiebenfacht. Christian Siedenbiedel beschreibt diese Anlageprodukt wie folgt: Eine Aktienanleihe bezieht sich stets auf eine zugrundeliegende Aktie und deren Kursentwicklung. Der Mechanismus sieht wie folgt aus: Am Laufzeitende (in der Regel zwischen sechs Monaten und zwei Jahren) gibt die emittierende Bank entweder den Nennwert der Anleihe in Geld plus Zinsen heraus, oder aber Aktien in einer vorher festgelegten Anzahl. Aktien gibt es dann, wenn der Aktienkurs eine Mindesthöhe unterschreitet. Dem Anleger bleiben im negativen Fall also die Aktien, die niedriger bewertet sind als zum Kaufzeitpunkt der Aktienanleihe. Dies ist sein Risiko. Steigt nun aber innerhalb der Laufzeit der Aktienanleihe der Kurs der Aktie in einem relevanten Ausmaß, ärgert sich der Anleger ebenfalls: Er bekommt dann zwar seine Zinsen, verliert aber gegenüber einem Direktinvestment in die Aktie zum Kaufzeitpunkt, denn der zwischenzeitliche Kursgewinn geht ihm durch die Lappen. Das Emittenten-Risiko und die eingepreiste Marge der Bank hat der Anleger sowieso zu tragen.

Das Emittenten-Risiko besteht darin, dass Aktienanleihen bei einer Bankenpleite nicht geschützt sind; sind sie rechtlich gesehen Inhaberschuldverschreibungen – wie Lehmann-Zertifikate. Die Aktienanleihe ist eher kein geeignetes Anlageprodukt für Privatanleger, sie eignet sich – wenn überhaupt – nur für professionelle Investoren, die von einer Seitwärtsbewegung der Aktienkursentwicklung während der Laufzeit der Aktienanleihe ausgehen. Fällt der Kurs der zugrundeliegenden Aktie während der Laufzeit leicht, dann verdient der Investor unter Umständen durch die Zinsen mehr, als er durch den Kursverlust verliert. Um wie viel in diesem Fall der Kurs der Aktie sinken muss, damit der Investor am Ende statt seines Geldes die Aktien bekommt, wird in den Bedingungen der Aktienanleihe festgelegt.

6.3. Lebensversicherung

Lebensversicherungen waren eine sehr beliebte Kapitalanlage bei den deutschen Sparern. Ihren guten Ruf haben sie – vor allem im Laufe der letzten zehn Jahre – mehr und mehr verloren. Das dürfte sich in absehbarer Zeit angesichts sinkender Renditen wohl kaum ändern. Das Problem liegt beim sogenannten Rechnungszins, der von der Bundesregierung festgesetzt wird. Dieser ist in den letzten Jahren immer wieder nach unten korrigiert worden; erst zum 01.01.2015 wurde er auf 1,25 % p. a. reduziert.

Doch die wenigsten Versicherten können mit diesem Begriff etwas anfangen. Der garantierte Rechnungszins besagt, dass der Versicherte bei einer Auszahlung zum Ende der Vertragsdauer das Recht auf genau diesen garantierten Rechnungszins hat. Dies gilt jedoch nur auf den zur Anlage kommenden Beitrag, der in der Regel lediglich 60 – 70 % der Beitragszahlung beträgt. Der Rechnungszins gilt nur für konservative Anlageformen; fondsgebundene oder gar Lebensversicherungen mit echten Aktienanteilen haben diese „staatliche Sicherung" nicht; der Kunde trägt das Risiko von Kursschwankungen, profitiert jedoch auch davon, dass die Anteile in seinem Vertrag nicht den Risiken von Staatsanleihen ausgesetzt sind. Alle weiteren Überschüsse, die eine Versicherung darüber hinaus erwirtschaftet, zahlt die Gesellschaft nach Ertragslage aus.

In einem wirtschaftlich schwierigen Umfeld wird es immer problematischer, nennenswerte Überschüsse zu erzielen, die aus der Anlage in einer Lebensversicherung ein lukratives Produkt machen; vielmehr sieht es so aus, dass immer mehr Versicherungsgesellschaften bereits mit der Auszahlung des garantierten Rechnungszinses „gewisse" Probleme haben – aus diesem Grund redet auch kaum noch einer von Überschussanteilen. Aber genau das ist problematisch, weil der garantierte Rechnungszins unterhalb der Geldentwertungsrate liegt ... bedeutet dies für Sparer nichts anderes als einen realen Vermögensverlust.

Basierend auf der Kombination aus verminderter laufender Verzinsung und garantiertem Zinssatz müssen sich die Versicherten darauf einstellen, am Ende der Vertragslaufzeit ihrer Kapitallebens- oder privaten Rentenversicherung weitaus weniger zu bekommen als die Versicherungsgesellschaften bei Vertragsabschluss in Aussicht gestellt hatten, denn die Senkung der Überschussbeteiligung, die der laufenden Verzinsung entspricht, bewirkt unmittelbar geringere Auszahlungen der Rentenzahlungen. Wer daher glaubt, er könne sich mit seiner Lebensversicherung, der in Deutschland über viele Jahrzehnte beliebtesten Form der Altersvorsorge, beruhigt zurücklehnen, der wird aller Wahrscheinlichkeit nach gewaltig irren. Die Portfolios der Lebensversicherungsgesellschaften sind gespickt mit Anleihen der öffentlichen Hand, was automatisch zu entsprechend sinkenden Erträgen bei den Versicherungsgesellschaften führt.

Daher verwundert es nicht, dass sich Sparer mehr und mehr von der Lebensversicherung als renditeträchtige Kapitalanlage verabschieden. Doch die Ursachen der schwindenden Beliebtheit sind weitreichender. Konkurrierten die fondsgebundenen Varianten – deren Erfolg aus den hohen Aktienquoten im Fonds-Mix resultierten – aufgrund ihrer hohen Renditen früher mit den Anlageformen bei Banken, führten Schulden- und Finanzkrisen, sowie wiederholte Börsencrashs zur Umstellung der Anlagestrategie der Lebensversicherer weg von risikoreichen, aber gewinnträchtigen Aktienanlagen hin zu sicheren, aber renditeschwächeren Finanzanlageprodukten, wie beispielsweise Bundesanleihen. Nun haben die Gesellschaften mit den mageren Zinsen am Kapitalmarkt sowie verschärften Eigenkapitalvorschriften zu kämpfen.

Auch politische Veränderungen, wie beispielsweise 2005 die Einführung der Besteuerung von Erträgen aus Lebensversicherungen, minderten sukzessive die vormalige Attraktivität der Lebensversicherungen.

Das Alterseinkünfte-Gesetz vom 01.01.2005 verunsichert praktisch jeden Versicherungs- und Steuerlaien. Das Gesetz besagt, dass Erträge aus Renten- und Lebensversicherungen bei Einmalauszahlung nach dem Halbeinkünfteverfahren versteuert werden müssen. Wird statt der Einmalauszahlung eine monatliche Rente gezahlt, kommt das Halbeinkünfteverfahren nicht zum Tragen. In diesem Fall wird die monatliche Rente der Ertragsanteilbesteuerung nach § 22 Einkommenssteuergesetz (EStG) unterworfen. So wird der Ertrag aus der Lebensversicherung eines Rentners, der z. B. 2020 in Rente geht und sein 65. Lebensjahr vollendet hat, mit 18 % versteuert (Leibrentenbesteuerung).

Schlechter sieht es bei der Riester-Rente aus. Hier wird die Rente im Alter komplett versteuert. Zwar hat man während der Ansparungsphase den Vorteil der „Unterstützung vom Staat", jedoch kommt es im Alter dann zur Steuerpflicht, was besonders die nicht wohlhabenden Rentner hart trifft. Darüber hinaus muss sich jeder Vorsorgesparer stets folgende Frage stellen: Wie weit kam man mit seinem Auto 1999, wenn man für 20 DM tankte und wie weit kommt man heute, wenn man für 20 Euro tankt? Hier zeigt sich sehr plastisch, wie massiv die Kaufkraft des Geldes sinkt. Die Versicherungsgesellschaften müssten also einen Zins anbieten, der sich mindestens konstant zur Inflationsrate erhöht, ohne dass sich der Beitrag des Versicherten erhöht.

Die Bundesregierung plant aktuell sogar, dass durch ein neues Gesetz die Ausschüttung der Bewertungsreserven an die Versicherten abgeschafft wird. Bewertungsreserven sind Kursgewinne aus der Kapitalanlage, an denen die Versicherten beteiligt werden müssen. Bisher werden die Versicherten bei Kündigung oder regulärem Ablauf ihrer Police zur Hälfte an den Bewertungsreserven beteiligt. Die geplante Gesetzesvorlage der Bundesregierung bedeutet, dass Versicherte, deren Verträge in diesem Jahr auslaufen oder die Verträge kündigen, auf die Ausschüttung der

Bewertungsreserven verzichten müssen. Dadurch entgehen ihnen bis 2015 insgesamt zwei Milliarden Euro.

Lebensversicherungen sind daher nur noch im Rahmen der Risikoabsicherung von Vorteil. Die ohnehin schon niedrige Rendite deutscher Lebensversichrungen wird weiter sinken, so dass die ohnehin bereits schwächelnde Branche tiefer in Schwierigkeiten gerät. Diesem Umstand geschuldet ist ein Gesetz, das es in sich hat und trotzdem kaum einem Verbraucher bekannt ist. So beinhaltet § 89 des Versicherungsaufsichtsgesetztes (VAG) das sogenannte „Zahlungsverbot". Im Original heißt es hier:

Herabsetzung von Leistungen

(1) Ergibt sich bei der Prüfung der Geschäftsführung und der Vermögenslage eines Unternehmens, dass dieses für die Dauer nicht mehr imstande ist, seine Verpflichtungen zu erfüllen, die Vermeidung des Insolvenzverfahrens aber zum Besten der Versicherten geboten erscheint, so kann die Aufsichtsbehörde das hierzu Erforderliche anordnen, auch die Vertreter des Unternehmens auffordern, binnen bestimmter Frist eine Änderung der Geschäftsgrundlagen oder sonst die Beseitigung der Mängel herbeizuführen. Alle Arten Zahlungen, besonders Versicherungsleistungen, Gewinnverteilungen und bei Lebensversicherungen der Rückkauf oder die Beleihung des Versicherungsscheins sowie Vorauszahlungen darauf, können zeitweilig verboten werden. Die Vorschriften der Insolvenzordnung zum Schutz von Zahlungs- sowie Wertpapierliefer- und abrechnungssystemen sowie von dinglichen Sicherheiten der Zentralbanken und von Finanzsicherheiten finden entsprechend Anwendung.

(2) Unter der Voraussetzung in Absatz 1 Satz 1 kann die Aufsichtsbehörde, wenn nötig, die Verpflichtungen eines Lebensversicherungsunternehmens aus seinen Versicherungen dem Vermögensstand entsprechend herabsetzen. Dabei kann die Aufsichtsbehörde ungleichmäßig verfahren, wenn es besondere Umstände rechtfertigen, namentlich wenn bei mehreren Gruppen von Versicherungen die Notlage des Unternehmens mehr in einer als in einer anderen begründet ist.

Bei der Herabsetzung werden, soweit Deckungsrückstellungen der einzelnen Versicherungsverträge bestehen, zunächst die Deckungsrückstellungen herabgesetzt und danach die Versicherungssummen neu festgestellt, sonst diese unmittelbar herabgesetzt. Die Pflicht der Versicherungsnehmer, die Versicherungsentgelte in der bisherigen Höhe weiterzuzahlen, wird durch die Herabsetzung nicht berührt.

(3) Die Maßnahmen nach den Absätzen 1 und 2 können auf eine selbständige Abteilung des Sicherungsvermögens (§ 66 Abs. 7 VAG) beschränkt werden.

Aber was heißt das nun?

Die Verflechtung von Versicherungen, Staaten und Banken hat ganz erhebliche Auswirkungen auf unsere Ersparnisse und unsere Altersvorsorge und wir erleben gerade, dass eine mögliche „endgültige Pleite" Griechenlands auch in der Realität unserer Politiker angekommen ist – lange nachdem Menschen mit klarem Menschenverstand dies so vorausgesehen haben. Wie soll es auch anders gehen?

Trotzdem erfreuen sich Lebensversicherungen aller Couleur immer noch großer Beliebtheit, sei es nun im Glauben an vergangene Zeiten oder auch mangels möglicher Alternativen.

Und wem sagt schon der Paragraph 89 des VAG etwas? Nun, das VAG regelt die staatliche Beaufsichtigung der Versicherer und Pensionsfonds; die Aufsicht obliegt der Bundesanstalt für Finanzdienstleistungen (BaFin). In der Öffentlichkeit, und sogar in weiten Teilen des „Expertenkreises", ist die Regelung des § 89 VAG weitestgehend unbekannt! Dabei heißt dieser Paragraph für Kunden der Lebensversicherung nichts anderes, als: Versicherungsnehmer werden zur Zahlung verpflichtet, auch wenn keine Leistung erfolgt!

Und was ist eigentlich im Falle der Pleite eines Versicherungsunternehmens? Die Lebensversicherungen haben in Deutschland eine eigene Auffanggesellschaft namens „Protektor". Diese soll die Kunden vor den Folgen einer Insolvenz schützen; die Verträge werden fortgeführt, die Leistungen bleiben erhalten und ebenso die Gewinnbeteiligungen. So weit, so schön! Aber wird diese Einrichtung im „Notfall" helfen?

Das Vermögen des Sicherungsfonds ist seit 2010 vollständig eingezahlt und beträgt rund 762 Millionen Euro. Gemäß einer freiwilligen Verpflichtungserklärung ist die Branche in einem Insolvenzfall bereit, den „Topf" mit zusätzlichem Geld aufzufüllen und somit die Folgen einer Insolvenz abzumildern, so dass dann, zusammen mit der gesetzlichen Einlage, ein Gesamtvolumen von rund fünf Milliarden erreicht. Wenn man bedenkt, dass Lebensversicherer Jahr für Jahr den mehr als 15-fachen Teil an Kunden auszahlen, ist die Sicherung nur von geringer Bedeutung.

Es wird ihnen vor allem zu schaffen machen, dass die Auszahlungsverpflichtungen immer weniger zur Struktur der Kapitalanlagen passen. Die *Heidelberger Leben* und die *Skandia* Lebensversicherung sind Ende März 2014 aus dem Geschäft ausgestiegen und haben ihre Versicherungsbestände an eine gemeinsame Akquisitionsgesellschaft verkauft, die der Finanzinvestor Cinven und die *Hannover Rück* gegründet haben. Diese sollen in Zukunft weitere Bestände übernehmen. Durch die beiden ersten Transaktionen hat die Gesellschaft schon heute ein verwaltetes Vermögen von rund 10 Milliarden Euro und etwa 1 Million Versicherungsverträge. Der Bedarf Bestände abzugeben steigt, denn die Betreuung der Bestände bindet bei den Lebensversicherern Arbeitskräfte und Geld. Hinzu kommt, dass im Rahmen der neuen „Solvabilitätsregeln Solvency II" eine noch höhere Kapitalunterlegung erforderlich ist. Dadurch muss die Versicherungsgesellschaft für auslaufendes Geschäft Kapital binden, das ihr dann nicht mehr für neues, zukunftsträchtiges Geschäft zur Verfügung steht. Doch selbst steigende Zinsen würden den Versicherungsgesellschaften keine Erleichterung bringen. Steigende Zinsen führen nämlich dazu, dass die Kurse der Anleihen, die sie in ihren Beständen halten, sinken. Dadurch verliert ihr Anlageportfolio an Wert.

Die Lebensversicherer werden gerade in Deutschland auf neue Geschäftsmodelle ausweichen (müssen). Sie werden wohl in das Geschäft der Vermögensverwaltung und in das Investmentfondsgeschäft drängen, wie in Großbritannien die Gesellschaften *Legal & General* und *Standard Life* zum Beispiel. Dadurch entkommen sie zwar der Falle, dass sie für Lebenspolicen in der Regel eine Garantie aussprechen müssen, doch die Margen sind in der Vermögensverwaltung deutlich niedriger als mit Lebensversicherungen.

6.4. Bausparen

Die Immobilienfinanzierung ist im Rahmen des „Immobilienbooms" ein aktuelles Thema, denn die Bauzinsen befinden sich in einem historischen Tief. Neben der teilweisen oder kompletten Fremdfinanzierung per Immobilienkredit, spielt auch das Bausparen nach wie vor eine nicht unwichtige Rolle. Im Vergleich zur normalen Kreditfinanzierung liegt das Risiko hier niedriger, da ein Teil der Summe bereits im Vorfeld angespart wird.

Generell lässt sich der Vorgang des Bausparens in drei Phasen einteilen: Ansparphase, Zuteilung und Darlehnsphase. Während der Ansparphase wird zunächst ein bestimmter im Vorfeld festgelegter Betrag angespart. Wie bei anderen Immobilienfinanzierungen gilt auch hier, dass das Darlehn später umso günstiger wird, je höher der Anteil an Eigenkapital ausfällt. Wenn ein möglichst früher Hausbau angestrebt wird, haben Bausparer natürlich ein Interesse daran, möglichst früh zu einer Zuteilung des Darlehns zu gelangen. In diesem Falle spielen die Darlehnszinsen eine wichtigere Rolle als die Guthabenzinsen. Zwar verschieben sich die Relationen hierbei deutlich, aber dennoch sollte der Eigenkapitalanteil nicht vernachlässigt werden.

Die Zuteilungsphase ist der Zeitpunkt, an dem das Darlehn gewährt wird und dann mit dem Bau bzw. Erwerb einer Immobilie begonnen werden kann. Die Zuteilung erfolgt erst, wenn die Voraussetzungen erfüllt sind. Das betrifft in erster Linie das angesparte Guthaben, welches einen bestimmten Prozentsatz der Gesamtsumme entsprechen muss. Normalerweise liegt dieser Prozentsatz zwischen 40 und 60 Prozent. Der Teilbetrag setzt sich aus Einzahlungen, Zinsen, Wohnungsbauprämien und vermögenswirksamen Leistungen zusammen. Nach der Zuteilungsphase beginnt die Darlehnsphase. Hier wird nun – wie bei einem normalen Immobiliendarlehn – der Darlehnsbetrag in Raten zurückgezahlt.

Im Prinzip ist Bausparen eine Art von Zins-Swap (Zins-Tausch: Guthabenzins gegen Darlehnszins).

Durch den sogenannten Darlehnsverzicht können Bausparverträge auch als Kapitalanlage verwendet werden. Der Kunde verzichtet also auf die Darlehnsaufnahme und verlängert dadurch die Ansparphase. Die Zinsen entsprechen in ihrer Höhe in etwa den Zinsen, die für eine Festgeldanlage gezahlt werden.

Immobilienkäufer werden gern mit speziellen „Kombinationsmodellen" gelockt. Hierbei bekommt der Kunde direkt zwei Verträge: einen Darlehnsvertrag, der den Hauskauf sofort finanziert, und einen langfristigen Bausparvertrag, der später den Darlehnsvertrag ablösen soll. Den Kunden wird gesagt, dass sie sich dadurch über Jahrzehnte exzellente Zinskonditionen sichern. Doch es ist mehr als nur Vorsicht geboten, denn Bausparkassen sind nicht verpflichtet, den Effektivzins über die Gesamtzeit auszuweisen. Und durch die „Kombinationsmodelle" wird es selbst für Spezialisten unmöglich, die Bedingungen verschiedener Tarife miteinander zu vergleichen.

Bausparen bringt den Banken enorme Profite, denn so niedrig, wie die Institute sagen, sind deren Zinsen nur auf dem Papier. Sie verschweigen nämlich nur allzu gern, dass Abschlussgebühren, Bearbeitungsgebühren, Kontoführungs- und Zuteilungsgebühren noch hinzukommen. Allein für den Abschluss eines Vertrages hat der Kunde seiner Bank ein Prozent der Bausparsumme zu überweisen. Rechnet man zusätzlich die Verluste ein, die den Kunden in der Sparphase entstehen, wenn sie sich auf eine Verzinsung ihres Guthabens von unter ein Prozent einlassen, fällt das Ergebnis noch schlechter aus. Oft machen die Guthabenzinsen über 20 oder 30 Jahre kaum die Gebühren wett.

6.5. Anleihen – indexierte Anleihen als Inflationsschutz

Staatliche Anleihen versprechen eine sehr niedrige, aber gesicherte Verzinsung, zumindest wenn man sich nicht davon beeindrucken lässt, dass die meisten Staaten überschuldet sind und in der Geschichte noch niemals ein Staat seine Schulden zurückgezahlt hat. Der Staat tilgt seine Schulden nicht – die Emission neuer Staatsanleihen dient der Prolongation auslaufender Schuldtitel und weiterer Neuverschuldung. Deshalb wächst der Schuldenberg des Staates immer weiter an. Das gilt auch für Deutschland, dem relativ stabilsten Land innerhalb der Eurozone. Dennoch gilt der Staat per Definition als der sicherste Schuldner überhaupt („Mündelsicherheit"); schließlich hat er ja Zugriff auf alle Steuerzahler und kann den Zugriff aufgrund seines Machtmonopols jederzeit durchsetzen. Der Bürger, der Staatsanleihen zeichnet, finanziert die Schuldensucht des Staates und erhält dafür im Gegenzug Zinsen, die er wiederum selber, nämlich in Form seiner Steuerzahlungen an den Staat aufbringt – und natürlich ordnungsgemäß versteuert.

Wer dennoch Staatsanleihen kaufen möchte, sollte angesichts der Staatsüberschuldung wenigstens nur Kurzläufer zeichnen. Höher verzinsliche Staatsanleihen zum Beispiel von Schwellenländern versprechen eine attraktivere Rendite. Schwellenländerfonds beinhalten aber auch entsprechend höhere Risiken. Viele der so genannten „Emerging Markets" lagen zwar in den Jahren nach Ausbruch der Finanzkrise in 2008 klar im Plus – eine niedrige Staatsverschuldung, steigende Währungsreserven und eine positive wirtschaftliche Entwicklung trugen das ihre dazu bei – doch inzwischen herrscht Katzenjammer. Kaum ein Fonds erreichte in den letzten 16 Monaten ein Plus – für Anleihefonds ein ziemliches Desaster. Dabei wollten sich viele Anleger sechs, sieben oder gar acht Prozent Zinsen sichern. Daneben lockten auch noch Währungsgewinne. Denn viele Anleihen notierten nicht in US-Dollar, sondern in brasilianischen Real oder südafrikanischen Rand – Währungen, die lange Zeit klar aufwerteten.

Doch dann reichte plötzlich ein kleiner Anstieg der amerikanischen Zinsen, und viel Geld floss in den US-Finanzmarkt (zurück). Eine Entwicklung, die in der Folge eben auch fallende Kurse auslöste.

Die Fondsmanager hatten - wie fast immer - kein Gespür für das richtige Timing, sie stiegen schlicht und ergreifend zu spät aus. Dennoch werden sich auch in Zukunft gute Anlagechancen in den Schwellenländern finden lassen, aber die zuletzt schwache Leistung vieler Fondsmanager sollte den Anlegern zu denken geben. Für die Zukunft empfiehlt es sich eher, mit Indexfonds auf den „MSCI Emerging Markets" von der Entwicklung in den Schwellenländern zu profitieren. Dann machen Anleger zwar auch alle Kurschwankungen voll mit, aber zumindest unterliegen sie so keinen falschen Hoffnungen. (Dennis Kremer)

Deutsche Staatsanleihen, japanische und US-Staatsanleihen sind zurzeit (noch) die beliebtesten Fluchthäfen der Anleger. Es muss jedoch kritisch angemerkt werden, dass es sich hierbei auch um die größten „Bubbles" handelt. Die Zentralbanken haben diese gigantische Anleihe-Blase geschaffen, indem sie elektronisches, nicht gedecktes Geld in die Wirtschaft gepumpt haben. Insofern sind auch diese vermeintlichen Fluchthäfen längerfristig äußerst riskant. Nicht wenige Experten halten eine ungeordnete Umkehr bei den Renditen für Staatsanleihen für das größte Risiko für die globale Finanzstabilität.

Die Staatsanleihen von Ländern mit schwachen Volkswirtschaften und hoher Verschuldung, wie zum Beispiel Griechenland oder Portugal, sollten Privatanleger meiden. Anders sieht es zum Beispiel mit Südkorea aus: Wachstumsraten bis vier Prozent und ein Niveau der Staatsverschuldung von weniger als 40 % sprechen für ein Investment. Auch Staatsanleihen von Polen und Ungarn sind wegen der engen Verflechtung ihrer Volkswirtschaften mit der deutschen Exportwirtschaft interessant. Risikobereite Anleger können über Irland nachdenken, denn Irland wird aufgrund seiner Geschichte, Kultur und Mentalität das einzige Krisenland in der Eurozone sein, das die Krise aus eigener Kraft überwinden wird.

Aufgrund der Staatsschuldenproblematik interessieren sich Anleger mehr und mehr für Unternehmensanleihen. Die Ausfallrate von Unternehmensanleihen auf der ganzen Welt ist mit 1,8 % sehr niedrig. Dieser Wert sagt aus, dass in den vergangenen 12 Monaten von 100 Anleihe-Emittenten (gewichtet nach der Marktkapitalisierung) nur 1,8 ausgefallen sind. Namhafte Unternehmen wie der Automobilzulieferer *Continental*, der allerdings immer noch sehr hoch verschuldet ist, bezahlen für eine fünf Jahre laufende Anleihe acht Prozent. Bei *Heidelcement* sind es für sechs Jahre 8,5 %. 10-jährige Bundesanleihen bringen zum Vergleich derzeit nur eine Rendite von 1,7 %. Zu den bekanntesten Namen im spekulativen Hochzinssegment zählen auch die Gesundheitswerte *Fresenius und Fresenius Care*, der Gabelstapler *Kion* und der Touristikkonzern *TUI*.

Es wird mit einem wachsenden Interesse an Hochzinsanleihen gerechnet, nicht zuletzt weil große institutionelle Investoren wie Pensionskassen und Versicherungsgesellschaften in dem andauerndem Niedrigzinsumfeld auf der Suche nach mehr Rendite sind. Anleger müssen aber vorsichtig bleiben und auf kürzere Laufzeiten setzen, weil die Zinsen kaum niedriger sind als bei längeren Laufzeiten, aber die Risiker bei kürzeren Laufzeiten besser zu überschauen sind.

So genannte Mittelstandsanleihen haben sich als ziemlich risikoreich herausgestellt, weil es zu entsprechenden Ausfällen gekommen ist. Dies zum Beispiel für den Bereich der Mode/Textilien und „alternativen Energien". Mit welcher Blauäugigkeit Anleger in „Umweltfirmen" investiert haben, deren Geschäftsmodell gar nicht tragfähig ist, sondern nur durch Subventionen zu Lasten des Steuerzahlers künstlich aufrechterhalten wird, um die ideologisch induzierte „Energiewende" zu vollziehen, ist geradezu verblüffend.

Dass solche Unternehmen dann auch noch weit überdurchschnittliche Renditen versprechen, müsste eigentlich jeden Anleger abschrecken. Der Begriff „Mittelstandsanleihen" ist in diesem Zusammenhang insofern auch etwas irreführend, weil es sich bei den meisten Emittenten nicht um den weltweit geachteten, hochtechnologisierten Produktionssektor des deutschen Mittelstandes handelt, sondern eher um kleine bis mittlere Unternehmen in „Problembranchen". Dennoch gibt es auch Ausnahmen, wie zum Beispiel die Firma *Katjes* oder das Kölner Verlagshaus *Bastei Lübbe*. Hier sind eingeführte Markenprodukte, Substanz und auch umsichtige Geschäftsführungen vorhanden.

Die Banken müssen ihre Kapitaldecke stärken, sie dürfen zu diesem Zweck laut Genehmigung des Bundesfinanzministeriums einen neuen Anleihetyp emittieren: die attraktiv verzinsten „CoCo-Bonds". Die deutschen Banken können die vergleichsweise hohen Zinsen steuerlich als Betriebsausgaben absetzen. Ausländische Investoren sind von der Kapitalertragsteuer befreit. Doch die „CoCo-Bonds" sind komplex. Wenn die Banken Verluste machen und ihre Kapitaldecke schmilzt, werden die Anleihen in Aktien gewandelt oder vollständig abgeschrieben. In beiden Fällen wäre der Verlust hoch. Zudem ist der Markt noch sehr jung und daher kaum einschätzbar.

Hinsicht einer Absicherung gegen Inflation ist bei Anleihen auf Folgendes hinzuweisen. Lange Zeit gab es keine Anleihen, die bei erhöhter Inflation einen Zinszuschlag boten – jedenfalls nicht in Deutschland. Doch seit 2006 ist das anders. Es gibt Papiere vom Bund mit „Inflationsschutz". Sowohl der Zinssatz als auch die Rückzahlung hängen von der Entwicklung des Verbraucherpreisindex im Euroraum ab. Diese inflationsindexierten Anleihen werden auch als „inflation-linked Bonds" oder kurz „Linker" bezeichnet, weil sie an einen Index gebunden sind (englisch: to link).

Diese indexierten Anleihen lohnen sich gegenüber normalen Anleihen dann, wenn die Inflationsraten höher ansteigen, als bereits am Markt erwartet.

Wer hingegen glaubt, dass die Inflation mittelfristig sinkt oder gar eine Deflation eintreten wird, setzt besser auf die klassischen Anleihen. Um ein Wertpapierdepot gegen das Risiko von Inflation wenigstens zum Teil abzusichern, kann man inflationsindexierte Anleihen mit aufnehmen. Noch bequemer sind inflationsindexierte Rentenindexfonds. Sie kosten in der Regel 0,2 % bis 0,25 % Verwaltungsgebühr pro Jahr und bilden das europäische bzw. weltweite Universum aller inflationsindexierten Anleihen ab. Da Anleger immer auch herkömmliche Anleihen kaufen können, müssen die Kurse der beiden Anleihen so sein, dass man letztlich mit beiden die gleiche Rendite erzielt – vorausgesetzt die Inflationsrate entwickelt sich so, wie allgemein erwartet. Versierte Anleger können anhand der inflationsindexierten Anleihen überschlagen, mit welcher zukünftigen Inflationsrate der Markt rechnet. Dazu zieht man von der Rendite der herkömmlichen Anleihen die Rendite der inflationsgebundenen Anleihen ab. Die Rendite ergibt sich aus dem Zinssatz und den Kursgewinnen oder – Verlusten, die bis zur Fälligkeit einer Anleihe anfallen. Der Vergleich macht natürlich nur dann Sinn, wenn die Anleihen die gleiche Laufzeit haben.

Ein Beispiel: Eine zehnjährige Staatsanleihe rentiert nominal mit 4,5 %, eine 10-jährige inflationsindexierte Anleihe mit zwei Prozent (und zusätzlichem Inflationsausgleich). Die allgemein erwartete Inflationsrate beträgt somit 2,5 %. Fällt die tatsächliche Inflationsrate exakt so hoch aus, macht es keinen Unterschied, ob man eine indexierte oder eine herkömmliche Anleihe gezeichnet hat. Nur wenn die Inflationsrate die 2,5 % übersteigt, erweist sich die inflationsindexierte Anleihe im Nachhinein als gute Investition. Bei dieser Rechnung ist auch zu beachten, an welche Inflationsrate die Anleihe gebunden ist. Möglich sind zum Beispiel die Inflationsrate des Euroraumes oder die weltweite Rate. Voraussetzung für den Kauf von inflationsindexierten Anleihen ist, dass man auf die Ehrlichkeit der Statistiken vertraut, die die Inflationsraten offiziell ermitteln (siehe dazu Gliederungspunkt Die „statistisch frisierte" Preisinflationsrate).

Der vormalige Chefvolkswirt der Deutschen Bank AG, Thomas Mayer, und der Präsident des Ifo-Instituts, Hans-Werner Sinn, haben gemeinsam eine neuen Typus indexierter Anleihen entworfen, damit sich Anleger effektiv gegen Inflation und (!) einer Aufweichung des Euro absichern könnten: Dieser neue Typus indexierter deutscher Staatsanleihen, der an der Preisindex gekoppelt ist und somit gegen Inflation und gegen Kapitalverlust im Falle einer denkbaren Einführung einer neuen, härteren Währung (z. B. „Nord-Euro") schützt, würde also mehrere Ziele erfüllen.

Mit der Rückendeckung durch solche indexierten Anleihen könnten in einem weiteren Schritt auch deutsche Banken und Versicherungen Anlageprodukte entwickeln, die einen ähnlichen Schutz bieten. Der Staat könnte über die gesamte Laufzeit diese inflationsindexierten Anleihen anbieten. Diese Anleihen könnten dem Privatanleger (ähnlich wie die ehemaligen Bundesschatzbriefe) direkt angeboten werden und für die deutschen Finanzinstitute als Privatplatzierungen (ähnlich den Schuldscheinen) zur Verfügung stehen. Auf dieser Grundlage könnten die Finanzinstitute ihrer Kundschaft Spar- und Versicherungsinstrumente anbieten. Die Unterschiede zu den jetzt schon vorhandenen inflationsindexierten Anleihen wären:

1. Die Anbindung an den deutschen Konsumentenpreisindex anstatt, wie bisher, an den Euroland-Index. Damit würden die Anleger vor einer möglicherweise über dem Euro-Durchschnitt liegenden deutschen Inflationsrate geschützt.

2. Steuerfreiheit auf inflationsbedingte Wertsteigerungen.

3. Die Versicherung, dass die neuen Instrumente bei der Einführung einer neuen Währung in Deutschland unter Sicherung ihres Realwertes auf diese neue Währung umgestellt würden, so dass dem Anleger durch eine denkbare sprunghafte Aufwertung der neuen Währung gegenüber dem Euro keine Verluste bei bestehenden Euro-Anlagen entstehen.

Die Anlegergelder würden also automatisch in die neue Währung überführt. Sollte das Vertrauen in den Euro schwinden, würde insbesondere dieser dritte Punkt den Anlegern Schutz bieten, denn sie könnten bei den bestehenden Euro-Anleihen ja nicht davon ausgehen, dass ihre Ansprüche bei einem Währungsschnitt automatisch in die neue Währung überführt würden. Bleiben die Ansprüche in Einheiten des Euro gesichert, könnte es sein, dass sie gegenüber einer neuen Währung Abwertungsverluste tragen müssen. Mit den Erlösen aus diesen Instrumenten könnten auslaufende herkömmliche Anleihen zurückgezahlt werden. Würde das Vertrauen in den Euro stark sinken, so wäre die Nachfrage nach diesen Instrumenten sicher sehr hoch. Möglicherweise würde bei den Auktionen der Zins so weit gedrückt, dass der Realzins negativ ist. Die Differenz zwischen dem Realzins der neuen inflationsgeschützten Anleihen, die sich ergeben würde, wäre dann als eine Art Versicherungsprämie gegen die Aufweichung des Euro zu interpretieren.

Es ist vorstellbar, dass auch Unternehmen der Privatwirtschaft es dem Staat nachmachen und gegen Inflation sowie Währungsschnitt geschützte Papiere emittieren würden.

Bei entsprechender Nachfrage ist es denkbar, dass Unternehmen davon Gebrauch machen, die es sich zutrauen, ihre Produkte auch in einer künftigen Hartwährung verkaufen zu können. Wenn sie bei sehr starker Nachfrage bei den Auktionen Anleihen mit negativem Realzins ausgeben können, so könnte sie sogar die von den Anlegern gezahlte Versicherungsprämie gegen den Weich-Euro als außerordentlichen Gewinn kassieren. Andere Hartwährungsländer könnten dem Beispiel Deutschlands folgen und ebenfalls entsprechend inflationsindexierte Forderungen und Verbindlichkeiten aufbauen, die zu gegebener Zeit auch in „Hart-Euro" umgetauscht werden könnten. Aber vielleicht würde es ja gar nicht so weit kommen.

Vielleicht würde ja die Aussicht auf Währungskonkurrenz im Hayek'schen Sinne die Geldpolitik der EZB vorsichtiger machen. Vielleicht bliebe der alte Euro ja dann hart und die Anleger in die inflationsindexierten Instrumente müssten sich mit niedrigeren Zinsen begnügen. Sie hätten dann aber immerhin die Genugtuung, dass ihre Versicherungsprämie gegen den Weich-Euro gut angelegt war.

Realistisch muss man davon ausgehen, dass es diese sinnvoll konzipierten Instrumente nicht geben wird, da die Politik jeden Schritt in Richtung eines Währungswettbewerbs, der alleine Geldstabilität garantieren würde, strikt unterbinden bzw. unterlaufen wird; nur das staatliche Geldmonopol sichert der Politik schließlich ihr Geschäftsmodell der schäbigen Wählerbestechungsdemokratie.

6.6. „Riester-Rente" und „Rürup-Rente"

Die Zeitschrift Capital titelte in der Ausgabe 04/2011: „Die Riester-Illusion". In einem Artikel in der Wirtschaftswoche vom 25.7.2009 hieß es: „Riester lohnt sich meist erst ab 90!". Im Focus Money konnte man hingegen in der 32. Ausgabe vom 1.8.2012 lesen: „Geschenke annehmen! Wer das Vorsorgeangebot in Anspruch nimmt, profitiert doppelt!". Wie so oft liegt die Wahrheit in der Mitte. Die „Riester-Rente" geht zurück auf den ehemaligen Bundesarbeitsminister Walter Riester (SPD), der die Förderung der freiwilligen Altersvorsorge durch eine Altersvorsorgezulage einführte. Anlass dafür war die Reform der gesetzlichen Rentenversicherung 2000/2001, bei der das Netto-Rentenniveau des so genannten „Eckrentners" von 70 % auf 67 % reduziert wurde. Letztlich lief es einfach auf eine Rentenkürzung hinaus; das Delta aus dieser Rentenkürzung soll die „Riester-Rente" schließen.

Es ist also nicht, wie es der Bevölkerung „verkauft" wurde, eine Aufstockung der gesetzlichen Rente, sondern bestenfalls ein Lückenfüller. Die staatliche Zulage des „Riester-Modells" stellt kein staatliches Geschenk dar, sondern umverteilte Steuerzahlungen, von denen vor allem der Fiskus durch Mehrfachbesteuerung profitiert. Weiten Teilen der Bevölkerung ist nicht klar, wer eigentlich die steuerliche Zulage bezahlt: sie selbst nämlich. Schließlich kann der Staat nur Steuergelder von der rechten Hosentasche in die linke Hosentasche umverteilen, wobei dieser Umverteilungsprozess den Unterhalt einer kostspieligen Staatsbürokratie verursacht, für den der Steuerzahler selbstverständlich auch aufzukommen hat.

Würde man den volkswirtschaftlichen Verschwendungsprozess politisch motivierter Umverteilung einfach einsparen, könnte die Altersvorsorge viel effektiver durch entsprechend niedrigere Besteuerung der Arbeitseinkommen erfolgen.

Hier ein Beispiel für eine „Riester-Rente":

Eine junge Berufsstarterin, geboren am 01.09.1990, kinderlos und ledig, erwartet ihren Rentenbeginn zum 01.09.2057. Ihr Einkommen beträgt 25.000 Euro brutto im Jahr und sie versteuert ihr Einkommen nach Steuerklasse Eins. Nach der Riester-Regel liegt der einzuzahlende Beitrag bei vier Prozent ihres Vorjahresbruttoeinkommens, inklusive Zulagen.

Dies bedeutet: 25.000 x 4 % = 1000 Euro p.a. Gesamtbeitrag, abzüglich 154 Euro Zulage ergeben 846 Euro pro Jahr (70,50 Euro pro Monat als Eigenbetrag).

Die zusätzliche voraussichtliche Steuerersparnis beläuft sich auf rund 116 Euro pro Jahr (ohne sonstige Einflüsse). Die Sonderzahlung zu Beginn beträgt 564 Euro (da Beginn des Vertrages zum 01.09. des Jahres), die Förderquote liegt bei 27 %, die Beitragsrendite wird mit 5,22 % vor Kosten ausgewiesen. Die Laufzeit des Vertrages vom 1.9.2015 bis zum 1.9.2057 (Eintritt in die Rente mit 67 Jahren) beträgt also 42 Jahre.

Die Kosten für den Abschluss (1.421,28 Euro) und Verwaltung (5.087,02 Euro) dieses Vertrages (anbieterabhängig) belaufen sich auf 6.508,30 Euro, die zum Teil die ersten fünf Jahre bzw. über die gesamte Laufzeit verteilt werden (je nach Anbieter). Um die Kosten zu decken, muss die junge Frau fünf Jahre und neun Monate lang in den Vertrag einzahlen, ohne Berücksichtigung der Zulagen sind es sechs Jahre und sechs Monate, ohne Berücksichtigung der Steuerersparnis sogar sieben Jahre und neun Monate. Die Garantiesumme aus Eigenbeitrag und Zulagen liegt in diesem Beispiel bei einer monatlichen Rente in Höhe von 165,47 Euro oder einer Gesamtsumme von 51.725,34 Euro. Die Zulagen über den Gesamtzeitraum summieren sich auf 6.770,34 Euro, selber eingezahlt hat sie insgesamt 35.532 Euro.

Die „echte" Rendite vor Steuern aus eigenen gezahlten Beiträgen beläuft sich auf 1,70 %. Die Rendite vor Steuern aus eigenen eingezahlten Beiträgen, Zulagen und Steuererstattungen beträgt 2,33 %. Diese Berechnungen erfolgen unter der Voraussetzung, dass sich eine Garantieverzinsung von derzeit 1,25 % gegen eine offizielle Preisinflationsrate von derzeit 1,25 % gegeneinander aufheben.

Nun stellt sich die Frage, ab wann die Frau eigentlich in den Genuss der Rendite kommt:

Die aus Eigenmitteln finanzierten Beiträge über die Laufzeit (35.532 Euro) abzüglich der voraussichtlichen Steuerersparnis über die Laufzeit von 4.872 Euro ergeben eine Summe in Höhe von 30.480 Euro. Bei einer hier berechneten Rentenzahlung von 165,47 Euro hat diese Frau somit nach rund 184 Monaten bzw. 15 Jahren und vier Monaten erst einmal ihr Eigenkapital entnommen und fängt an, Rendite zu erzielen. Sie ist dann 82 Jahre und vier Monate alt! Ab dem Renteneintrittsjahr 2040 werden alle Renten übrigens zu 100 % versteuert. Daher sollt eine Vergleichsrechnung mit „ungeförderten" Modellen erfolgen, die in einem Rutsch ausgezahlt und anders beteuert werden. Die echte Rendite nach Steuern kann extrem niedrig ausfallen.

Neben der bisher betrachteten „Riester-Rente" als Versicherungslösung, ist auch der so genannte „Riester-Banksparplan" zu betrachten. „Riester-Sparpläne", die über Investmentgesellschaften angeboten werden, haben den Vorteil, dass sie in der Ansparphase eine höhere Verzinsung bieten, weil sie eben nicht das Langlebigkeitsrisiko abbilden müssen. Beim „Riester-Bank- bzw. Fondssparplan" müssen die angesammelten Guthaben zum Rentenbeginn in eine Rentenversicherung übergehen, damit auch über das 85. Lebensjahr hinausgehend eine laufende Rente gesichert ist. Somit wird erst in der Rentenphase eine externe Rentenversicherung mit ungewissen Konditionen vereinbart.

Es kann also passieren, dass man zwar renditestark angespart hat, der Wechsel dann aber umso teuer wird, so dass sich dieses Modell nicht mehr lohnt. Weiterhin sind die Renditechancen eingeschränkt, da die jeweiligen Gesellschaften die gesetzlich vorgeschriebene Beitragserhaltungsgarantie über eine konventionelle Kapitalanlage erreichen müssen. Dadurch ist die Fondsquote nur gering. Das bedeutet, dass ein hoher Anteil der Beiträge nicht in lukrative Fonds angelegt werden kann, sondern in niedrig verzinste Anlageformen. Dieser Anteil an den Beiträgen kann nun nicht mit dem eigentlichen Fonds wachsen.

Die ernüchternde Analyse liegt in der Logik des Modells „Gesetzliche Rentenversicherung". Wenn die heute eingezahlten Beiträge direkt oder leicht zeitverzögert an die heutigen Rentner ausgezahlt werden, wie soll dann eine anständige Verzinsung der Anlage erfolgen? Aufgrund der demografischen Entwicklung kommt das Modell auf kurz oder lang an die Grenzen seiner Funktionsfähigkeit. Diesbezüglich hat die „Riester-Rente" einen Vorteil, weil das eingezahlte Kapital auch an den Sparer wieder ausgezahlt wird, also keine reine Umverteilung erfolgt. Bei der „Riester-Rente" gehen die Versicherer eben nur von einer sehr hohen Lebenserwartung aus – und dies ist nun einmal ihr Geschäftsmodell.

Die Basisrente, auch als „Rürup-Rente" bezeichnet, wurde 2005 als steuerlich begünstigte Form der privaten Altersvorsorge eingeführt. Sie trat damit neben die betriebliche Altersversorgung, die „Riester-Rente" und die klassische private Rentenversicherung. Im Gegensatz zur gesetzlichen Rente ist die „Rürup-Rente" nicht umlagefinanziert, sondern versicherungswirtschaftlich kapitalgedeckt. Es gibt bei der Basisrente jedoch kein Kapitalwahlrecht, die Ansprüche können also nicht in Form einer Ablaufsumme ausgezahlt werden. Stattdessen sind Basisrenten immer zu verrenten. Dagegen kann der erworbene Leistungsanspruch in der privaten Rentenversicherung auf Wunsch vollständig und bei der „Riester-Rente" bis zu 30 % als Einmalbetrag ausgezahlt werden.

Die Beiträge zum Aufbau einer „Rürup-Rente" sind nur unter gewissen Einschränkungen und Voraussetzungen als Sonderausgaben absetzbar. Rürup- oder Basisrenten werden in speziell dafür vorgesehenen Tarifen angeboten. Als konventionelle Rentenversicherung, als fondsgebundene Rentenversicherung und eben auch in der Ansparphase als Fondssparplan. Die vorrangige Zielgruppe der „Rürup-Rente" sind Selbstständige. Denn Selbstständige können keine Versorgung über die betriebliche Altersversorgung aufbauen. Zumeist können sie – soweit sie nicht in der gesetzlichen Rentenversicherung pflichtversichert sind – keine „Riester-Rente" nutzen. Das gleiche gilt auch für die verkammerten Berufe, wie Apotheker, Ärzte, Tierärzte, Rechtsanwälte, Steuerberater, Wirtschaftsprüfer und Architekten.

Schließlich richtet sich die „Rürup-Rente" auch an Angestellte mit hohen einkommensteuerpflichtigen Einkünften: Während Beiträge zu einer klassischen Rentenversicherung oder Kapitallebensversicherung ab Versicherungsbeginn 2005 nicht mehr als Sonderausgaben abzugsfähig sind, können die Beiträge zur Rürup-Rente im Rahmen des Sonderausgabenabzugs zusätzlich steuerlich geltend gemacht werden. 2015 können Altersvorsorgeaufwendungen von 80 % bis zu max. 22.171,20 Euro steuermindernd angesetzt werden (24,8 % der Beitragsbemessungsgrenze der knappschaftlichen Rentenversicherung). Grundsätzlich ist bezüglich der „Rürup-Rente" kritisch anzumerken, dass nicht garantiert ist, dass der Versicherte bei Fälligkeit Leistungen erhält, welche die Kaufkraft seiner vorherigen Beiträge zumindest erreicht. Rürup-Renten können nicht beliehen, übertragen, verpfändet oder verschenkt werden. Auch eine Kündigung und Auszahlung eines „Rückkaufwertes" ist nicht möglich, nur eine Beitragsfreistellung ist vorgesehen. Bei unverheirateten Personen ohne kindergeldberechtigte Kinder verfällt das gesamt Kapital im Todesfall, eine „freie" Vererbung ist grundsätzlich nicht möglich. Auch beim Tod des Versicherten nach Rentenbeginn verfällt das eingezahlte Kapital, sofern nicht eine Rentengarantiezeit vereinbart wurde.

6.7. Fremdwährungen

Wer sein Geld in einer anderen Währung anlegen will, dem stehen unter anderem der schweizerische Franken, die norwegische Krone, die schwedische Krone, der australische Dollar, der kanadische Dollar, der US-Dollar, das britische Pfund oder der japanische Yen zur Auswahl. Die Wirtschaft der Schweiz, die trotz der Krise weiter wächst, verzeichnet einen Schuldenstand, der weniger als 40 Prozent des Bruttoinlandsprodukts ausmacht. Es bleibt aber dahingestellt, ob die Nationalbank den Kurs von 1,20 zum Euro langfristig verteidigen kann. Bereits in der Vergangenheit gab es Negativzinsen für die Anlage in Franken. Sollte eines Tages die Regierung in Bern Kapitalverkehrskontrollen als Kriseninstrument ins Auge fassen (müssen), würde sich der schweizerische Franken nicht als Fluchtwährung eignen.

6.7.1. US-Dollar und das britische Pfund

Trotz gigantischer Verschuldung der USA, scheint der US-Dollar in gewisser Weise nahezu unverwüstlich – das „unverschämte Privileg" (Valéry Giscard d´Estaing) der Weltleitwährung wiegt eben schwer. Und kein Markt ist so liquide wie der des US-Dollar. Seit 2008 stecken die USA in der Rezession und das Haushaltsdefizit steigt immer weiter. Die keynesianische Wirtschaftspolitik von US-Präsident Obama bewirkt nicht einmal mehr ein konjunkturelles Strohfeuer. Aber die USA haben weiterhin die größte und wohl auch innovativste Volkswirtschaft der Welt. Und immer, wenn über den endgültigen Niedergang der US-Wirtschaft orakelt wurde, stand diese aufgrund ihrer Flexibilität und Innovationskraft stets wie Phönix aus der Asche wieder auf.

Dies könnte im Hinblick auf die zu erwartenden niedrigen Energiekosten (Stichwort: „Fracking") in Zukunft durchaus wieder der Fall sein. Trotz der atemberaubenden Staatsverschuldung, legen Fondsmanager aus diesen Gründen (gerade auch in stürmischen Zeiten) weltweit das Geld ihrer Kunden mit Vorliebe in US-Staatsanleihen an. Großbritannien kämpft mit seinen eigenen Problemen, die auch das britische Pfund belasten. Das Land ist nach der schlimmsten Wirtschaftskrise der Nachkriegszeit erneut tief in die Rezession gerutscht. Die Stagnation gefährdet auch die Sparziele der Regierung. Die großen Ratingagenturen haben bereits gedroht, dass sich Großbritannien keine weiteren ökonomischen Rückschläge mehr leisten kann, ohne seine Bestnote „AAA" zu gefährden. Inzwischen ist das Wirtschaftswachstum wieder gestiegen.

6.7.2. Australischer Dollar

Dem australischen Dollar wird nachgesagt, dass er in zu hohem Maße von den volatilen Rohstoffmärkten abhängig sei. Der Bergbau ist die entscheidende Triebfeder des Wirtschaftswachstums. Dennoch ist er eine beliebte Fluchtwährung. Die derzeitige Stärke des australischen Dollars lässt sich auch mit der guten Konjunktur des Landes begründen, die wegen der hohen Rohstoffnachfrage in Asien zuletzt um vier Prozent gewachsen ist. Ein weitere Pluspunkt: die geringe Staatsverschuldung (knapp 20 % des Bruttoinlandsprodukts). Dies trägt dazu bei, dass Australien seine Spitzen-Bonitätsnote „AAA" auf absehbare Zeit behalten wird. Nur wenn es zu einem drastischen Einbruch der Nachfrage nach Eisenerz und Steinkohle aus Australien kommen sollte, könnte das Land in Bedrängnis kommen.

6.7.3. Norwegische Krone

Norwegen gerät zunehmend in den Fokus der Anleger, weil es eine grundsolide Wirtschaft aufweist. Das norwegische Bruttoinlandsprodukt wächst relativ konstant um rund 2,5 % pro Jahr. Auch die Staatsfinanzen sind in Ordnung. Norwegen ist neben der Schweiz das einzige westliche

Industrieland, das Haushaltsüberschüsse erzielt. Die Geldentwertung bewegt sich in moderatem Rahmen und pendelt um 1,5 % pro Jahr. Norwegens gute Zahlen beruhen vor allem auf den großen Öl- und Gasvorkommen in der Nordsee. Erst im vorletzten Jahr verkündete der staatliche Ölkonzern Statoil, dass er ein weiteres, bis zu 1,2 Milliarden Barrel schweres Ölfeld entdeckt habe. Damit dürfte Norwegens Rolle als bedeutender Ölexporteur bis auf weiteres gesichert sein.

Es wird erwartet, dass die norwegische Krone, die als attraktivste Währung der skandinavischen Länder gilt, unterstützt durch Zinserhöhungen der norwegischen Zentralbank, in den kommenden Jahren weiterhin stabil bleibt. Die norwegische Zentralbank dürfte ihre Zinsen früher anheben als die Notenbanken der wichtigsten Handelspartner Norwegens. Damit bleibt die norwegische Krone dauerhaft attraktiv. Da Norwegen nicht zur europäischen Währungsunion gehört, bietet sich die Krone zur Währungsdifferenzierung an.

Allerdings hat die norwegische Regierung bereits öffentlich darauf hingewiesen, dass sie nicht wünsche, dass sich die norwegische Krone allzu sehr zur Fluchtwährung entwickelt. Mögliche Gegenmaßnahmen sind also denkbar. Anleger sollten auch im Hinterkopf behalten, dass Norwegen und auch Schweden mittelfristig Probleme bekommen, sollte der Euro so schwach bleiben. Denn beide Länder sind von Exporten in die Euro-Zone stark abhängig.

Der IWF warnte unlängst, dass die hohe private Verschuldung der Norweger von 204 % des verfügbaren Einkommens mit riskanten „Ungleichgewichten" einhergeht. Währungsexperten warnen zudem vor der vergleichsweise geringen Liquidität der nordischen Kronen. Das macht die Währungen anfälliger für Schwankungen.

6.7.4. Japanischer Yen

Der japanische Yen galt an den Finanzmärkten lange als sicherer Hafen, weil Japan größtenteils bei seinen Bürgern und nicht im Ausland verschuldet ist. Die Japaner besitzen ein riesiges Vermögen in Auslandswährungen. Einige Experten gehen davon aus, dass der Dollar-Yen-Kurs relativ stabil bleiben wird. Große Sorge bereitet jedoch die Situation der japanischen „Zombie-Banken" sowie die Tatsache, dass die japanische Notenbank auf Geheiß der Regierung hemmungslos den Geldhahn aufgedreht hat und Staatsanleihen in großem Stil aufkauft.

Mit „Zombies" werden Banken bezeichnet, die eigentlich pleite sind, aber durch billige Kredite künstlich am Leben gehalten werden. Der japanische Staat hat riesige kreditfinanzierte Konjunkturprogramme aufgelegt, doch das Wirtschaftswachstum blieb aus, nur die Staatsverschuldung stieg auf inzwischen 235 % des BIP. Hauptgrund für die Stagnation ist der kaputte Bankensektor, der nach dem Platzen der Immobilienblase (hervorgerufen durch zu lockere Geldpolitik und zu hohe Staatsausgaben) bis heute nicht bereinigt wurde. Die Staatsbank befeuerte stattdessen die „Zombifizierung" der Banken durch ihre Niedrigzinspolitik.

Der normale Ausleseprozess des Wettbewerbs wurde dadurch unterbunden, viele unproduktive Unternehmen überlebten nur durch die subventionierten Zinsen und binden zu viele Ressourcen, die woanders produktiver hätten eingesetzt werden können. Im Laufe der Zeit wird dadurch die gesamte Volkswirtschaft „zombifiziert". Dies ist der Hauptgrund dafür, dass Japan seit mehr als zwei Jahrzehnten in Rezession und Stagnation verharrt. Würde das Zinsniveau steigen, also auf marktgerechte Normalhöhe ansteigen, könnte die japanische Regierung die Zinsen für den aufgehäuften Schuldenberg wohl nicht mehr bedienen. Es entsteht ein Teufelskreis, der in dieser Form nun auch in der Euro-Zone eingetreten wird.

Die aktuelle japanische „Kamikaze-Geldpolitik" spricht dafür, dass der Euro gegenüber dem Yen tendenziell aufwerten wird. Damit hat Japan den internationalen Druck auf die EZB erhöht, bei einer Eskalation der Staatsschuldenkrise Anleihen der Krisenländer aufzukaufen und die Lasten von den hoch verschuldeten Staaten auf die Sparer in den Kernländern der EU-Währungsunion zu transformieren.

6.7.5. Renmimbi (Yuan)

Bezieht man nun auch die chinesische Währung Renmimbi (bzw. Yuan) als mögliche Anlagewährung in die Analyse ein, so muss bedacht werden, dass es dabei um eine nicht frei konvertierbare Währung handelt. Der Kurs wird von Peking aus Gründen der Exportunterstützung künstlich unterbewertet. Langfristig ist mit Kurssteigerungen zu rechnen, da die chinesische Währung auf Dauer die Weltleitwährung US-Dollar zumindest ergänzen wird.

Die von vielen Kommentatoren erwartete „Durchmarsch" Chinas an die Weltspitze – nicht nur im wirtschaftlichen Bereich – muss jedoch kritisch betrachtet werden. Hunderte Millionen Chinesen hungern in den zurückgebliebenen Provinzen des Landesinneren, zwei Dutzend Millionen Wanderarbeiter (der Bevölkerungsüberschuss in der Landwirtschaft) findet keine Arbeit. Die Nahrungsmittelpreise steigen inflationär.

Ohne Menschenrechte, ohne persönliche Freiheit, aber mit verordnetem Auswendiglernen als „Bildung", Ideenklau und Kopieren unter dem Monopol der Optimismus-Propaganda bleiben die schöpferischen Kräfte dieses hochbegabten Volkes gefesselt. Ohne Diktatur wiederum bricht das Reich dramatischer auseinander als einst die UdSSR. Und mit dem Ein-Kind-Zwang samt Abtreibung ungeborener Mädchen gibt es bald weniger Han-Chinesen (heute: 845 Millionen), das Staatsvolk, als Europäer (heute: 600 Millionen).

Der ehemalige Staatspräsident Hu Jintao hat für den Fall, dass es nicht gelänge, die Korruption zu unterbinden, den „Zusammenbruch" von Partei und Staat vorhergesagt. Chinas Wachstumsraten entsprechen nur der nachholenden Industrialisierung eines Entwicklungslandes. Lohn- und Wechselkursdumping sind auf Dauer nicht durchzuhalten. Pekings Dollar-Reserven, vor allem Schuldtitel, lassen sich nicht realisieren – sonst würde der Schuldner USA ins Chaos stürzen. Je Kopf der Bevölkerung beträgt Chinas Bruttoinlandsprodukt ein Zehntel des deutschen, der Exportüberschuss noch viel weniger.

Weiterhin ist zu beachten, dass die Verschuldung chinesischer Firmen auf einem Rekordniveau liegt. China könnte also auf eine Kreditkrise zusteuern, obwohl die Staatsverschuldung mit gerade mal 16 % vom BIP und auch die Verschuldung der privaten Haushalte im Umfang von 31 % des BIP vergleichsweise gering ausfallen. Doch die Verschuldung der nicht-finanziellen Unternehmen hat mit 151 % vom BIP einen Rekordwert erreicht und weist somit den höchsten Wert unter den zehn größten Volkswirtschaften der Welt auf; die Steigerungsrate ist rasant. Die chinesische Wirtschaft wächst nominal (also inklusive Inflation) rund 10 % jährlich – die Summe der Kredite wächst aber doppelt so schnell.

Im Ergebnis wird der Schulden-Schneeball also immer größer, ohne dass dies noch die reale Wirtschaft erreicht. Von 100 Yuan, die China erwirtschaftet, gehen inzwischen fast 40 Yuan in den Schuldendienst, davon fast 10 allein für Zinszahlungen, der Rest für die Tilgung. Und weil dies kaum zu erwirtschaften ist, nimmt man immer neue Schulden auf, um die alten zu bedienen – eben ein Schneeballsystem. Solch hohe Quoten hat es auch in anderen Ländern in der Vergangenheit schon gegeben, beispielsweise in Finnland Anfang der 90er Jahre. Es folgte ein dramatischer Absturz der Wirtschaft. Beispielsweise in Südkorea 1997 – es folgte die Asienkrise. Und beispielsweise in den USA und Großbritannien 2009 – was dann folgte, ist bekannt.

Auch in China droht der sogenannte „Minsky-Moment" – der drastische Preisverfall von Wertanlagen, der nach einer lang anhaltenden, kreditgetriebenen Rally erfolgt. Dieser Effekt könnte in China ausgerechnet durch eine Liberalisierung des Finanzmarktes ausgelöst werden. Denn im Zuge dieser geplanten Reform werden die Banken freier werden bei der Festsetzung ihrer Zinsen. Für Firmen mit hoher Verschuldung dürften dann die Schulden deutlich teurer werden. Und das könnte manches Unternehmen kollabieren lassen, zumal der chinesische Unternehmenssektor massive Rentabilitätsprobleme hat. Steigende Zinsen werden die chinesische Konjunktur spürbar schwächen.

Über die tatsächliche Höhe der Staatsschulden Chinas gibt es keine verlässlichen Daten. Auf jeden Fall dürften die kommenden Jahre alles andere als problemlos werden. Besonders schwer wiegt, dass es in China keinen funktionierenden Finanzmarkt gibt. Vermehrte Firmenpleiten, ein wachsender Anteil fauler Kredite und eine gewisse Kreditklemme werden in den kommenden Jahren wohl unvermeidbar sein.

Ein besonderes Problem stellt das Schattenbanksystem dar. Die Akteure im Schattenbanksystem sind vorwiegend regionale Banken, Investment-Fonds, private Geldverleiher und sonstige Investoren. Sie refinanzieren sich am chinesischen Interbankenmarkt. Je mehr Zinsen sie dort zahlen müssen, desto weniger Gewinn werfen ihre halblegalen Verleih-Aktivitäten ab. Das Schattenbanksystem macht einer Schätzung von JPMorgan zufolge knapp 70 Prozent des chinesischen BIP aus. Die von der chinesischen Zentralbank (PBoC) verordneten Liquiditätsengpässe führten dazu, dass sich die Zinsen am chinesischen Interbankenmarkt deutlich verteuerten. Dadurch wollte die PBoC das Schattenbanksystem austrocknen.

Seit Mitte 2013 entwickelt sich jedoch eine gefährliche Eigendynamik. Zunächst schossen im Juni 2013 und dann im Dezember 2013 die Interbankzinsen auf über 10 % in die Höhe.

Das ist ein Indiz dafür, dass sich die Schattenbanken untereinander nicht mehr trauen. Sie leihen sich kein Geld mehr, weil sie Angst vor Zahlungsausfällen haben. Um eine Panik zu verhindern, flutete die PBoC den Markt mit Geld, was aber nur kurzfristig zur Beruhigung führte. Nun kehrt die Kreditklemme in China mit voller Wucht zurück. Beobachter befürchten, dass ein einziger großer Zahlungsausfall eine Kettenreaktion im chinesischen Schattenbanksystem auslösen könnte. China könnte dann einen ähnlichen Zusammenbruch wie den von Lehman Brothers 2008 in den USA erleben. Wie und wann die Kreditklemme gelöst wird, wird enorme Auswirkungen für China und den Rest der Welt haben.

Das wackelige Bankensystem, das Schattenbankensystem, die Blase am Immobilienmarkt, das bürokratische Meldewesen („Hukou-System"), die Vergreisung der Bevölkerung, die unglaubliche Umweltverschmutzung, die mangelnde Wertschöpfung und Rendite der Industrie sowie die umfassende Korruption sind die Haupt-Brandherde Chinas. Insbesondere deutsche Firmen, die stark von der chinesischen Wirtschaft profitieren, müssen sich langfristig auf härtere Zeiten einstellen. Zudem kämpft China zunehmend mit Kapitalflucht. Eine stetig steigende Zahl von chinesischen Millionären versucht, ihr Vermögen ins Ausland zu retten, bevor die wirtschaftlichen und politischen Probleme zu groß werden. Die chinesische Regierung weiß um diese Probleme und bereitet sich auf härtere Zeiten vor. So kauft die chinesische Zentralbank enorme Mengen an physischem Gold auf und stößt gleichzeitig in großem Stil US-Staatsanleihen ab.

Wie Chinas Weg in die Zukunft aussieht, weiß niemand. Sicherlich ist mir erheblichen Problemen zu rechnen, zumal China eine paternalistische Autokratie ist und keine offene Gesellschaft.

Durch die jüngsten Skandale bei Manipulationen am Währungsmarkt lagern immer mehr Banken auf Druck ihrer Kunden den Devisenhandel auf elektronische Handelsplattformen aus. Mindestens 15 Banken stehen im

Verdacht den Währungsmarkt manipuliert zu haben. Allein 22 Händler wurden bisher belangt, obgleich die Zahl der involvierten Devisenhändler vermutlich deutlich höher liegt. Die Ermittlungsbehörden deckten in den vergangenen Monaten gleich mehrere Betrugsfälle bei verschiedenen Richtwerten, wie dem Libor, dem Euribor, der Gold- und Währungsfestsetzung auf.

Die steigende Anzahl von Untersuchungen bezüglich Marktmanipulierung veranlasst immer mehr Kunden dazu, ihren Handel vermehrt an Maschinen abzugeben. Unter den Banken, die den Großteil des Währungshandels künftig über die Online-Plattform abwickeln, gehören zum Beispiel die *Schweizer UBS* und die *Citigroup*. Die UBS wickelt bereits etwa zwei Drittel ihres Währungshandels über ihre Plattform Neo ab. Die amerikanische Citigroup – einer der Vorreiter im Online-Handel von Währungen – akzeptiert dabei sogar elektronische Bestellungen über 10 Millionen Dollar.

Ganz sicher sind jedoch auch diese elektronischen Online-Plattformen, die auf der Basis von Algorithmen funktionieren, nicht. Denn letztlich können auch Algorithmen manipuliert werden – und zwar von Programmierern und ihren Auftraggebern. Hier ggfs. die Verantwortlichen auszumachen, wird noch viel schwerer sein als im Kreis der Banken und ihrer Devisenhändler. „Der Computer taugt dann nicht mal als Sündenbock", heißt es dazu in den Deutschen Wirtschafts Nachrichten.

7. „Carry-Trades"

Vor allem professionelle Finanzanlageinstitutionen nutzen im Rahmen der „Carry-Trades" die Zinsdifferenzen und Währungsschwankungen im internationalen Bereich für entsprechend spekulative Geschäfte. Für vom Niedrigzins geplagte Anleger hören sich die Zinshöhen aus Ländern wie Brasilien mit einem dortigen Leitzins in Höhe von 11,75 % natürlich sehr verlockend an. In Europa liegt der Leitzins der EZB bei 0,05 %, auch in der Schweiz und Japan liegen die Zinsen nahe Null. Wer von diesen enormen Zinsdifferenzen profitieren will, bedient sich der Carry-Trades. Dabei nehmen Anleger einen Kredit in einer niedrig verzinsten Währung auf und legen es in Währungen mit einem höheren Zinsniveau an. So eine Transaktion ist solange gewinnbringend, wie die Zinsgewinne nicht durch Währungsverluste verloren gehen.

In der Vergangenheit haben gravierende Währungsschwankungen jedoch regelmäßig für Verwerfungen gesorgt. Als die Fed vor einer Weile lediglich laut darüber nachdachte, die expansive Geldpolitik etwas zu drosseln, werteten die Schwellenländerwährungen stark ab. Innerhalb eines Jahres verloren der brasilianische Real zum US-Dollar über 21 %, der südafrikanische Rand 22 %, die indische Rupie 28 %. Anleger zogen ihr Kapital aus den ehemaligen Lieblingsländern der Investoren ab, weil durch höhere amerikanische Zinsen die Anlage in Schwellenländern bei höherem Risiko vergleichsweise weniger attraktiv schien. Um die Kapitalflucht aufzuhalten und ihre Währungen zu stabilisieren, erhöhten die betroffenen Länder nach und nach ihre Zinsen.

Ein weiterer Unsicherheitsfaktor ist die Höhe der Inflation der Anlagewährung. Hohe Zinsen sind nämlich nur dann wirklich attraktiv, wenn sie nicht durch Geldentwertung aufgefressen werden. Die Achillesferse der „Carry-Trades" ist aber in jedem Falle die Volatilität der genutzten Währungen, bzw. das Risiko, dass die Währung, in der man z. B. einen

Kredit aufnimmt, deutlich aufwertet. Die erst kürzlich erfolgte Loslösung des Schweizer Frankens vom Euro ist hier ein lehrreiches Beispiel.

Insgesamt sind „Carry-Trades" also sehr risikoreiche Geschäfte, weil sich Währungsschwankungen, Zinsveränderungen und Inflationsraten nicht voraussagen lassen; zumal Wechselkurse und Währungssysteme heute nicht mehr realwirtschaftlich determiniert sind, sondern finanzwirtschaftlicher Interessenspolitik unterliegen.

8. Die Dämonen: Staatliches Geldmonopol und „deficit-spendig"

Am Beispiel der „Carry-Trades" zeigt sich Folgendes ganz deutlich: Nicht nur das Fehlen verbindlicher Spielregeln bzw. das Fehlen einer Institution, die als eine Art internationaler Schiedsrichter fungiert, sind ein zentrales Problem der mangelnden Koordination des Weltfinanzsystems.

Die drei größten Volkswirtschaften verletzen fortgesetzt die Regeln, deren Einhaltung langfristig im Interesse aller Staaten wäre. Die falsche Therapie der japanischen Immobilien- und Börsenkrise Anfang der 1990er-Jahre war der Beginn der Überliquidität der Weltwirtschaft, die sich bis heute weiter permanent aufbaut. Jener Überliquidität, die seitdem von Blase zu Blase weiterwandert; die seit fast drei Jahrzehnte andauernde Phase sinkender nominaler und realer Zinsen mit sich brachte und schließlich eine Zentralbank nach der anderen hat kapitulieren lassen hinsichtlich der Frage, ob man einfach Geld drucken darf, um ein Staatsdefizit zu finanzieren.

So hat das enorme „deficit spending" der japanischen Regierungen nach der großen Krise das Land nie zu einem gesunden, selbstragenden Wachstum zurückgeführt. Vielmehr entstand eine Abhängigkeit von kreditfinanzierter staatlicher Übernachfrage. Die Angst vor Deflation lässt scheinbar keine andere Wahl mehr, als die zu hohe Verschuldung immer weiter zu erhöhen. Heute hat dieser Schuldenberg eine Größe, die es unmöglich macht, jemals wieder reale Zinsen in nennenswerter Höhe zuzulassen. Schon bei einer Zinssteigerung von nur 1,5 % wären die meisten Krisenländer zahlungsunfähig.

Japan hatte als erstes Land nominell wie real die Zinsen auf Null gesetzt und über den Umweg der „Carry-Trades" wurde die ganze Welt davon infiziert. Über „Carry-Trades" wurden japanische Yen zu günstigen Zinsen aufgenommen, um diese in Defizitländern als günstige Finanzierungsquelle einzusetzen.

Die von der Realwirtschaft abgekoppelte Liquiditätsschwemme nahm somit von Japan ausgehend ihren Weg über das ganze Weltfinanzsystem. Auf lange Sicht kommt es zwangsläufig zu einer Geldentwertung (Kaufkraftverlust). Denn nur über diesen Weg können sich die völlig überschuldeten Staaten der westlichen Welt ihrer Schulden entledigen – auf Kosten der Sparer, Anleger und Rentner. Um nun zu verhindern, dass Sparer und Anleger nicht auf eine andere (härtere) Währung ausweichen können, versuchen die Regierungen ihre Geldpolitik in diesem Sinne miteinander abzustimmen. In der Tat wird die Tendenz zu einer immer mehr vereinheitlichten Geldpolitik vermutlich dazu führen, dass der Anleger nicht mehr von einer Währung auf eine andere ausweichen kann, um sich vor drohender Geldentwertung zu schützen.

Die wichtigsten Zentralbanken haben bereits ihre Geldpolitik vereinheitlicht. Weltweit sorgen sie für negative reale Zinsen und weiten die (Basis-)Geldmenge immer mehr aus, um Banken und Staaten zu retten. Zudem haben sie seit 2008 so genannte „Liquiditäts-Swap-Abkommen" eingerichtet, mit deren Hilfe Geschäftsbanken in jeder gewünschten Währung refinanziert werden, und zwar unlimitiert und zu Tiefstzinsen.

Die manipulierten Zinsen zerstören das Kernstück der Marktwirtschaft: die Wirtschaftsrechnung. Da sich rentable Investitionen nicht mehr von unrentablen Investitionen unterscheiden lassen, kommt es automatisch zu einer systematischen Außerkraftsetzung der kapitalmäßigen Ressourcenallokation in der gesamten Volkswirtschaft. Unrentable Investments werden viel zu lange durchgehalten und binden somit Ressourcen, die in anderer Verwendung eine viel höhere Effizienz aufweisen würden. Die Volkswirtschaft verliert dadurch insgesamt Wettbewerbsfähigkeit und erzielt kein reales Wachstum mehr. Die Geldpolitik verfolgt praktisch in allen wichtigen Währungsräumen eine gemeinsame Inflationspolitik. Dies wird die Wechselkursschwankungen in relativ engen Grenzen halten.

So ökonomisch und politisch problematisch ein solches geldpolitisches Zentralisierungsbestreben auch ist, so folgt es doch einer unerbittlichen Logik: das Aufrechterhalten der nationalen Papiergeldsysteme macht eine engere und bedingungslose Zusammenarbeit zwischen den nationalen Papiergeldanbietern unausweichlich. Die sich daraus ergebende Machtkonzentration beschwört – und das zeigt die Währungsgeschichte immer wieder – den Missbrauch der Notenpresse herauf. Und davon sind dann eben fast alle Währungen betroffen.

Die durch die staatlichen Zentralbanken und das Geschäftsbankensystem erzeugten Geldmengen stehen in keinem Verhältnis mehr zur Realwirtschaft, wodurch sich die größte Finanzblase aller Zeiten gebildet hat. Man muss sich das Weltwährungssystem wie eine Badewanne vorstellen, die viele Wasserhähne hat. Es ist dann egal, ob ein Hahn oder viele Wasserhähne aufgedreht sind. Wenn aus mindestens einem Hahn Geldliquidität fließt, steigt der Wasserspiegel für alle. (André Hülsbömer) Im Fall Japans ist es die Überschuldung des Staates, im Fall der USA die Überschuldung der privaten Haushalte, die dazu führte, dass die jeweilige Zentralbank Geld druckt und die Zinsen soweit drückt, dass negative Realzinsen entstehen.

Im Fall von China führt das jahrelang durchgeführte Währungsdumping zum Schluss zum gleichen Ergebnis. Ein zu hoher Kapitalfluss bereitet via Geldmengenexpansion den Boden der zukünftigen Inflation. Nach und nach werden alle Handelspartner von den negativen Realzinsen und der Geldschwemme angesteckt, weil der Liquiditätsstrom des Weltfinanzsystems auch noch in den letzten soliden Winkel fließt. Selbst die wenigen Hartwährungsräume können sich dagegen nur vorübergehend abschirmen. Letztlich werden diese verbleibenden Stabilitätsinseln dann auch überflutet – in Form von Fluchtgeldliquidität. Selbstverständlich sitzt Deutschland auch in der „gemeinsamen Badewanne".

Der Ankauf von Staatsanleihen durch die EZB, die Ausweitung der Sonderziehungsrechte auf den Euro und die drohende Verpfändung von Währungsreserven der Euroländer geht langsam aber sicher auch an die Substanz der momentan noch einigermaßen soliden Länder. Die Geschichte zeigt, dass allen großen Wirtschaftskrisen auf der Welt stets Überschuldungssituationen vorausgingen. Allerdings gab es noch nie eine Überschuldung in dem pantagruelischen Ausmaß wie heute.

Die staatlichen Zentralbanken schaffen ihren Regierungen durch die Liquiditätsschwemme – sozusagen als Rettungsmaßnahme – einen zeitlichen Aufschub. Fatalerweise nutzen die Regierungen diesen Zeitaufschub aber nicht, um Wettbewerbsfähigkeit und reales Wachstum durch geeignete Strukturreformen zu bewirken, sondern bleiben Gefangene der schamlosen Schuldenpolitik im Rahmen ihres „Geschäftsmodells" der schuldeninduzierten Wählerbestechungsdemokratie. Es setzt sich eine regelrechte Spirale nach unten in Gang, die niemand aufhalten kann. Am Ende steht zwangsläufig der finanzielle Zusammenbruch der Finanz- und Sozialsysteme der Wohlfahrtsstaaten. Die katastrophalen sozialen und politischen Folgen einer Inflation mit anschließendem Schulden- bzw. Währungsschnitt, hat Deutschland bereits zweimal in vergangenen Jahrhundert erlebt, Finanzinstitutionen in den USA sehen dies allerdings anders, denn sie halten ein solches Szenario nicht für einen Weltuntergang: *„Rampant Inflation won`t be the end of the world",* hört man dort öfters. Die bittere historische Erfahrung der Deutschen im 20. Jahrhundert, dass ein Währungszusammenbruch zur sozialen und dann auch zur politischen Katastrophe führen kann, fehlt den Amerikanern eben.

Das staatliche Geldmonopol ist ein entscheidender Konstruktionsfehler des westlichen Demokratiemodells – dem Wohlfahrtstaat. *Das staatsmonopolistische Zwangsgeld* ermöglicht den Politikern via Ingangsetzung der Notenpresse die verantwortungslose Schuldenreiterei zu Lasten nachfolgender Generationen.

Die Schuldensucht ist der Todestrieb des modernen Wohlfahrtsstaates. Kern dieses Problems ist die „demokratische Krankheit", also die kollektive Unvernunft von Wählern und Politikern, die sich in verhängnisvoller Weise voneinander abhängig zeigen. Für die Politiker ist das Verteilen auf Pump wegen der sofort wählerwirksamen Auswirkungen über die Maßen verlockend. Der Wähler, der einerseits die Politiker verachtet, hält andererseits mit seinem naiven Anspruchsverhalten diesen Teufelskreis in Gang.

Ohne das beliebig vermehrbare staatliche Geld würde die Welt heute nicht vor dem Abgrund des finanziellen Zusammenbruchs stehen. Während die reale Güterwirtschaft aus guten Gründen privatwirtschaftlich organisiert ist, ist das spiegelbildliche Geldsystem ein staatliches Monopol. Realwirtschaft und Finanzwirtschaft sind in diesem Sinne also nicht kompatibel, sie können nicht reibungslos miteinander verzahnt werden. Aus dieser Diskrepanz resultieren letztlich die immer wiederkehrenden Probleme. Schulden, Rezession, Depression, Inflation und übertriebene Konjunkturausschläge. Wenn das staatlich monopolisierte Geldsystem dem privatwirtschaftlichen Wettbewerbssystem der realen Güterwirtschaft entsprechen würde, könnten diese Probleme von vornherein verhindert werden.

Geldanleger müssen deshalb die Thematik „Geldentwertung" bei allen Ihren Entscheidungen mit berücksichtigen. Das schließt nicht aus, dass es in ein und derselben Volkswirtschaft in Teilbereichen auch deflationäre Entwicklungen geben kann, und zwar als Ausfluss der geldmengengetriebenen Blasenbildung, bzw. dem Platzen dieser Blasen in den jeweils verschiedenen Teilbereichen. Während in der deutschen Volkswirtschaft jedoch insgesamt die Inflationsgefahr im Vordergrund steht, „droht" in den Krisenländern im Euroraum vor allem eine Deflationsgefahr.

9. Internet-Währung: Alternative zum staatlichen Zwangsgeld?

Eine möglicherweise in Zukunft interessante Alternative zu den staatsmonopolistischen Währungen, welche noch immer irgendwann wertlos geworden sind, könnte sich durch die technologische Entwicklung des Internets ergeben: Bitcoins sind zum Beispiel eine neuartige Form von elektronischem, privatem Geld, das dezentral durch ein Computernetz geschöpft und verwaltet wird. Es verbindet Eigenschaften von Bargeld mit solchen von internationalen elektronischen Überweisungen. Erfinder der Bitcoins ist Satoshi Nakamoto, ein 64 Jahre alter Amerikaner japanischer Herkunft.

Bitcoins werden in einem komplizierten und rechenaufwendigen Prozess erstellt, ihr Volumen ist auf 21 Millionen Einheiten begrenzt. Diese Mengenbegrenzung macht Bitcoins für Geldwäsche unattraktiv und schützt die Währung gegen Inflation. Bitcoins wecken wegen dieser „elektronischen" Inflationssicherung und einer weitgehenden Unabhängigkeit vom traditionellen Finanzsystem mehr und mehr Interesse als Wertaufbewahrungsmittel. Bitcoin-Nutzer bleiben anonym; Zentral- und Geschäftsbanken werden nicht gebraucht. Ein Bitcoin-App scannt ein Bildmuster, das die Kontonummer enthält und sendet die Zahlung direkt an den Empfänger.

Das Bitcoin-Netzwerk wird aus Teilnehmern gebildet, die einen „Bitcoin Client" (ein Spezialprogramm wie Bitcoin Qt, MultiBit, Armory oder Electrum) auf ihrem Privatrechner ausführen. Der Besitz von solchen Geldeinheiten kann durch den Besitz von kryptografischen Schlüsseln nachgewiesen werden. Jede Transaktion von Geldeinheiten zwischen Teilnehmern des Netzwerkes wird in einer öffentlichen, vom gesamten Netzwerk unterstützten Datenbank aufgezeichnet und mit digitalen Signaturen versehen. Dies gewährleistet, dass Geldbeträge im Prinzip fälschungssicher sind. Inwieweit das Problem erfolgreicher Hackerangriffe zukünftig tatsächlich gelöst werden kann, bleibt abzuwarten.

Die Geldeinheiten werden in Online-Börsen gehandelt und können in über zwanzig Währungen wichtiger Industriestaaten und Schwellenländer getauscht werden. Während bisher ein großer Teil der Nutzung vermutlich spekulativ ist und der Tauschkurs beachtlichen kurzfristigen Schwankungen unterliegt, haben neben kleinen Anbietern mehrere große Online-Dienste mit hoher Bekanntheit und einer Gesamtzahl von vielen Millionen Nutzern begonnen, Bitcoin als Zahlungsmittel zu akzeptieren. In Deutschland hat die Internetwährung Bitcoin inzwischen einen wichtigen Schritt in Richtung Rechtssicherheit getan. So erkennt die Bundesregierung die digitale Währung als „Rechnungseinheiten" an. Damit sei sie ein Art „privates Geld", welches in „multilateralen Verrechnungskreisen" eingesetzt werden kann.

Das Herstellen von Bitcoins ist somit „private Geldschöpfung", wie das Bundesfinanzministerium mitteilte. Die Digitalwährung ist jetzt rechtlich und steuerlich gebilligt. Kursgewinne aus Bitcoins sind nach einem Jahr steuerfrei. Der Fiskus behandelt sie also anders als Aktien, Zertifikate und Fonds; denn diese unterliegen einer 25-prozentigen Abgeltungsteuer. Im Detail wäre noch zu klären, ob beim Handel mit Bitcoins auch Umsatzsteuer anfällt. Auch die Finanzaufsicht Bafin beschäftigt sich mit der Digitalwährung. Im Merkblatt „Finanzinstrumente" heißt es, die Bitcoins seien den Devisen gleichgestellt – also anderen Währungen.

Es bleibt abzuwarten, ob sich hier, durch eine technologische Innovation, eventuell tatsächlich eine private, also inflationsgeschützte Währung entwickelt. Es wäre immerhin nicht das erste Mal in der Geschichte, dass sich durch eine technologische „Revolution" völlig neue Perspektiven, Spielregeln und Konsequenzen ergeben. Selbstverständlich ist aber davon auszugehen, dass die Regierungen alles tun werden, um ihr staatsmonopolistisches Geld zu verteidigen. Man wird also von dieser Seite sicherlich alles unternehmen, um die Entstehung eines unabhängigen, freien Marktgeldes zu verhindern – dazu steht dem Staat letztlich auch die Durchsetzung in seiner Funktion als Gewaltmonopol hilfreich zur Seite.

Das enge aufsichtsrechtliche Korsett, das den Bitcoins vor allem in den USA angelegt wurde, gefällt den Nutzern natürlich gar nicht. Dies könnte dazu führen, dass die Ideen und Gedanken hinter den Bitcoins zwar erhalten bleiben, die Bitcoins selber aber wieder verschwinden könnten. Doch schon jetzt haben die Bitcoins zahlreiche Nachahmer erzeugt. Ihre Nachkommen könnten die Bitcoins letztlich irgendwann ablösen (z. B.: Litecoins, PPCoin, Ripple, Auroracoins in Island u. a.). Über die Zukunft dieser „Währungen" werden die Nutzer mit ihrem Vertrauen ziemlich schnell entscheiden. Aber auch große kommerzielle Anbieter, wie z. B. *Amazon*, haben eigene „Währungen" geschaffen. Mit den Amazon-Coins kann der Nutzer Bücher oder digitale Inhalte kaufen. Amazon-Coins funktionieren wie ein Guthabenkonto, auf das man vorher eine bestimmte Anzahl Amazon-Coins aufladen muss. Auch *Facebook* verkauft „Credits".

Andere technologische Entwicklungen, die im Endeffekt ganze Märkte umgekrempelt haben, geben zumindest einen ersten Hinweis auf das, was den Geld- und Finanzmärkten weltweit bevorstehen könnte. Ein gutes Beispiel dafür sind die kolossalen Veränderungen auf dem Musikmarkt: Seit Jahren gehen die Umsätze und Gewinne der klassischen Musikunternehmen zurück, sie stürzen regelrecht ein.

Die Wachstumsmärkte sind längst ins Internet abgewandert. Bei digitalen Musikläden oder sogenannten Streamingdiensten, bei denen man die Musik zwar nicht runterlädt, aber für eine Abogebühr nahezu jedes Musikstück erhält. Mit wenigen Klicks ist das Lied auf dem Computer, Musik im Ladengeschäft zu kaufen ist unnötig geworden. Die heutigen Computerprogramme sind immer noch so aufgebaut wie zu Beginn dieser technologischen Entwicklung die seinerzeitigen (illegalen) „Napster-Tauschbörsen". Ohne Napster wäre etwa das heutige i-Phone nie möglich geworden.

Es mag sich aus heutiger Sicht wie Science-Fiction anhören, aber der absehbare Zusammenbruch des globalen Finanzsystems (aufgrund schamloser Staatsverschuldung und unbegrenzter Gelddruckerei) könnte der Weiterentwicklung digitaler, privater Währungen den entscheidenden Schub geben. In China war bereits eine wahre Manie um die digitale Währung entbrannt, nachdem der Suchmaschinenanbieter Baidu Bitcoins als Bezahlmittel zugelassen hatte. Baidu ist eine Art chinesisches Google und gehört zu den fünf am meisten aufgerufenen Internetseiten der Welt.

Der Handel von Yuan in Bitcoin machte bereits 21 % des Umsatzes aus – in Euro sind waren es vergleichbar nur sechs Prozent des gesamten Handelsvolumens. Selbst der Staatssender CCTV brachte einen längeren Bericht über das Internetgeld. Mittlerweile gibt es auch bereits einige ernsthafte Großanleger. Das Verbot des offiziellen Handels mit Bitcoin durch die chinesische Staatregierung bedeutet zwar einen Rückschlag für die Internet-Währung, stoppt aber selbst in China die Nutzung von Bitcoin nicht nachhaltig, weil das Schattenbanksystem dennoch genügend Möglichkeiten der Nutzung bietet

Auch der Zusammenbruch der bisher größten Bitcoin-Börse Mt.Gox in Folge eines Hacker-Angriffs wird die Entwicklung als solche wohl nicht stoppen. Ein Zeichen dafür ist unter anderem, dass die britische Steuerbehörde plant, die Mehrwertsteuer in Höhe von 20 Prozent auf den Handel mit Bitcoins abzuschaffen.

Derzeit entstehen mehrere Investment-Fonds, die Bitcoins in der Finanzwelt populärer machen sollen. Um auch traditionelle Investoren für die Internet-Währung zu gewinnen, setzen die Fondsmanager auf Risikobegrenzung und auf staatliche Kontrolle.

Der Bitcoin Investment Trust (BIT) hält nach Angaben des Fonds-Chefs, Barry Silbert, bereits mehr als 100.000 Bitcoin. Das entspricht zurzeit rund 36 Millionen Euro. Noch ist der BIT eine rein private Anlage.

Doch sobald er Ende 2014 für alle Investoren öffnet, wird er voraussichtlich eine neue Klasse von Bitcoin-Investoren anziehen. „Jede Investor in den USA mit einem Wertpapierkonto wird Anteile kaufen können", zitiert die Financial Times den BIT-Chef. Der Anlagefonds orientiert sich an den Bitcoin-Preisbewegungen. Auf diese Weise können Anleger vom Kursanstieg profitieren, ohne Bitcoin direkt kaufen zu müssen. Der BIT-Fonds wird von Ernst&Young geprüft. Er soll außerbörslich gehandelt werden und benötigt die Erlaubnis der Finanzaufsicht.

Der BIT-Fonds zielt auf denselben Markt wie der Winklevoss Bitcoin Trust. Tyler und Cameron Winklevoss rechnen ebenfalls bis Ende 2014 mit der Zulassung durch die Finanzaufsicht und sogar der US-Börsenaufsicht SEC, da ihr Fonds auch an der Börse gehandelt werden soll. Die Bitcoin-Fonds werden die Art und Weise verändern, wie Investoren die Internat-Währung sehen. Die Fonds zielen ganz bewusst auf die traditionellen Anleger ab, die große Risiken vermeiden und eine staatliche Regulierung zur Bedingung für ihren Einstieg machen.

Ein weiteres Beispiel für die Entwicklung von staatsfreiem, digitalem Geld ist die SMS-Währung M-Pesa. Dieses System basiert auf der Überweisung von Mobilfunk-Guthaben per SMS. M-Pesa ist eine Zusammensetzung aus den Buchstaben M für mobil und dem Wort Pesa. Das ist Suaheli und heißt Geld. Das mobile Geld ist in Teilen Afrikas so populär geworden, dass es praktisch wie eine Währung verwendet wird. Denn es ermöglicht Überweisungen für jene, die keinen Zugang zum Bankensystem haben. Der Mobilfunkanbieter Vodafone will das mobile Bezahlsystem M-Pesa nach Europa bringen.

Vodafone hat eine E-Geld-Lizenz für Finanzdienstleistungen in Europa erworben. Vodafone plant laut einem Bericht in der Financial Times die Einführung von M-Pesa zunächst in Rumänien; sieben Millionen Rumänen, die vor allem Bargeld benutzen, sollen für die SMS-Zahlung gewonnen werden.

Laut Michael Joseph, Vodafone-Chef für mobiles Geld, werde *Vodafone* die europäische E-Geld-Lizenz die Verbreitung vom M-Pesa über Rumänien hinaus erlauben. Der Fokus liege dabei auf Zentral- und Ost-Europa. Zudem sei es möglich, die Plattform nicht nur zum Bezahlen, sondern auch zum Sparen, zur Kreditvergabe und zur Versicherung zu verwenden, wie es Vodafone in Afrika getan habe. Ende 2012 startete Vodafone eine solche auf M-Pesa basierende Plattform mit dem Namen M-Shwari. Darauf liegen in Kenia Guthaben in Höhe von mehr als 270 Millionen Dollar.

Die Plattform ist in Kenia so stark gewachsen, dass ein Drittel des BIP im Umfang von 44 Milliarden US-Dollar durch das System fließt. Es gibt dort 79.000 so genannte Agents, wo der Umtausch in Bargeld möglich ist. Dies sind etwa Tankstellen oder Supermärkte. Seitdem hat sich das System auch nach Tansania, Ägypten, Lesotho und Mozambique ausgebreitet. Auch in Indien hat *Vodafone* M-Pesa kürzlich eingeführt und beobachtet aufgrund der großen Zahl von Indern ohne ein Bankkonto ein schnelles Wachstum. Mehr als eine Million Inder haben sich dort bereits registriert. Doch *Vodafone* erwartet eine noch schnellere Verbreitung, sobald die indische Zentralbank die Regulierung vereinfacht.

M-Pesa ähnelt der Internetwährung Bitcoin, denn es ist auch ein System zur Überweisung von Werteinheiten. Bei M-Pesa sind diese Einheiten das Guthaben, das man in seinem Mobilfunk-Konto hat.

Der Internet-Konzern *Facebook* plant den Einstieg ins Finanzgeschäft. Die Facebook-Nutzer könnten dann elektronisches Geld auf ihrem Profil speichern und an andere Nutzer schicken.

In den USA hat Facebook bereits eine eingeschränkte Zulassung für Online-Bezahldienste.

Facebook verwaltet dort Finanztransfers von Nutzern, die über die Plattform Online-Spiele erwerben. Doch für *Facebook* geht es bei der Einführung einer virtuellen Geldeinheit nicht um bloße Umsatz- und Gewinnsteigerung: Nach dem Erwerb des Kurznachrichtendienstes WhatsApp (für rund 19 Milliarden US-Dollar) ist es denkbar, dass der Konzern die weltweite Verbreitung des Nachrichtendienstes mit einer virtuellen Währung kombiniert, um schnell globale Akzeptanz zu erhalten.

Es ist kein Geheimnis, das Mitglieder der Risikokapitalfirma *In-Q-Tel*, der Investment-Abteilung der CIA, im Aufsichtsrat von *Facebook* sitzen. Dort hat man sicher größtes Interesse daran, die zukünftigen Ströme virtueller Währungen zu kontrollieren. Insofern würde sich das virtuelle Geld von *Facebook* total von der Krypto-Währung Bitcoin sowie seinen Epigonen unterscheiden, die ja gerade unabhängig vom Staat agieren.

10. Edelmetalle (Gold) und Rohstoffe

Gold gilt bisher vielen Menschen als der beste Schutz vor Inflation. So sehr sich Gold im allgemeinen Verständnis als Inflationsschutz etabliert hat, so wenig hält auch diese weitläufig verbreitete Ansicht einer statistischen Überprüfung stand. Der Zusammenhang zwischen Goldpreis und Inflationsentwicklung ist demnach allenfalls ein loser. Hätte ein Investor 1980 Gold gekauft, hätte er 28 Jahre warten müssen, um den Einstiegspreis von 800 Dollar pro Unze wieder zu erreichen. Trotz erhöhter Inflation in den Jahren 1980 bis 2008 gab der Goldpreis im gleichen Zeitraum nach. Zwar stieg er ab 2008 auf zuletzt neue Höchststände, was teilweise auch auf erhöhte Inflationserwartungen zurückzuführen ist. Lassen diese aber eventuell wieder nach, so dürfte auch der Goldpreis wieder zurückgehen. Die Anlage in Gold bringt bekanntlich keine Zinsen und ist – wie die Vergangenheit gezeigt hat – durchaus als spekulativ zu bezeichnen. Selbst Experten sind nicht in der Lage, den Goldkurs vorherzusagen. Die Schätzungen schwanken zwischen rund 1.000 Euro und 2.500 Euro.

Sicher ist es richtig, dass Gold sogar nach Kriegen und wirtschaftlichen Katastrophen nie wertlos geworden ist. Es stimmt aber nicht, dass sein Preis in schweren Zeiten unbedingt stabil bleiben muss. In jedem Fall gilt, dass eine Unze Gold immer eine Unze Gold bleibt, die Preisnotierungen sind gerade zur Zeit in erster Linie als Spiegelbild der „staatlichen Finanzraserei" im Rahmen des überschuldeten Wohlfahrtsstaat zu interpretieren. Das dadurch entstehende äußerst nervöse Anlagerverhalten führt zu entsprechend volatilen Preisnotierungen. Hinzu kommt, dass eine fundamentale Analyse der Angebotsseite gerade bei Gold extrem schwierig, ja fast unmöglich ist.

Hinsichtlich des Goldpreises zeigen die Banken ein derzeit verwirrendes Bild. Sie geben sich nach außen offiziell ziemlich pessimistisch bezüglich der Goldpreisentwicklung, obwohl sie gleichzeitig an der rasant wachsenden

Anzahl von „Netto-Long-Positionen" maßgeblich beteiligt sind. Mit solchen Positionen wetten institutionelle Investoren auf steigende Preise! Im „Bank Participation Report" müssen 25 Banken ihre Wetten der Börsenaufsicht CFTC melden. Und eben diese setzen seit mittlerweile neun Monaten in Folge auf steigende Preise.

Sieht man dieses „widersprüchliche Verhalten" im Zusammenhang mit dem offiziellen Vorwurf der Manipulation des Goldpreises im Rahmen des Goldfixings der beteiligten Banken (Die Deutsche Bank ist nach Bekanntwerden des Skandals aus diesem Kreis ausgeschieden), so erscheinen die Banken auch in diesem Fall in einem sehr schiefen Licht.

Der Kauf von Barren und Münzen ist nicht die einzige Anlagemöglichkeit in Gold – zumindest nicht für jene Anleger, die zum Beispiel als professionelle Spekulanten durchaus höhere Risiken managen. Eine solche Investitionsalternative bieten die so genannten Gold-Exchange Traded Commodities, kurz ETCs (nicht zu verwechseln mit den ETFs, den börsengehandelten Indexfonds). Bei den goldpreisnotierten ETCs handelt es sich nicht um Fonds, sondern um Schuldverschreibungen. Das Risiko besteht für den Anleger darin, dass der Emittent ausfallen kann. Dieses Risiko reduziert sich allerdings dadurch, dass viele Gold-ETCs mit Gold hinterlegt sind. Diese Produkte sind durchaus gefragt: Der größte im Xetra-Handel in Frankfurt gehandelte ETC, Xetra-Gold, erzielte in 2013 auf ein Handelsvolumen in Höhe von 1,7 Milliarden Euro.

Für kurzfristig orientierte Anleger kommen Gold-Zertifikate in Frage. Vor allem Spekulanten, die innerhalb eines Tages kaufen und wieder verkaufen wollen, stören sich nicht daran, dass hier das Gold nicht physisch hinterlegt wird. Da keine Lagerkosten anfallen, sind die Gold-Zertifikate in aller Regel kostengünstiger als die ETCs. Allerdings ist das Emittenten-Risiko höher einzuschätzen.

Trotz aller Risiken, die solche Anlageprodukte beinhalten, müssen sich die Anleger darüber im Klaren sein, dass auch physisches Gold nicht nur Vorteile hat: Bei kleinen Mengen sind nämlich die Aufschläge beim Kauf überproportional hoch. Resümierend sind Edelmetalle in physischer Form sehr gut als Anker vor allem in turbulenten Zeiten zu empfehlen. Sie dienen sehr viel eher einem „beruhigenden" Gefühl, denn als Mittel der Spekulation. Edelmetalle sind in der Vergangenheit nie wertlos geworden und das hebt sie wohltuend vom immer wieder wertlos gewordenen Papiergeld ab.

Bei Goldminenaktien heißt es für die Anleger: Gold ist oft gut, Goldaktien sind fast immer schlecht (Wolfgang Drechsler). Viele Förderer des gelben Metalls zahlen momentan die Zeche für ihre ausgesprochen kostspielige Wachstumsstrategie. Angeführt von Barrick, der Nummer eins am Markt, haben die zehn größten Gold-Produzenten in einem Wettlauf um Größe in den vergangenen 20 Jahren mehr als 100 Milliarden Dollar in den Ankauf neuer Minen und Explorationsprojekte investiert. Hochverschuldet haben viele nun zurückgeschaltet und hohe Abschreibungen vornehmen müssen.

Silber bezeichnet man als das „Gold des kleinen Mannes". Silber ist ein weißes Metall, das alle anderen Metalle an Helligkeit der Farbe, Polierfähigkeit und Reflexionsvermögen übertrifft. Des Weiteren ist Silber das Metall mit der höchsten Leitfähigkeit für Elektrizität und Wärme. Es lässt sich leicht verarbeiten und reagiert nur mit wenigen chemischen Substanzen. Da Bakterien und Keime auf einer Silberoberfläche nicht überleben können, wird Silber in der Lebensmitteltechnik, der chemischen Industrie und der Pharmazie eingesetzt.

Die Zahlen des *Silver Institute*, einer internationalen Organisation Silber fördernder und verarbeitender Branchen, zeigen: Mindestens 50 % des weltweiten Bedarfs an Silber kommen aus der Industrie. Wirtschaftskrisen wie die der Jahre 2008/2009 lassen den Kurs daher extrem sinken. Ein anderer Grund für die starken Schwankungen des Silberpreises im Vergleich zum Goldpreis ist der deutlich kleinere, weniger liquide Silbermarkt. Seit Ende 2012 weist der Preis von Silber die größte Volatilität aller Rohstoffe auf. Zum einen ist Silber also ein Industriemetall und wird von der Industrie nachgefragt.

Zum anderen ist Silber als Edelmetall aber auch für Investoren in Form von Münzen oder Barren interessant.

Der Reiz des Silbers für Anleger liegt vor allem darin, dass man von zwei gegensätzlichen Entwicklungen profitieren kann. Einerseits lieben Investoren Silber, weil es so stark in der Industrie eingesetzt wird. Erholen sich also Wirtschaft und Industrie, dann steigt die Nachfrage – und damit auch der Preis. Aber auch wenn es abwärts geht mit der Weltwirtschaft, hat Silber immer noch den Bonus eines Edelmetalls – und dient somit als relativ sichere Anlage in der Krise. Es kann aber auch anders kommen: Wird die Nachfrage nur von Investoren getragen und steigt sie nicht zeitgleich mit der industriellen Nachfrage, kommt es spätestens dann zum Kurseinbruch, wenn die Investoren ihr Interesse verlieren – wie beim Gold.

Für Anleger gibt es börsengehandelte ETCs sowie mit Zertifikaten die Möglichkeit, an einem Anstieg des Silberpreises teilzuhaben. Zurzeit setzen die Spekulanten auf einen steigenden Silberpreis. Deutsche Anleger müssen seit Januar 2014 den von sieben auf 19 % erhöhten Mehrwertsteuersatz für Münzen beachten.

Platin und Palladium werden stärker als Gold nachgefragt und lassen sich daher besser fundamental analysieren. Platin kostet etwa so viel wie Gold, aber die existierende Menge ist kleiner und die Produktionskosten sind höher. Der Marktpreis liegt nahe bei den reinen Produktionskosten. Zudem sind die Lagerbestände bei den Endverbrauchern niedrig. Ähnliches gilt für Palladium. Auch Zinn und Blei erscheinen aus dieser Sicht interessanter als

Gold. Dagegen wird bei Zink, Nickel, Gold und Kupfer eher zur Vorsicht geraten.

Paradox an Rohstoffen ist, dass sie als geeigneter Inflationsschutz gelten, obwohl gerade Rohstoffe häufig sogar die Auslöser von Inflation sind. Auch die Gefahr von Preisblasen ist zu berücksichtigen, da zum Teil Anlagegeld rein spekulativ in Rohstoffe fließt. Auch ein Abkühlen der Weltkonjunktur kann die Rohstoffnachfrage schnell sinken lassen.

Investorenlegende Jim Rogers, ehemaliger Partner von George Soros, empfiehlt als Langfristanlage die Investition in Agrarrohstoffe, zumal diese im historischen Vergleich immer noch nicht überhitzt seien. Die weltweite Nachfrage nach Nahrungsmitteln sollte auch während der zu erwartenden wirtschaftlichen Stagnation in Europa insgesamt nicht abnehmen. Für den seit Jahren zunehmenden Bedarf an Nahrungsmitteln und damit auch der steigenden Nachfrage nach Agrarprodukten sind mehrere globale Trends maßgebend: das Wachstum der Weltbevölkerung, die Zunahme der Futtermittelproduktion und der steigende Bedarf an Bioenergie.

Heute leben rund sieben Milliarden Menschen auf der Erde, 2025 sollen es bereits acht Milliarden Menschen sein. Grundnahrungsmittel wie Reis und Weizen, aber auch Fleisch und Milch werden aufgrund dieses rasanten Anstiegs immer stärker nachgefragt. Der wachsende Wohlstand zahlreicher Bevölkerungsgruppen insbesondere in den aufstrebenden Ländern führt zu entsprechend veränderten Konsumgewohnheiten: höherwertige, veredelte Lebensmittel sind dort zunehmend gefragt. Ihre Herstellung verursacht aber einen zusätzlichen Bedarf an Agrarprodukten, da zum Beispiel ein Vielfaches an Futtermitteln zur Produktion von einem Kilogramm Fleisch benötigt wird.

Für Anleger bieten sich in diesem Segment zum Beispiel Aktien von Düngemittelherstellern oder Landmaschinenherstellern wie *K+S, Yara* oder *John Deere* an. Landwirtschaftsbetriebe werden mehr Saatgut, Dünger und Maschinen benötigen, um den global steigenden Nahrungsmittelbedarf decken zu können. Fondsgesellschaften bieten spezielle Agraraktienfonds an, wie zum Beispiel Allianz RCM Global Agriculture Trends oder den DWS Invest Global Agribusiness.

Die vielfach über die Massenmedien verbreitete Behauptung, spekulative Investoren im Nahrungsmittelbereich seien dafür verantwortlich, dass Menschen in Entwicklungs- und auch Schwellenländern nicht genügend Nahrungsmittel erhielten, sind längst widerlegt, werden aber dennoch permanent wiederholt. Richtig ist vielmehr, dass die Nahrungsmittelpreise in den letzten Jahren gefallen waren, so dass es sich für viele kleine und mittlere Landwirte nicht mehr lohnte, ihre Felder zu bestellen. Durch spekulative Investitionen stieg der Preis dann wieder soweit, dass diese Produzenten wieder die bereits stillgelegten landwirtschaftlichen Flächen reaktivierten und dadurch die Produktionsmengen deutlich anstiegen, d. h., die Nahrungsmittelversorgungslage zu Gunsten der von Hunger bedrohten Menschen signifikant besser wurde.

Die Kritiker der Spekulation verstehen mangels Fach- und Sachwissen nicht, dass der marktwirtschaftliche Mechanismus freier Preisbildung automatisch eine höchstmögliche Produktionsmenge für den Verbraucher bewirkt. Die durch Spekulation bewirkte Preissteigerung zeigt lediglich an, dass der Preis zuvor zu niedrig war, um die gewünschte höhere Produktionsmenge an Nahrungsmitteln zu erzeugen.

11. Genussscheine

Genussscheine locken Anleger mit Renditen von über fünf Prozent. Fonds, die schwerpunktmäßig in Genussscheine investieren, erreichten in den letzten Jahren oft sogar noch höhere Renditen.

Auf der anderen Seite ist zu beachten, dass bei Genussscheinen Verluste schneller entstehen können als bei normalen Anleihen. Denn die Genussscheine sind eine Zwischenform zwischen Anleihen und Aktien. Auf der einen Seite erhalten Genussscheininhaber eine jährliche Ausschüttung und am Ende der Laufzeit die Rückzahlung ihres investierten Betrages zum Nennwert. (Es entspricht dem Charakter einer Anleihe, dass der Inhaber einer solchen auf der Hauptversammlung kein Stimmrecht hat.)

Auf der anderen Seite ist die jährliche Ausschüttung nicht sicher, denn sie hängt vom Geschäftserfolg des emittierenden Unternehmens ab. Anders als bei Anleihen kann die Ausschüttung ausfallen, wenn der Geschäftsverlauf negativ ist. Es kann sogar so weit kommen, dass das zurückzuzahlende Kapital gekürzt wird. Verbessert sich der Geschäftsverlauf wieder, muss dieses Kapital allerdings wieder erhöht und Zinsen müssen nachgezahlt werden – natürlich nur während der Laufzeit des Genussscheins.

Bei einer nachhaltig negativen Unternehmensentwicklung wird nichts nachgezahlt und der Genussscheininhaber verliert einen Teil seines investierten Kapitals. Im Fall der Unternehmensinsolvenz wird der Genussscheininhaber zwar vor den Aktionären, aber erst nach allen Anleihebesitzern ausgezahlt. Genussscheine sind daher sogenannte nachrangige Wertpapiere. Als Risikoausgleich erhalten sie jedoch vergleichsweise höhere Zinsen. Aus Gründen der Sicherheit sollte der Anleger eher nur börsennotierte Genussscheine ins Auge fassen. Das schützt natürlich nicht vor Insolvenz, garantiert aber mehr Informationen und Transparenz als wenn der Anleger Genussscheine direkt vom Emittenten kauft. Die Börse Stuttgart ist diesbezüglich führend.

Jeder Anleger sollte sich die jeweiligen Vertragsbedingungen gut durchlesen – wann Zinsen mal nicht gezahlt werden oder das Kapital herabgesetzt wird usw. Den reinen Genussschein gibt es bald nicht mehr und neue werden nicht mehr ausgegeben. Es gibt stattdessen viele Varianten, die aber weiter ein Zwitter zwischen Anleihen und Aktien sind. Sie kommen unter Bezeichnungen wie „Corporate Hybrids" oder „Tier 2-Anleihen" auf den Markt.

Unternehmen mit Genussscheinen sind zum Beispiel *Bertelsmann*, *Volkswagen*, *Commerzbank* und die *Landesbank Hessen-Thüringen*. Die Renditen liegen zwischen 3,66 und sieben Prozent.

12. Das Comeback des Schuldscheins

Nicht nur im Inland hat sich der deutsche Schuldschein – ein Instrument, bilanziell zwischen Kredit und Anleihe – in den vergangenen Jahren gut entwickelt. In 2013 setzen so viele ausländische Emittenten wie noch nie auf eine Privatplatzierung nach deutschem Recht. Über diese einfache prospektfreie Emission kann man ganz gezielt bestimmte institutionelle Investoren ansprechen.

Laut Bundesbankdaten beträgt das gesamte Marktvolumen gut 300 Milliarden Euro, wovon rund 70 Milliarden Euro auf das Konto von Unternehmen gehen, der große Rest auf Banken oder Kommunen. Der Markt gilt jedoch als intransparent, weil nicht alle Transaktionen bekannt werden. Es gibt keine genauen Zahlen.

Traditionelle Anleger waren bisher vor allem Versicherer, Sparkassen, Volks- und Raiffeisenbanken, die auf diesem Wege auch in Unternehmen außerhalb ihrer Region investieren können.

Ausländische Investoren können auf diesem Wege unkompliziert in deutsche Kommunen investieren. Die Auswahl ist größer als bei klassischen Kommunalanleihen. Für Privatanleger ist dieser Markt allerdings ungeeignet, weil die Stückelung zu groß ist.

Vielen mittelständischen Unternehmen dient der Schuldschein als Eintrittskarte in den Kapitalmarkt. Heikle Informationen müssen seitens der Unternehmensleitungen dabei nur ihren Gläubigern herausgegeben werden. Möglich sind Emissionen schon ab 10 Millionen Euro. Für klassische Anleihen werden in aller Regel größere Beträge angesetzt. Die Laufzeiten liegen zwischen drei bis fünf Jahren – zuletzt aber auch immer öfters zwischen fünf bis 10 Jahren. Rechtliche Grundlage für die Darlehnsverträge ist das Bürgerliche Gesetzbuch (BGB).

Die Unternehmen brauchen meist kein externes Rating, was Kosten und Aufwand spart. Größter Emittent in letzter Zeit war die *Software AG* mit einer Emission von 315 Millionen Euro.

Gerade für Mittelständler mit guter Bonität, die unabhängiger werden wollen von den finanzierenden Banken, aber die hohen und teuren Transparenzforderungen einer klassischen Anleihe oder eines Börsenganges scheuen, ist der Schuldschein interessant. Schuldscheine sind relativ einfach, selbst große Konzerne finanzieren sich darüber *(Clariant, Petrobas, Sainsbury, BMW, Siemens, Daimler Benz)*.

Für professionelle Investoren kommt ein Engagement in Schuldscheine durchaus in Frage.

13. Wald, Bau- und Agrarland (Ackerland)

Forste gehören seit Jahrhunderten zu den nachhaltigen Sachwerten. Bei Adelsfamilien gehört dieser Besitz traditionell zur festen Vermögenssubstanz. Seit das Finanzsystem immer wieder bedroht ist und die Staaten weder ihre Schulden noch in der Folge den Euro in den Griff bekommen, interessieren sich auch ganz normale Anleger für eine uralte Investmentklasse, die Stabilität verspricht: Wald.

Bei der Diskussion um Inflationsschutz spielt also auch der Kauf von Wald vermehrt eine Rolle. Beim Kauf von Wald ist in erster Linie darauf zu achten, wie der Zustand ist, die Nutzung und damit die Rendite. Der durchschnittliche Preis für einen Hektar Wald in Deutschland wird in der Branche auf 10.000 bis 20.000 Euro geschätzt. Die Preise haben sich seit 2004 etwa verdoppelt, weil die Nachfrage heute das Angebot übersteigt. Momentan gibt es in Deutschland so gut wie keinen Wald zu kaufen. Und wenn, dann nur zu völlig überhöhten Preisen.

„Der Wald übersteht jede Krise", heißt es landläufig. Doch große Teile des deutschen Waldes haben vermutlich eine negative Rendite. Wer sich mit dem Gedanken eines Holzinvestments trägt, sollte sich zum Beispiel mal mit dem Verwalter von Gloria von Thurn und Taxis unterhalten. So erhält er sicher einen Einblick wie schwierig und kostenintensiv so ein Geschäft ist, und wie viele hunderte bzw. Tausende Hektar Wald notwendig sind; wohlgemerkt in Deutschland – in anderen Ländern kommen Währungsrisiken und politische Risiken noch dazu. Daher gibt es inzwischen zahlreiche Fonds, mit denen Anleger in Wald investieren können – und zwar im Ausland. Eine Vielzahl von Anbietern ermöglicht den Einstieg in das Holzinvestment von Rumänien bis Costa Rica.

Geschlossene Fonds wie etwa der *Jamestown 2* oder *Nordcapital Waldfonds 2* sammelten in der vergangen Jahren Millionen ein, um in amerikanische oder rumänische Wälder zu investieren.

Schon seit 2008 wirtschaftlich erfolgreich auf dem Markt ist der Pictet-Timber Fonds, der Anlegern seit der Auflage mehr als sechs Prozent jährlich brachte. Der Fonds der Schweizer Gesellschaft sammelt börsennotierte Unternehmen aus der Forstbranche, ähnlich wie das Deutsche-Bank-Zertifikat auf den Solactive-Global-Timber-Index. Investmentgesellschaften müssen schon lange genug am Markt sein, um erste Baumbestände zu ernten. So wie zum Beispiel *ForestFinance*. Im November 2010 meldete das Unternehmen nach 15 Jahren Investitionstätigkeit die ersten Ausschüttungen an seine Kunden. Eine realistische Rendite verortet *ForestFinance* nach Abzug aller Kosten seitdem im Durchschnitt derzeit bei rund sechs Prozent.

In den USA sind es vor allem Pensionskassen und Universitätsstiftungen, die schon seit Jahrzehnten in Wälder und Forstflächen investieren.

Die Fondsanbieter weisen darauf hin, dass vom Pflanzen eines Baums bis zum Nutzen schnell 20 Jahre vergehen können – oder auch mal 100. Ein solches Investment erfordert also einen sehr langen Atem.

Einzelne Werbeanzeigen für ein Waldinvestment sprechen von einer garantierten und absolut sicheren Rendite. Doch das ist Blendwerk, schließlich bergen auch Holzinvestments eine Reihe von Marktrisiken und sind zudem mitunter der Willkür von staatlicher Verwaltung, Unwettern und Schädlingsbefall ausgesetzt – vor allem, wenn die Manager nicht professionell und fachkundig vorsorgen und gegensteuern.

Die Chancen, dass die Holzpreise langfristig immer weiter steigen, sind angesichts der steigenden Weltbevölkerung und einem fortschreitenden Rückgang der Waldflächen insgesamt sicher nicht schlecht. Die richtige Wahl von Standort und gepflanzten Baumarten ist eine Grundvoraussetzung für den Erfolg. Bäume wachsen auch in Finanzkrisen und Rezessionen.

Um eine Rendite halbwegs solide zu prognostizieren, müssen sehr viele Parameter genau passen. Investoren müssen sich deshalb genau darüber informieren, welche Wachstumsprognosen unterstellt werden und ob diese realistisch sind. Und nicht zuletzt entscheidet dann der erzielte Holzpreis über die Abschlussrendite. Die Holzpreise sind aber alles andere als einfach vorherzusagen, weil sie sich je nach Baumart, Qualität des Holzes und der Entwicklung der regionalen Märkte deutlich unterscheiden. So wenig homogen das gewonnene Holz aus der Waldfläche ist, so unterschiedlich sind auch die Märkte, auf denen die Produzenten und Abnehmer aufeinandertreffen.

Deshalb ist vielen Anlegern eine Sicherheit wichtig und sie legen Wert darauf, dass die Waldgebiete von der Gesellschaft gekauft und nicht nur gepachtet werden. Zum Teil erwerben die Geldgeber auch selbst Grund und Boden, die Investmentgesellschaft sorgt dann für eine entsprechende Grundbucheintragung. Die Anleger betrachten den Erwerb von Grund und Boden als wichtige Sicherheit zum Schutz ihres Vermögens – auch wenn sie die Grundstücke wohl niemals zu sehen bekommen.

Wer auf der Suche nach sicheren und realen Sachwertanlagen ist, der wird sich eventuell mit der Investition in Bau- und Ackerland beschäftigen. Grundstücke in guter Lage sichern selbst über schwerste Krisen die Kaufkraft ihrer Eigentümer. Deshalb ist der Erwerb von Bau- und Ackerland eine der ältesten Formen, um zunehmend an Wert verlierende Papiergelder in bleibende Werte umzuwandeln. Bestätigt wird dies im Volksmund mit der Redewendung: „Liebe vergeht – Hektar besteht." Doch bei einem Investment sind noch mehr Einflussfaktoren und Besonderheiten zu beachten als beispielsweise beim Kauf von Edelmetallen.

Parallel zum weltweiten Bevölkerungswachstum (drei Geburten je Sekunde) steigt die Nachfrage nach Agrargütern besonders in den sogenannten Schwellenländern beträchtlich an.

Daher verwundert es nicht, dass Agrarinvestments sich zunehmender Beliebtheit erfreuen. Die Weltbevölkerung wächst täglich um mehr als 200.000 Menschen, während gleichzeitig pro Tag mehr als 30.000 Hektar landwirtschaftlich nutzbarer Flächen, vor allem durch Urbanisierung, verloren gehen. Ein großer Nachfragemotor ist der steigende Wohlstand in den Schwellenländern und die damit verbundenen Veränderungen der Ernährungsgewohnheiten der Menschen dort. Der steigende Konsum von tierischem Eiweiß vervielfacht den Bedarf an Getreide. So sind zur Produktion von einem Kilogramm Rindfleisch im Durchschnitt zehn Kilogramm Getreide notwendig. Zusätzlich beansprucht der Anbau von Energiepflanzen zur Gewinnung von Biodiesel bzw. zur Erzeugung von erneuerbaren Energien, weitere Agrarflächen. Allein in Deutschland werden dafür inzwischen fast 20 Prozent der Agrarflächen benötigt.

Während es bei Baugrundstücken im Wesentlichen um eine gute und somit im Wert steigende Lage geht, spielen bei Agrarflächen vor allem Faktoren wie Klima, Bodenbeschaffenheit, Fruchtbarkeit, Bewässerung, Schädlinge, Naturkatastrophen usw. eine entscheidende Rolle. Unabhängig von der Nutzungsart der Grundstücke gilt es genau zu prüfen, ob es im Boden Schadstoffe, Bebauungsauflagen, Wegerechte oder sonstige Altlasten und Verpflichtungen gibt. Dabei sollte der Erwerb von Grund und Boden nicht nur im eigenen Land geprüft werden. In anderen Ländern, auf anderen Kontinenten können sich durchaus attraktivere Alternativen ergeben. Allerdings sind dann auch noch zusätzlich die länderspezifischen Risiken mit zu beachten.

Der Mindestanspruch der Anlagestrategie sollte sein, durch eine breite Streuung in verschiedene Anlageklassen die Sicherheit eines Sachwerte-Portfolios zu stabilisieren. Wer den Großteil seine Geldes in ein einziges Stück Land investiert, baut sich ein entsprechen hohes Klumpenrisiko auf und gerät eventuell auch in politische Abhängigkeit.

Daher gilt es, bei der Investition in Grundstücke und Ackerland auf geografisch interessante und politisch wie wirtschaftlich stabile Länder zu setzen.

Jahrzehntelang konnte man in Deutschland mit dem Erwerb von Grund und Boden nicht viel falschmachen. In einer langen Phase insgesamt wachsenden Wohlstandes und ansteigender Bevölkerung haben Investitionen im diesem Bereich selbst demjenigen noch gute Erträge gebracht, der einige Fehler begangen hat. Doch das wird in Zukunft in Deutschland anders aussehen. Sinkende Bevölkerungszahlen und real sinkender Wohlstand werden erhebliche Verwerfungen bewirken. In vielen Regionen wird zum Beispiel die Nachfrage zurückgehen. Daher bietet es sich an, den Bick in Richtung solcher Länder zu richten, in denen auch in Zukunft das Potenzial für allgemeine Wertsteigerungen vorhanden ist.

Selbstverständlich braucht es im Agrarsektor erfahrende landwirtschaftliche Betriebe für eine erfolgreiche Bewirtschaftung. Als Privatperson in Deutschland Ackerflächen zu erwerben, um diese an einen Landwirt zu verpachten, erfordert bestimmte Mindestgrößen, um wirtschaftlich zu arbeiten. Die Flächen sollten mindestens 10 bis 20 Hektar groß sein und für die jeweiligen Agrarrohstoffe eine geeignete Bodenbeschaffenheit aufweisen. Daher muss ein Investor in Deutschland mit einer Mindestinvestitionssumme in Höhe von 150.000 bis 300.000 Euro kalkulieren. Als zusätzliches Hindernis kann sich das deutsche Grundstücksverkehrsgesetz erweisen, das Nicht-Landwirte den Kauf von Ackerland erschwert. Wenn man diesen Aufwand in Relation zu den erzielbaren Renditen von ein bis drei Prozent für die Pacht setzt, bieten andere Länder, wie zum Beispiel Neuseeland, deutlich bessere Aussichten.

Da der direkte Kauf von Agrarland meist relativ viel Kapital erfordert und mit einigen Hürden versehen ist, bietet sich als Alternative eine Beteiligung über geschlossene Fonds an.

Hier wird gemeinsam mit anderen Investoren Kapital gebündelt, um große Landprojekte umzusetzen. Jeder Investor ist anteilig in Höhe seiner Kapitaleinlage an den Erträgen beteiligt. Die Bewirtschaftung der Agrarflächen erfolgt durch qualifizierte und professionelle landwirtschaftliche Betriebe. Der einzelne Investor kann sein Kapital wegen der niedrigeren Mindestinvestitionssummen (in der Regel ab 10.000 Euro) breiter streuen. Trotz der hohen Fonds-Kosten, können Anleger bei optimalem Verlauf zwischen fünf und acht Prozent Rendite erwirtschaften. Das traf zumindest in der Vergangenheit beispielsweise auf einzelne Fondsprojekte für große Schaf- und Rinderfarmen in Neuseeland und Australien zu. Gerade in diesem Bereich nimmt die Nachfrage aus den asiatischen Ländern stark zu.

Die Anlageklasse Bauland und Agrarprojekte kann durchaus eine sinnvolle Beimischung eines Sachwertportfolios sein, sofern eine ganze Menge von Voraussetzungen und Bedingungen erfüllt sind.

Während Bauland keine laufenden Erträge liefert, sondern über die Grundsteuer meist (geringe) Kosten verursacht, bietet Agrarland kontinuierliche Erträge.

14. Kunst, Oldtimer, Uhren, Wein, Whisky, Antiquitäten, Diamanten

Die Schulden- und Eurokrise hat viele Auswirkungen. Eine davon ist sich, dass Anleger weniger Vertrauen in Finanzprodukte setzen, sondern lieber etwas in der Hand haben, einen Sachwert, der ihnen zumindest Werterhalt verspricht. Diesbezüglich bieten sich zum Beispiel Investments in Kunst, Oldtimer, Uhren, Wein, Antiquitäten oder Diamanten an. Die Anlage in Kunstgegenstände wird ebenfalls als Inflationsschutz genannt. In der Tat hat sich Kunst in den vergangenen Währungsreformen generell als wertbeständig erwiesen. Allerdings bedarf es schon äußerst detaillierter Kenntnisse dieses sehr spezifischen Marktes, um in diesem Bereich überhaupt Anlageentscheidungen treffen zu können.

Selbst der starke Anstieg des weltweiten Kunstindexes Tutela Global Art, der in den vergangenen zehn Jahren um 90 % zulegte, kann kein ausschlaggebender Grund sein, künftig sein gesamtes Vermögen in Bildern und Skulpturen zu investieren. Denn die Preise am Kunstmarkt schwanken bisweilen noch stärker als an den Börsen. In 2008 und 2009 brach der globale Kunstindex zum Beispiel um rund 40 % ein. Über einen längeren Zeitraum sind Erträge aus dem Kunsthandel deutlich geringer als mit Aktien. Selbst wenn millionenschwere Gemälde von Gauguin oder van Gogh bei Auktionen gelegentlich unter den Hammer kämen, betrüge ihre jährliche Rendite in der Zwischenzeit lediglich zwischen zwei und drei Prozent.

Gemälde, Möbel und Schmuck sind extrem abhängig von Moden. Der Markt ist sehr illiquide, denn Sammler geben ihre Stücke nur selten wieder her. Geschieht es doch, fehlen oft die Käufer, denn nicht jedes Werk trifft den Geschmack und schon gar nicht die Preisvorstellung der Käufer. Zudem sind die Transaktionskosten horrend: Bis zu 30 % des Wertes zahlen Sammler beim Kauf und Verkauf an Auktionshäuser. Dazu kommen noch die Kosten für Verkaufsversuche, Versicherung und den Erhalt.

Investitionen in Kunst sind also nicht sehr empfehlenswert, sie sind riskanter als zum Beispiel Aktien. „Inflationssicher" sind Kunstwerke nur, wenn sie schon Kunstgeschichte geschrieben haben, dann kosten sie aber auch sehr, sehr viel. Je nach Kunstform schwankt die Langfristrendite zwischen 1,6 % und fünf Prozent. Letztere erzielen am ehesten die Werke junger zeitgenössischer Künstler und Fotografen. Doch selbst bekannt Sammler setzen öfter mal aufs falsche Pferd.

Fast ausschließlich Männer setzen auf Oldtimer, von denen sie hoffen, dass sie zu „Garagengold" werden. In der Tat haben die 88 Modelle im Deutschen Oldtimer Index (Dox) ihren Wert seit 2002 insgesamt verdoppelt. Während der Aktienindex Dax im gleichen Zeitraum keinen Boden gutmachte, gewannen alte Autos im Durchschnitt 9,3 % an Wert dazu. Allerdings bedeutet eine große Wertsteigerung nicht automatisch auch eine hohe Rendite. Denn nicht nur der Kauf eines Oldtimers kostet Geld, der Käufer braucht auch einen speziellen Stellplatz, muss Versicherungen, Reparaturen, Instandhaltung und Ersatzteile bezahlen. Allein die richtige Wartung schlägt pro Jahr mit fünf bis 10 % des Anschaffungspreises durch. Dazu kommen die laufenden Kosten, denn alte Wagen müssen regelmäßig bewegt werden, um keine Standschäden zu riskieren. Das alles verringert die Rendite um rund vier Prozent pro Jahr.

Daher bleibt trotz der Preisverdoppelung im Endeffekt nicht viel übrig. Laut der Datenbank Classic Car Tax liefern die Autoklassiker insgesamt keine riesigen, aber mit 5 bis 7 Prozent durchaus konstante Renditen. Zuletzt stieg die Nachfrage deutlich. Beliebt sind Modelle von 20.000 bis 50.000 Euro. *Mercedes, BMW, Porsche* und bisweilen auch *Jaguar* sind dafür zu bekommen. Der HAGI Top-Index der Historic Automobile Group hat sich seit 2009 immerhin fast verdoppelt. Dieser Gradmesser beruht auf realen Oldtimern-Verkäufen, also wirklich erzielten Preisen.

Der Aufstieg der Schwellenländer hat auch dort die Nachfrage nach Oldtimern geweckt. Generell lässt sich eine Zweiteilung des Marktes beobachten. Einerseits werden für sehr seltene Einzelstücke oder Rennwagen bei internationalen Auktionen zweistellige Millionenbeträge gezahlt. Das ist das Gebiet der professionellen Investoren, die allerdings in aller Regel nicht nach außen hin auftreten. Zugleich steigt der Preis für einstige Alltagsautos.

Unter den Top 10 im Preisanstieg im Jahre 2013 steht auf Platz 1 ein BMW der 5-er Reihe aus den Baujahren 1972 bis 1977; außerdem Limousinen der siebziger Jahre wie der Opel Admiral und der Ford Granada. In Deutschland gibt es laut VDA (Verband der Deutschen Automobilindustrie) rund 600.000 Oldtimer. Auf die Frage, welche Modelle sich künftig wertmäßig wohl am besten entwickeln werden, gibt es wie am Aktienmarkt keine sicheren Antworten. Ganz grob kann gesagt werden, dass offene Sportwagen renommierter Hersteller gefragter sind als die jeweils geschlossenen Versionen.

Der Vorteil des Investments in Oldtimer ist die Besteuerung. Beim Verkauf von Wertpapieren schmälert die Abgeltungsteuer die Rendite, Oldtimer kann man nach 12 Monaten steuerfrei verkaufen.

Wie bei den Oldtimer sind es auch bei Uhren vor allem die Männer, die als Sammler in Erscheinung treten. Oft vergehen Jahrzehnte, ehe eine Armband- oder Taschenuhr zu einem vermeintlich seltenen Sammlerstück erklärt wird. Bei neuen Modellen verstreichen oft 25 Jahre. Denn direkt mit dem Kauf verliert ein Zeitmesser rund 30 Prozent seines Wertes. Nur ganz wenige Modelle holen das wieder rein: Eine Rolex-Daytona kostete Ende der 60er-Jahre noch keine 1.000 DM. Heute legen Sammler dafür bis zu 60.000 Euro auf den Tisch.

Mit einem Sondermodell von *Rolex, einer Patek Philippe, Audemars Piguet* oder *Omega* kann man nicht viel falsch machen.

Die gefragtesten deutschen Uhrenmanufakturen sind *Lange & Söhne* und *Glashütte*. Mit großen Marken sind im Durchschnitt acht bis 10 % Wertsteigerung jährlich möglich. Eines gilt immer: Allenfalls mechanische Uhren steigen deutlich im Wert, zudem müssen Gehäuse, Ziffernblatt und Uhrwerk gut erhalten sein. Am besten setzt der Käufer auf Kleinserien und auf klassisch zeitlose Modelle in neutralen Stil. Denn Designtrends vergehen schneller, als vielen Uhrenkäufern recht ist. Gefragt sind hingegen Sonderfunktionen wie, Stoppuhr, Datumsanzeige, Mondphase oder Minutenrepetition. Bei den Materialien liegen Weißgold, Silber und Platin der Gunst des Marktes weit vorn.

Wein ist nicht mehr nur ein Genussmittel – er hat sich zu einer ernst zu nehmenden Wertanlage entwickelt. Der Credit Suisse Research Analyst Dan Scott bezeichnet Wein als ein „Passion Investment" und beschäftigt sich mit diesem Anlagemarkt. Die Trends auf diesem Markt werden von dem Benchmark-Index Liv-ex 100 erfasst, der die Wertentwicklung der 100 begehrtesten Weine verfolgt. Wein bietet die Möglichkeit zu investieren, aber auch eine Rendite zu erzielen, entweder indem man Wein selbst oder über ein Finanzmarktinstrument sammelt.

Als „Passion Investment" bietet Wein gewissermaßen einen Inflationsschutz. In Zeiten mit hoher Inflation entwickeln sich „Passion Investments" in der Regel gut. Wer in den letzten 50 Jahren einen Teil eines Vermögens in den Liv-ex investiert hat, ist damit sehr gut gefahren. Die Wertzuwächse übersteigen die Renditen festverzinslicher Papiere deutlich. Einzelne Spitzenweine haben sogar eine stärkere Wertentwicklung erlebt als Aktien mancher erfolgreicher Unternehmen.

Immer mehr Menschen betrachten Wein als Wertpapier, das sie eine Weile behalten und dann wieder abstoßen, um den Gewinn zu realisieren. So kommt es, dass heute einige der besten Weine der Welt wie Blue Cips an der Börse gehandelt werden.

Die klassische Wein-Kapitalanlage ist der Bordeaux. Kein anderer Wein ist so begehrt wie er. Die weltweite Nachfrage nach *Pétrus, Chateau Mouton-Rothschild* und anderen erstklassifizierten Gewächsen hat deren Preise oft schon im ersten Jahr nach Freigabe um bis zu 100 % steigen lassen. Der Erstkauf junger Bordeaux-Weine erfolgt per *Subskription en primeur* über Fachhändler. Das bedeutet: Der Anleger erwirbt den Wein, während dieser auf dem Chateau noch im Fass lagert. Genau genommen kauft er nur Berechtigungsscheine für den späteren Erwerb, denn die Erzeuger geben ihre Weine erst nach drei Jahren frei. Für die frühzeitige Zahlung und das blinde Vertrauen in die Qualität erhält der Käufer einen Vorzugspreis.

In der Börsensprache heißen diese Berechtigungsscheine „Futures". Sie sind ihrerseits handelbar. Ihr Wert kann sich bei Auslieferung des Weines schon verdoppelt haben. Aber er kann natürlich auch fallen, wenn Wein oder Jahrgang nicht den hohen Erwartungen entsprechen. Es ist keine Seltenheit, dass manche Weine schon mehrfach den Eigentümer gewechselt haben, bevor sie überhaupt ausgeliefert worden sind. Eine alte Regel lautet: In Bordeaux werden Jahrgänge verkauft, keine Weine. Denn das Renommee des Jahrgangs bestimmt maßgeblich die Wertentwicklung eines Weines.

Da Bordeaux-Frühkäufer die Weine in der Regel nicht selbst verkostet haben, sind sie auf Expertenurteile angewiesen. Der bekannteste und einflussreichste dieser Weinkritiker ist der Amerikaner Robert Parker. Ein Wein, den er mit 99 oder gar 100 Punkten bewertet, verdoppelt binnen Tagesfrist seinen Wert. Eine Bewertung von unter 85 Punkten entspricht praktisch einem Verriss. Neben Parker, der seinen eigenen Weinbrief herausgibt „The Wine Advocate", gibt es auch andere Verkoster, deren Beurteilungen in Weinfachzeitschriften nachzulesen sind.

Der wichtigste Handelsplatz für hochwertige Weine ist die Auktion – egal ob Klassiker oder Kultwein. Über die Weinauktionshäuser *Christie's* und *Sotheby's* werden schätzungsweise 90 % des Handels mit langlebigen

Spitzenweinen abgewickelt. Kapitalanleger müssen wissen, dass beim Kauf ein Aufgeld von 10 % zum Zuschlagspreis hinzukommt (bei einigen Auktionshäusern auch 15 %). Dazu kommen eine geringe Lotgebühr und die Umsatzsteuer sowie Frachtkosten und Transportversicherung. Beim Verkauf ist ebenfalls eine Einlieferungsgebühr fällig, die zwischen 10 und 15 % liegt. Alle Nebenkosten zusammen können den Gewinn erheblich verringern. Wein als Wertanlage lohnt also nur bei Weinen mit hohem Spekulationspotenzial. Bei Großflaschen und ungeöffneten Holzkisten erhöhen sich die Chancen des Verkaufs.

Eine Anlage in Wein ist durchaus mit vielen Risiken verbunden: Auf wen verlässt man sich, um zu entscheiden, welche Jahrgänge als Anlage taugen? Für Sammler, die nicht sehr viel über Wein wissen, bietet der Finanzmarkt diverse Möglichkeiten, in Wein zu investieren. Es gibt mehrere Fonds, deren Fondsmanager fachkundige Sommeliers sind und den Weinmarkt seit Langem beobachten. So kann man auf diese Weise in die Anlageklasse Wein investieren, zumal der Konsum weltweit nachhaltig steigt.

Der größte Markt für Wein sind nach wie vor die USA. Was hochwertige und anlagefähige Weine betrifft, so gibt es in Asien – besonders in China – einen Trend, der sich auf die Preise von hervorragenden Weinen auswirkt. Die Chinesen haben großen Geschmack am *Lafite* gefunden. Folglich schwanken die Preise für den *Lafite* je nach dem Kaufverhalten in China.

Nach Deutschlands bekanntester Sommelière, Paula Bosch vom Münchener Restaurant Tantris, eignen sich Weine für Privatanleger nicht zur Kapitalanlage, wie Elisabeth Dostert in der Süddeutschen Zeitung berichtet. Privatpersonen kommen ihr zufolge gar nicht an die nötigen Mengen heran, damit sich das Geschäft richtig lohnt.

Wie Wein findet übrigens auch Whisky seine Sammler. Whisky hat eine jahrhundertealte Tradition. Das Wort Whisky ist aus dem Gälischen „uisge beatha" entstanden, das übersetzt „aqua vite", also Wasser des Lebens bedeutet. Whisky hat in den vergangenen 20 Jahren einen ungeheuren Boom erlebt.

Jede Whisky-Brennerei hat ihre eigene Tradition, ihre eigenen Verfahren und nicht zuletzt einzigartige Lage, die sich häufig auf das verwendete Waser und das Klima, in dem die Fässer lagern, auswirkt. Deshalb hat auch der Whisky einer jeden Destillerie seine eigenen Charakter und seine typischen, vorherrschenden Aromen. Nur Whisky, der aus einer einzigen Brennerei stammt, darf sich Single Malt nennen. Wird Whisky mehrerer Brennereien vermengt und abgefüllt, spricht man von Blended Whisky. Für Sammler und Investoren sind allerdings bis auf wenige Ausnahmen nur Single Malts von Interesse. Schottische Single Malts gelten in der Regel als die weltweit besten. Für absolute Kenner steht allerdings Irland an der Spitze.

Einige Brennereien stehen für höhere Wertsteigerungen als andere. *Glenfiddich* hat – obwohl bei Sammlern gefragt – nie die ganz großen Wertsteigerungen verzeichnet, weil der Whisky ohnehin eher im niedrigen Preissegment angesiedelt ist und die Standardabfüllungen selbst im Supermarkt zu haben sind. Bei *Macallan* geht es hingegen erst bei 50 Euro die Flasche los; dort sind die Preissteigerungen in der Regel höher. Gleiches gilt für Traditionsmarken wie *Bowmore, Lagavulin* und *Ardbeg*.

Interessant sind grundsätzlich Flaschen auf denen der Jahrgang steht. Sinnvoll ist es ebenfalls, auf limitierte Auflagen, Sondereditionen oder begehrte Serien zu setzen. Der wahre Sammler kauft jeweils immer drei Flaschen einer Abfüllung. Eine zum trinken, eine für die Sammlung und eine zum Tauschen. Das Verlustrisiko halten Whiskykenner bei sorgfältiger Auswahl der Flaschen für sehr gering.

Auch Antiquitäten spielen bei der Anlage in Sachwerte eine Rolle, denn die Preise für Liebhaberstücke sind so niedrig wie selten. Früher waren Erbstücke, wie alte massive Kommoden oder das Geschirr-Service der Großmutter, eine regelrechte Goldgrube. Mittlerweile hat der Hype um Antiquitäten deutlich nachgelassen. Grund ist die neue Art, eine Wohnung einzurichten. In Zeiten von *IKEA* werden eher schlichte Möbel bevorzugt. Das Design der jahrzehntealten Möbel liegt nicht mehr im Trend. Folge daraus sind rapide sinkende Preise für die edlen Stücke. Wer also etwas für die stilvolle Handwerkskunst unserer Vorfahren übrig hat, oder diese einfach nur als langfristige Geldanlage bunkern möchte, sollte jetzt zugreifen. Da die Nachfrage gering ist, werden sehr viele Stücke weit unter Wert verkauft. Eine Antiquität sollte mindestens 100 Jahre alt sein und in puncto Fertigung, Zustand und Geschichte etwas Besonderes aufweisen. Lagerung und Transport müssen fachmännisch ausgeführt werden. Oft ist neben dem Kaufpreis noch eine Provision in Höhe von sieben Prozent an den Händler zu entrichten.

Die allgemeine Lebenserfahrung sagt, dass Moden und Trends einem ewigen Kreislauf unterworfen sind. Insofern ist davon auszugehen, dass irgendwann wieder eine Generation verstärkt Antiquitäten nachfragt. Das gilt im Übrigen auch für kostbares Geschirr, wie zum Beispiel echtes Meissen-Geschirr. Wenn die alte Börsenregel: „Kaufe bei niedrigen Kursen", gilt, dann ist jetzt genau der richtige Zeitpunkt, um in diesem Anlagesegment einzusteigen.

Generell zeitlos und unabhängig von Trends sind Diamanten, sagt man. Diamanten speichern große Vermögenswerte auf kleinstem Raum. Wer über die richtigen Quellen einkauft, kann erstklassige Diamanten 15 bis 25 % günstiger erwerben. Nicht nur die in jedem Ratgeber angeführten vier Cs (Colour/Farbe, Clarity/Reinheit, Carat/Gewicht und Cut/Schliff) sind zu beachten, sondern vor allem eine überlegte Zusammenstellung der Größen, der Nachweis der Qualität, eine sichere Abwicklung und die richtige Vorgehensweise beim Kauf.

Wer 10 bis 15 % seines Vermögens in Diamanten investieren will, sollte über mehr als 100.000 Euro verfügen, da eine Anlage unter 15.000 Euro wenig sinnvoll ist. So können Vermögen von mehreren 100.000 Euro auf kleinstem Raum aufbewahrt und unauffällig an jeden Ort der Welt transportiert werden. Für kleinere Vermögen sind meist Edelmetalle oder Strategische Metalle die sinnvollere Anlage. Generell empfiehlt es sich, ausschließlich in Diamanten höchster Qualitäten zu investieren und keine Schmuckdiamanten zu erwerben.

In den letzten Jahrzehnten habe Anleger mit Diamanten fünf bis acht Prozent Wertsteigerung pro Jahr erzielt. Dabei unterliegen die Gewinne nach einem Jahr Besitz keinerlei Besteuerung. Die Zukunft verspricht durch weitere Verknappungen des Angebotes entsprechend steigende Preise. Da der Diamantenmarkt als Oligopol von nur wenigen großen Marktteilnehmern bestimmt wird, achten diese darauf, das Angebot knapp zu halten.

15. Private Equity Fonds, Hedgefonds, Dachfonds

Der Begriff „Private Equity Fonds" stammt aus dem Englischen und heißt ins Deutsche übersetzt: private Unternehmensbeteiligung. Grundsätzlich handelt es sich hierbei um eine Anlageform sowohl für institutionelle Investoren als auch für Privatanleger, sofern diese über spezielles Know-how verfügen. Es geht hier um die Beteiligung an nicht börsennotierten Unternehmen. Vor allem Pensionsfonds, Banken und Versicherungen stellen Beteiligungskapital zur Verfügung. Dabei wird grundsätzlich zwischen zwei verschiedenen Arten unterschieden: Venture Capital Fonds und Buyout Capital Fonds.

Die Venture Capital Fonds sind dadurch gekennzeichnet, dass sie ihre Beteiligungen insbesondere auf junge Technologie-Unternehmen konzentrieren, die sich noch in einer frühen, aber durchaus erfolgversprechenden Aufbauentwicklung befinden. Durch die Zuführung von Beteiligungskapital ergeben sich entsprechende Wachstums- und Ertragschancen für die weitere Zukunft – allerdings auch erhebliche Risiken.

Für die Verwaltung der Private Equity Fonds sind die Private-Equity-Managementgesellschaften verantwortlich, die auch die Auswahl der Beteiligungen treffen. Die Beteiligungen werden an den organisierten Kapitalmärkten (noch) nicht gehandelt. Sind die im Vorhinein vereinbarten Unternehmensziele erreicht, so werden im Rahmen des „Exit" (Buyout-Fonds) die Kapitalverhältnisse vereinbarungsgemäß neu geordnet. Dies kann zum Beispiel durch einen Börsengang oder den Gesamtverkauf des Unternehmens geschehen.

Im Vergleich zu anderen Anlageformen beinhalten Private Equity Fonds sehr hohe Risiken, zumal die unumgänglichen Anfangsverluste zu Lasten des Eigenkapitals gehen. Andererseits erhält der Investor im positiven Fall einen weit überdurchschnittlichen Profit.

Der Kauf oder Verkauf ganzer Unternehmen fällt auch unter das Private-Equity- Geschäft. Dieser Bereich spielt momentan in Deutschland allerdings kaum eine Rolle, was mit der Schulden- und Eurokrise zusammenhängt: Produktivkapital ist zweifelsohne der beste Schutz vor Inflation – sofern man das Unternehmensrisiko als solches ausklammert. Die Eigentümer interessanter Unternehmen verspüren daher keinerlei Veranlassung zum Verkauf, weil es keine adäquate Wiederanlagemöglichkeit für sie gibt. Potenzielle Käufer können demnach – wenn überhaupt – nur zu Höchstpreisen kaufen.

Der Name Hedgefonds hat seinen Ursprung in der englischen Vokabel „hedgen", zu Deutsch: absichern. Die traditionellen Hedgefonds verfügten in ihrer klassischen Form bis zum Jahr 2004 nicht über die Zulassung zum öffentlichen Vertrieb. Erst mit dem Investment-Modernisierungsgesetz zu. 01.01.2004 konnte der öffentliche Vertrieb als Sondervermögen mit genehmigten Risiko-Geschäften erfolgen – jedoch ohne Genehmigung für Leerverkäufe und Hebelung mittels Fremdkapital. Die großen internationalen Hedgefonds dürfen daher nur im Rahmen von Privatplatzierung agieren und müssen gesondert darauf hinweisen, dass dem Anleger Verluste bis hin zum Totalverlust des Anlagekapitals entstehen können.

Bei einem Hedgefonds erwirbt der Anleger, genau wie bei üblichen Investmentfonds, Anteile am Gesamtvermögen des Fonds. Es gibt jedoch gravierende Unterschiede: ein Hedgefonds ist in der Wahl seiner Anlagepolitik wesentlich freier als ein üblicher Fonds. Im Gegensatz zu den Regularien der üblichen Fonds, sind den Managern eines Hedgefonds kaum Grenzen auferlegt – die Risikobereitschaft ist extrem hoch. Der rein spekulative Anteil an der Strategie eines Hedgefonds ist um ein Vielfaches höher als in den üblichen Fonds. Sehr hohen Renditechancen stehen mindestens ebenso hohe Risiken gegenüber.

Dies betrifft zum Beispiel die Investition in so genannte Derivate (siehe nächsten Gliederungspunkt). Die Hedgefonds versuchen sowohl an steigenden wie auch an fallenden Kursen bzw. Märkten zu profitieren und nutze dabei Hebeleffekte ihrer investierten Spekulationsgelder, wie sie im nächsten Gliederungspunkt beschrieben werden. Häufig sind die Stammsitze der Hedgefonds in Offshore-Regionen angesiedelt, die zu den Steuer"oasen" zählen und nicht den Kontrollorganen der Finanzmärkte unterliegen. Hochgradige Spekulation mittels so genannter Leerverkäufe waren schon beim ersten Hedgefonds, aufgelegt von Alfred Winslow im Jahre 1949, ein probates Mittel, um das Ziel der Gewinnmaximierung unter Anwendung riskanter Geschäfte zu erreichen.

In der Hoffnung auf sehr große Spekulationsgewinne wetten Hedgefonds zum Beispiel auch auf Staatspleiten und kaufen Kreditausfall-Versicherungen der größten Banken in dem betroffenen Land. Diese Vorgehensweise wird durchaus sehr kritisch gesehen, weil die Gefahr besteht, dass dadurch eine negative volkswirtschaftliche Lage unnötig verschärft wird, so dass es tatsächlich zu einem Crash kommen kann.

Absolute-Return-Fonds versprechen dem Anleger, laufend positive Renditen zu erzielen – und zwar unabhängig davon, ob sich die Märkte nach oben oder unten bewegen. Zu diesem Zweck dürfen die Fondsmanager in den großen Instrumentenkasten greifen: in Anleihen sowie in Aktien investieren, Bargeld oder auch Gold halten und auf fallende sowie auf steigende Kurse setzen. Viele dieser Fonds sind zu Beginn des Jahrtausends entstanden, als die vom Zusammenbruch am Neuen Markt enttäuschten Anleger Verlustbegrenzungen ganz oben auf ihrer Wunschliste stehen hatten.

Laut einem Renditevergleich des Fondsanalysehaus Lipper & Thomson Reuters Company vom 28.02.2014 über 30 große Absolute Return-Fonds haben diese zumindest in den letzten 12 Monaten vor der Datenerhebung nicht gut abgeschnitten. Binnen Jahresfrist hat zum Beispiel der Absolute-Return-Fonds „Multiple Opportunities R" von der Vermögensverwaltung Flossbach von Storch nur um knapp acht Prozent zugelegt. Der Dax hat sich im gleichen Zeitraum aber um 21,3 % gesteigert.

Durch den Vergleich mit dem Dax fühlen sich diejenigen Experten bestätigt, die verwaltete Fonds als Vermögensanlage grundsätzlich für zu teuer halten. Der Ausgabeaufschlag auf den „Multiple Opportunities R" beträgt bis zu fünf Prozent. Dazu kommt eine jährliche Verwaltungsgebühr in Höhe von 1,53 %. Kritiker von Absolute-Return-Fonds wenden daher ein, dass es auf Kosten der Rendite gehe, sich dauernd gegen Verluste abzusichern. Absolute-Return-Fonds schneiden daher bei steigenden Kursen nicht gut ab.

Beim Indexfonds Dax Ucits ETF der Fondsgesellschaft DWS, der versucht, so gut wie möglich die Performance des Dax nachzubilden, wird zum Beispiel nur eine jährliche Verwaltungsgebühr von 0,09 % erhoben – eine deutlich günstigere Alternative zu den Absolute-Return-Fonds.

Doch Anleger sollten daraus keine voreiligen Schlüsse ziehen. Jede neue Krise kann dazu führen, dass es an den Märkten schnell wieder nach unten gehen kann. Dann wird sich mancher Anleger über eine Strategie der Verlustvermeidung freuen. Bei Dachfonds wird das Geld der Anleger in Anteile an verschiedenen Investmentfonds investiert. Der Dachfonds ist also selber nur das „Dach" über mehreren einzelnen Fonds, die man in diesem Fall als „Subfonds" bezeichnet. Das Geld der Anleger wird bei einem Dachfonds dementsprechend in verschiedenen Investmentfonds angelegt, die jeweils eigene Fondsmanager haben. Dachfonds dienen somit der weiteren Risikostreuung im Bereich der Anlage im Investmentfondsbereich. Auch die Kontrolle durch das Bundesaufsichtsamt des Kreditwesens bietet dem Anleger eine gewisse Sicherheit.

Das dritte Finanzmarktförderungsgesetz hat die rechtliche Grundlage für Dachfonds geschaffen und Normen festgeschrieben. Demnach dürfen zum Beispiel maximal nur 10 % der Anteile eines jeden einzelnen Fonds erworben werden. Und nur bis zu maximal 20 % des gesamten Fondsvermögens darf in einen einzelnen Fonds investiert werden. Im Regelfall gehören zu den Subfonds: Rentenfonds, Aktienfonds, Immobilienfonds und auch Geldmarktfonds. Wie die Zusammensetzung bei einem Dachfonds aussieht, darüber kann sich jeder Anleger vorab erkundigen, um einen Abgleich mit seiner persönlichen Risikobereitschaft vorzunehmen.

Dachfonds werden auch im Rahmen der vermögenswirksamen Leistungen gefördert, sofern die persönlichen Voraussetzungen des Anlegers erfüllt sind. Dazu muss der ausgewählte Dachfonds aber mindestens 60 % seines Gesamtvolumens in Aktien investieren.

Das geringere Risiko des Dachfonds ist für den Anleger allerdings mit relativ hohen Kosten verbunden, denn er muss den Ausgabeaufschlag und die Verwaltungskosten sowohl für die Ebene der Subfonds, als auch für den Dachfonds bezahlen.

16. Wie funktionieren Derivate?

Unter Derivaten versteht man Produkte, die von einem Basiswert abgeleitet sind. Bei Finanzderivaten hängt der Preis des Derivats in hohem Maße von dem Preis des Basiswertes ab. Wirtschaftsgüter – zu denen auch Verbindlichkeiten aus einer Geldaufnahme oder dem Kauf von Gütern, Forderungen aus einer Geldeinlage oder dem Verkauf von Gütern, aber auch Verpflichtungen zur Lieferung oder Abnahme bestimmter Waren zählen – unterliegen Marktpreisrisiken, denn – die Preise der Wirtschaftsgüter könne sich ändern. Derivate erlauben es, einzelne Marktpreisrisiken vom zugrundeliegenden Wirtschaftsgut, dem sogenannten „Basiswert", abzuspalten und getrennt zu handeln. Derivate ermöglichen dadurch die Steuerung von Marktpreisrisiken.

Für den Einsatz von Derivaten gibt es unterschiedliche Gründe:

• Die Absicherung der Risiken wird als Hedging bezeichnet. Erfolgt die Absicherung einzelgeschäftsbezogen, spricht man vom Micro-Hedging; erfolgt sie auf der Grundlage einer Vielzahl von Instrumenten, vom Macro-Hedging.

• Derivate ermöglichen es dem Investor umgekehrt aber auch, Marktpreisrisiken zu übernehmen, ohne über eine entsprechende Position in einem Basiswert zu verfügen (Spekulation).

• Außerdem können Derivate zum Einsatz kommen, um Preisunterschiede eines Wirtschaftsgutes an verschiedenen Märkten zu nutzen (Arbitrage).

Finanzderivate gibt es heute in großer Vielfalt. Zu den Derivaten zählen zum einen die verbrieften, im Kassamarkt gehandelten Derivate, die sogenannten Optionsscheine. Zum anderen gehören die an den Terminbörsen gehandelten standardisierten Optionen und Futures sowie außerbörslich (over-the-counter) geschlossenen Individualverträge, die sogenannten OTC-Derivate, dazu.

Auch wenn es in all diesen Fällen um wirtschaftlich vergleichbare Prinzipien geht, ergeben sich aus der spezifischen Ausgestaltung der Geschäfte unterschiedliche praktische und rechtliche Konsequenzen. Geschäfte in Derivaten bergen besondere Risiken. Es ist deshalb unerlässlich, dass hier nur Profis als Marktakteure auftreten.

Bei den Derivaten unterscheidet man folgende fünf Produktarten:

1. Forward Rate Agreements,

2. Devisentermingeschäfte,

3. Swaps,

4. Financial Futures und

5. Optionen. Hierzu lassen sich auch Instrumente mit Optionscharakter wie Caps und Floors, Interest Rate Guarantees sowie Swaptions rechnen.

Eine Einteilung der Derivate kann auch im Hinblick auf die zugrundeliegenden Marktrisiken und den daraus resultierenden Verwendungszweck erfolgen:

• Währungsrisiken,

• Zinsänderungsrisiken,

• Aktienkursänderungsrisiken,

• Warenpreisänderungsrisiken.

In der letztgenannten Risikokategorie werden Risiken au der Veränderung von Rohstoffpreisen eigeordnet. Diese Risiken können zum Beispiel an den Warenterminbörsen abgesichert werden.

Währungsrisiken:

Zur Gestaltung von Währungsrisiken eignen sich u. a. die folgenden Finanzinstrumente:

- Devisentermingeschäfte,

- Devisenoptionen,

- Devisenfutures,

- Zins-/Währungsswaps (Mischprodukt).

Zinsänderungsrisiken:

Zur Gestaltung von Zinsänderungsrisiken werden u. a. folgende Finanzinstrumente eingesetzt:

- Forward Rate Agreements,

- Zinsswaps,

- Zins-/Währungsswaps,

- Zinsfutures,

- Optionen auf Zinssätze (Zinsoptionen),

- Börsengehandelte Optionen auf Zinsfuturs,

- Nicht börsengehandelte Caps, Floor, Interest Rate Guarantees,

- Optionen auf Zinsswaps (Swaptions),

- Optionen auf Anleihen (Bondoptionen).

Aktienkursänderungsrisiken:

Der Gestaltung dieser Risikokategorie dienen u. a. die nachfolgend aufgelisteten Finanzinstrumente:

- Optionen auf Einzelaktien,

- Optionen auf Aktienindizes,

- Indexfutures.

Zum Finanzinstrument Forward Rate Agreement:

Das Forward Rate Agreement (FRA) ist ein außerbörsliches Zinstermingeschäft. Zwei Vertragsparteien vereinbaren, an einem in der Zukunft liegenden Zeitpunkt einen Betrag zu zahlen. Dieser Betrag errechnet sich aus der Differenz zweier Zinssätze – dem heute vereinbarten Vertragszinssatz (FRA-Satz) und dem zukünftigen Marktzinssatz (Referenzzinssatz) – bezogen auf einen bestimmten Nominalbetrag und eine festgelegte zukünftige Periode (Absicherungsperiode). Ein Austausch des Nominalbetrages findet nicht statt.

Der Käufer eines FRA ist zu einer Ausgleichszahlung am Settlement-Tag verpflichtet, wenn der aktuelle Referenzzinssatz, in der Regel der entsprechende EURIBOR-Satz, unter dem vereinbarten FRA-Satz liegt.

Der Verkäufer eines FRA ist zu einer Ausgleichszahlung am Settlement-Tag verpflichtet, wenn der aktuelle Referenzzinssatz über dem vereinbarten FRA-Satz festgestellt wird.

Zum Finanzinstrument Devisentermingeschäft:

Ein Devisentermingeschäft ist die vertragliche Vereinbarung zwischen zwei Parteien, zwei vereinbarte Währungsbeträge zu einem bestimmten zukünftigen Termin auszutauschen.

Neben der Vereinbarung der Währungsbeträge spielt die Bestimmung des Erfüllungsortes des Devisentermingeschäftes eine zentrale Rolle. Die Klärung der Frage, bei welcher Bank, und damit in welcher Zeitzone der Währungsbetrag anzuschaffen ist, stellt einen unter Risikogesichtspunkten wichtigen Bestandteil eines jeden Devisentermingeschäftes dar. Eine Belieferung erfolgt in der Regel im Land der betreffenden Währung.

Devisentermingeschäfte können genutzt werden zur Wechselkursicherung zukünftiger Zahlungseingänge und für Zahlungsausgänge in Fremdwährung, deren Höhe bereits bei Abschluss bekannt sind. Folgende Sicherungswirkungen werden beim Devisentermingeschäft unterschieden: Eine offene Devisenposition auf der Aktivseite (z. B. Forderung) sichert man durch einen Devisenverkauf gegen fallende Wechselkurse. Eine passivische Devisenposition (z. B. Verbindlichkeit) lässt sich durch einen Devisenterminkauf absichern.

Zum Finanzinstrument Swap:

Der Swap ist eine vertragliche Vereinbarung über den Austausch von Zahlungsströmen auf der Basis eines zugrunde liegenden Nominalbetrages. Zinsswaps dienen der Steuerung von Zinsänderungsrisiken. Währungsswaps bzw. kombinierte Zins-/Währungsswaps bieten darüber hinaus die Möglichkeit, zusätzlich das Wechselkursrisiko auszuschalten.

Indexswaps ermöglichen den Austausch der Risiken zwischen verschiedenen Märkten (zum Beispiel Aktienmarkt, Rohstoffmarkt, Zinsmarkt); entsprechend spricht man von Aktienswaps oder Warenswaps.

Beim reinen Zinsswap vereinbaren zwei Vertragsparteien ihre Zinszahlungsströme zu bestimmten Zeitpunkten auszutauschen. Zur Berechnung dieser Zahlungen wird neben Zinssätzen – dem Swapsatz und dem Referenzzinssatz – ein fiktiver Nominalbetrag zugrunde gelegt. Referenzzinssätze können sich auf unterschiedliche Börsenplätz, Währungen oder Laufzeiten beziehen.

Dabei kommt es (wie beim FRA) nicht zu einer Übertragung des Kapitals. An den festgelegten Terminen werden also nur die Zinszahlungsströme getauscht. Sofern möglich wird vereinbart, beide Zahlungsströme zu saldieren und lediglich den verbleibenden Spitzenbetrag zu zahlen. Im Unterschied zum FRA, das nur den Austausch über eine Zinsperiode beinhaltet, liegen dem Zinsswap mehrere Zinsperioden zugrunde.

Bei einem reinen Währungsswap (currancy swap) vereinbaren beide Parteien den Austausch von Zinszahlungsströmen in zwei unterschiedlichen Währungen. Der Austausch erfolgt meist zusammen mit einem Austausch der Nominalbeträge am Ende der Laufzeit und in der Regel auch zu Beginn der Laufzeit. Beim Währungsswap steht also die Gestaltung der Finanzierung im Vordergrund.

Währungsswaps können es einem Unternehmen ermöglichen, sich unter Ausnutzung der globalen Zins- und Währungskonstellationen günstiger zu finanzieren als in der jeweiligen Heimatwährung. Währungsswaps ermöglichen es zum Beispiel einem multinationalem Unternehmen, relative Kostenvorteile bei der Finanzierung (sogenannte „Komparative Kostenvorteile") auszunutzen. Dabei nimmt die Muttergesellschaft, die über eine ausgezeichnete Bonität verfügt, zu attraktiven Konditionen Liquidität in ihrer Heimatwährung auf und schließt gleichzeitig einen Zins-

/Währungsswap in einer Währung ab, die die Tochtergesellschaft benötigt. Während der Laufzeit des Zins-/Währungsswap werden die entsprechenden Zinsströme gezahlt. Am Ende der Swaplaufzeit erfolgt der Rücktausch der Swap-Nominalbeträge zu dem ursprünglich vereinbarten Wechselkurs.

Zum Finanzinstrument Financial Futures:

Unter Financial Futures versteht man börsengehandelte, standardisierte Termingeschäfte. Als Basiswert kommen unterschiedliche Finanzprodukte in Frage. So gibt es Finanzterminkontrakte auf Zinsen (Zinsfutures), auf Aktienindizes (Aktienindexfutures) sowie auf Fremdwährungen (Devisenfutures).

Ein Future stellt für beide Vertragsparteien eine unbedingt verpflichtende Vereinbarung dar. Durch den Kauf eines Future-Kontraktes verpflichtet sich der Käufer, zu einem bestimmten in der Zukunft liegenden Zeitpunkt (Fälligkeitstag) eine bestimmte Menge eine bestimmten Basiswertes (Underlying) zu einem im Voraus vereinbarten Preis zu übernehmen. Durch den Kauf des Futures entsteht eine Future-Long-Position. Der Käufer erwartet, dass während der Laufzeit des Kontraktes der Kurs des Basiswertes steigt.

Umgekehrt verpflichtet sich der Verkäufer durch den Abschluss eines Future-Kontraktes, zu einem bestimmten in der Zukunft liegenden Zeitpunkt (Fälligkeitstag) eine bestimmte Menge eines bestimmten Basiswertes zu einem im Voraus vereinbarten Preis zu liefern. Aus dem Verkauf ergibt sich eine Future-Short-Position. Der Verkäufer erwartet, dass der Kurs des Basiswertes während der Laufzeit des Future fällt. Mit Futures können – je nach Strategie – ganz unterschiedliche Zwecke verfolgt werden. Sie lassen sich zu Hedging-Zwecken, d. h. zur Risikoabsicherung einsetzen. Kursänderungsrisiken aus bestehenden oder geplanten Positionen im Basiswert können durch entgegengesetzte Positionen im jeweiligen Future weitgehend neutralisiert werden.

Entsteht in einer Kassaposition ein Verlust, so kann ein zuvor verkaufter Future (Short-Position) einen Gewinn in ungefähr gleicher Höhe erzielen. Entwickeln sich die Kurse in die entgegengesetzte Richtung, so entsteht in der Kassaposition ein Gewinn, während die Future-Position mit einem Verlust verbunden ist.

Neben Hedging-Strategien und Arbitrage-Strategien und spekulative Strategien möglich. Bei letzteren werden – aufgrund von subjektiven Erwartungen und Einschätzungen der Markt- oder Kurentwicklung des Basiswertes – bewusst offene (d. h. nicht durch eine entsprechende Position im Basiswert gedeckte) Future-Positionen eingegangen.

Das Hauptanwendungsgebiet der Zinsfutures liegt in der Absicherung gegen eine Veränderung des Marktzinses. Die bilden folgende Beispiele zeigen den Zusammenhang zwischen Future- und Kassaposition:

• Ein Finanzdisponent eines Unternehmens verwaltet ein Rentenportfolio und befürchtet einen Anstieg der Zinsen – und damit ein Fallen der Anleihekurse. Um sich gegen steigende Zinsen abzusichern, kann er Future-Kontrakte verkaufen.

• Ein Investor, der in der Zukunft eine Anleihe erwerben möchte, befürchtet eine Rückgang der Zinsen und damit ein Steigen der Anleihekurse. Um sich gegen fallende Zinsen abzusichern, kann er Future-Kontrakte kaufen.

Mit Aktienindexfutures kann das jetzige Kursniveau an einem Aktienmarkt festgeschrieben werden. Ein bestehendes Aktienportfolio (Kassaposition) kann gegen das Risiko von Kursrückgängen durch Eingehen einer entgegengesetzten Termin-Short-Position abgesichert oder es kann ein Einstandskurs für ein erst später aufzubauendes Aktienportfolio weitgehend festgeschrieben werden.

Ebenso kann man mit Aktienindexfutures an der Grundtendenz von Aktienmärkten partizipieren. Mit nur einer Transaktion kann in Erwartung steigender Aktienkurse ein stark diversifiziertes Aktienportfolio erworben (Long-Position) oder in Erwartung fallender Aktienkurse verkauft (Short-Position) werden.

Zum Finanzinstrument Optionen:

Optionen sind bedingte Termingeschäfte. Charakteristisch für eine Option ist das asymmetrische Risikoprofil: Käufer und Verkäufer haben aufgrund ihrer unterschiedlichen Rechte und Pflichten nicht das gleiche Gewinn- und Verlustpotenzial. Die Ausgestaltungmöglichkeiten von Optionen im Hinblick auf Laufzeiten und Basiswerte (Aktien, Anleihen, Devisen, Indizes, Futures) sind sehr vielfältig. Standardisierte Optionen werden an Terminbörsen gehandelt, für individuelle Kontrakte wird der Handel außerbörslich (over-the-counter) abgewickelt.

Der Käufer einer Option (Inhaber) erwirbt gegen Zahlung einer Prämie (Optionsprämie, Optionspreis) das Recht, den Basiswert in einer bestimmten Menge (Kontraktgröße) zu einem im Voraus vereinbarten Preis (Basispreis) zu kaufen (Kaufoption, Call) oder zu verkaufen (Verkaufsoption, Put). Der Käufer ist jedoch nicht zur Ausübung der Option verpflichtet.

Tritt die vom Käufer erwartete Kursentwicklung während der Laufzeit der Option nicht ein, so entsteht ihm ein Verlust. Er kann maximal den gezahlten Optionspreis (Prämie) verlieren. Das Gewinnpotenzial ist für den Inhaber eines Call theoretisch unbegrenzt. Beim Put bleibt der maximale Gewinn auf den Basispreis abzüglich des gezahlten Optionspreises und der Nebenkosten beschränkt, da der Kurs des Basiswertes nicht unter Null fallen kann. Der Verkäufer (Stillhalter) verpflichtet sich gegen Empfang der Prämie (Optionsprämie, Optionspreis), auf Anforderung des Käufers den vereinbarten Basiswert in einer bestimmten Menge (Kontraktgröße) zu einem im Voraus bestimmten Preis (Basispreis) zu liefern oder zu beziehen.

Bei börsengehandelten Optionen hat der Stillhalter zur Abdeckung des Preisänderungsrisikos eine Sicherheit (Margin) zu hinterlegen, deren Höhe börsentäglich überprüft und gegebenenfalls angepasst wird.

Bei der Erfüllung eines Optionsgeschäftes lassen sich zwei Formen unterscheiden: Entweder kann der Basiswert physisch geliefert werden oder die Kontraktbedingungen sehen einen Barausgleich vor. Während man als Anleger beim Kauf von Aktien in erster Linie auf einen steigenden Aktienkurs setzt, bestehen beim Optionsgeschäft auch Gewinnmöglichkeiten bei fallenden und stagnierenden Kursen. Optionsgeschäfte bieten sich an zur

*   Absicherung von Risiken aus einer entsprechenden Direktanlage,

*   Realisierung von Gewinnmöglichkeiten mit geringerem Kapitaleinsatz als bei der Direktinvestition in den Basiswert,

*   Spekulation auf fallende Kurse,

*   Ausnutzung von Marktbewegungen durch die Kombination mehrerer Optionsgeschäfte,

*   Erzielung von Zusatzerträgen.

Das Risiko für den Anleger erhöht sich gewaltig, wenn er insbesondere den Erwerb von Optionen oder die Erfüllung seiner Liefer- oder Zahlungsverpflichtungen aus Termingeschäften über Kredit finanziert. In diesem Fall muss er, wenn sich der Markt entgegen seinen Erwartungen entwickelt nicht nur den eingetretenen Verlust hinnehmen, sondern auch den Kredit verzinsen und zurückzahlen. Er sollte nie darauf setzen, den Kredit aus den Gewinnen des Termingeschäftes verzinsen und zurückzahlen zu können, Ansonsten wird er zum reinen Zocker.

Eine solide und zugleich gewinnversprechende Art des Optionsgeschäftes, das sich durchaus auch für Privatanleger eignet, besteht zum Beispiel darin, dass man als Halter von Aktien Call-Kontrakte auf diese Papiere verkauft. Dies bedeutet Folgendes: Ein Call-Kontrakt („covered Call") ist ein Abkommen, bei dem ein Spekulant das Recht erwirbt, diese Aktien zu einem bestimmten Zeitpunkt zu einem festen Kurs zu kaufen.

Diese Optionen sind gedeckt („covered"), denn man muss als Halter genug zugrundeliegende Aktien haben, falls man liefern muss. Ein Spekulant gibt einem also heute Geld. Im Gegenzug will er die Option, die Aktien vom Halter zu einem Zeitpunkt in der Zukunft zu einem bestimmten Kurs zu kaufen. Egal, wie sich der Kurs dann entwickelt – man erhält als Halter auf jeden Fall sofort den Optionspreis vom Spekulanten. Der Spekulant setzt natürlich auf steigende Kurse. Geht sein Kalkül auf, dann muss man ihm die Aktien zu einem Kurs verkaufen, der dann unter dem Marktkurs liegt. Man hat dann aber immer noch den zu Beginn erhaltenen Optionspreis. Als Halter muss man sich aber nicht über einen Verlust ärgern, sondern lediglich einen entgangenen Gewinn (allerdings abzüglich des kassierten Optionspreises) akzeptieren.

Wenn sich der Aktienkurs gar nicht bewegt, ist der Spekulant nicht daran interessiert, die Aktien zu kaufen. Das bedeutet, dass man als Halter den Optionspreis kassiert hat und seine Aktien behält. Wenn der Aktienkurs fällt, dann will der Spekulant die Aktien des Halters erst recht nicht. Der Halter hat in diesem Fall (wegen des kassierten Optionspreises) immer noch weniger verloren, als wenn er seine Aktie einfach gehalten hätte und keinen Optionskontrakt gemacht hätte. Und er kann noch einen weiteren Kontrakt verkaufen.

Hat man solide Aktie in seinem Depot, so kann man auch als Privatanleger mit dieser beschriebenen Options-Strategie quasi risikolos ein attraktives Zusatzeinkommen generieren.

17. Derivate und Repo´s: Die Selbstzerstörung des Finanzmarktes

Teile des Geld- und Finanzsystems haben sich in den vergangenen Jahren zu einem regelrechten Zocker- und Ponzi-System entwickelt. Geld muss nicht mehr mit realen Werten hinterlegt sein. Vielmehr ist das Geld in diesem rein synthetischen Kreislauf nur hinterlegt von Papieren, auf denen draufsteht, dass sie Geld wert *wären*. Geld wird in diesem System etwas wert, wenn es durch viele Hände geht; mit jeder Transaktion ist nämlich weiteres Geld verbunden: Zinsen, Gebühren, Provisionen. Geld wird nur noch mit Geld verdient, nicht mehr mit echter Wirtschaftsleistung.

Diese Pervertierung der Finanzmärkte ist zwangsläufig eine der vielen Folgewirkungen der Überschuldungsorgien von Staaten sowie der Geldmengenausweitung durch die Zentral- und Geschäftsbanken. Die weltweit vagabundierende riesige Liquiditätsblase findet keine sinnvolle finanzwirtschaftliche Verwendung mehr in der Realwirtschaft. Diese Situation lässt Spekulanten, die ansonsten sinnvollerweise jedwede Zins- und Kursdifferenzen zur Arbitrage ausnutzen, nunmehr zu reinen Zockern mutieren:

Die Banken haben im Rahmen der US-Subprime-Krise die verschiedensten Kredite einfach verbrieft und so lange gebündelt, bis keiner mehr wusste, wer von den Schuldnern überhaupt in der Lage ist, seine Schulden zurückzubezahlen. Doch gehandelt wurden nicht nur diese undurchsichtigen Kreditpakete. Gleichzeitig kamen Papiere auf den Markt, die Wetten auf diese Pakte zum Inhalt hatten.

Solche abgeleiteten Produkte werden „Derivate" genannt. Derivate dienen eigentlich der Absicherung von Risiken durch Risikotransfer im Rahmen des Risikomanagements. Sie weisen ein hohes Maß an vertraglicher Freiheit auf. Mit Derivaten lassen sich daher auch Entwicklungen überzeichnen, zweifach, dreifach, hundertfach. Man kann auf steigende oder fallende Entwicklungen setzen.

Mit kleinem Einsatz kann man riesige Gewinne machen oder enorme Verluste einfahren. Der Markt für Derivate hat sich verselbstständigt, völlig von seinem eigentlichen Zweck entfernt. Heute dienen die Papiere überwiegend als Wetteinsätze für Spekulationsgeschäfte zwischen den Finanzinstituten. Mit jedem Weiterverkauf werden erneut Zinsen und Gebühren berechnet, das Geschäft scheint ins Unermessliche zu wachsen.

Damit eine Bank möglichst viel dieser gut verzinsten Papiere kaufen kann, braucht sie viel Geld: In früheren Zeiten verschaffte sie sich dieses Geld bei anderen Banken im Rahmen eins sogenannten Repos. Auf dem Repo-Markt („Repo" von Repurchase Agreement: Rückkaufsvereinbarung) können Wertpapiere unmittelbar in billige Liquidität verwandelt werden, indem sie pro forma verkauft werden und ein feststehender Rückkauftermin vereinbart wird. Die Repos sind eine Art Lebenselixier für die Banken: Die einen bekommen schnell Geld für spekulative Geschäfte, die anderen kassieren überdurchschnittlich hohe Zinsen.

Die Verlockungen dieses „Finanz-Kasinos" sind groß: Mit der Idee von Derivaten und Repo-Geschäften haben die Banken das Grundprinzip des Geldes ohne Sicherheiten zur (scheinbaren) Perfektion gebracht, zu einer Maschine, die aus sich selbst funktioniert und keine Grenzen kennt. Das ganze Vorgehen beruht auf dem Prinzip: Schuldner-Gläubiger. Der eine nimmt, der andere gibt, immer im Kreislauf, immer weiter.

Den Banken in den USA gelang zudem ein einmaliger Coup: Sie „zwangen" die Politiker dazu, ihnen die Derivate quasi staatlich zu garantieren. Die Derivate wurden durch mehrere Gesetze zu sog. „Sicheren Hafen" (save haven) erklärt. Zu diesem Zweck wurde das Insolvenzrecht für Banken geändert. „Save haven" bedeutet in diesem Zusammenhang: Wenn eine Bank auf dem Umweg von Derivaten in dem Besitz von Wertpapieren ist, dann kann sie diese im Falle einer Pleite des Gegenübers (also des Schuldners) für sich behalten und weiterverwerten.

Dieses Gesetz ist nichts anderes als eine völlig legale Enteignung der normalen Bank-Gläubiger. Der unschätzbare Vorteil dieser Regelung: Die Gläubigerbank wird bevorzugt behandelt. Während es im klassischen Insolvenzrecht genau eine solche Bevorzugung von Gläubigern aus guten Gründen nicht gibt, wurde sie im Fall der Derivate zur Norm erklärt: Die normalen Gläubiger der Bank gehen leer aus!

Waren zunächst nur Investmentbanken von Crashs betroffen, traf es mit MF Global erstmals auch eine Kunden-Bank. Im Unterschied zu einer Investment-Bank, die nur das Geld anderer Banken oder von Unternehmen oder Großanlegern verzockt, kann eine Kunden-Bank mit dem Geld der normalen Anleger zocken. Genau das tat die MF Global. Die Anleger (Kunden) der MF Global wurden über Nacht enteignet: Über die „save haven"-Regelung waren die Derivate bei anderen Banken gelandet. Sie gehörten nun ihnen – ganz legal. Rund 1,2 Milliarden US-Dollar waren auf einmal verschwunden. Wann immer ein Konkurrent Pleite geht, gehen seine Mitwettbewerber mit einem satten Gewinn nach Hause.

Seit der Interbanken-Markt nicht mehr richtig funktioniert, springen sie staatlichen Zentralbanken ein: Sie übernehmen die Finanzierung. Mit dem Gelddrucken der EZB und aller anderen Zentralbanken werden nun die Steuerzahler unmittelbar in Haftung genommen: Sie müssen die Sicherheiten liefern, die der Derivate-Repo-Markt nicht mehr hergibt. Und die großen „Zocker-Institute" zeigen sich weiterhin sehr kreativ in der Erfindung immer neuer Derivate. Diese werden auf dem gewohnten Weg von Schulden und Krediten weiter mit Profit umgewälzt.

Durch zwei klammheimlich verabschiedete EU-Direktiven haben die Derivate-Besitzer heute auch in Europa einen bevorzugten Gläubiger-Status. Die „Bankenregulierung" ist dabei nur eine sehr raffinierte Täuschung von Anlegern und Steuerzahlern, denn das Derivate-Geschäft wurde heimlich auf ein Parallel-Universum verlagert: Auf das Schattenbanksystem.

Dieses System umfasst nach Reuters-Schätzungen ein Volumen von rund 60 Billionen US-Dollar! In diesem Schattenbanksystem dienen die kreativen Finanzvehikel dazu, dass die Risiken verschleiert werden und die offiziellen Bilanzen „sauber" aussehen. Das Konzept der „Bankenregulierung" geht also von vorneherein ins Leere. Trotz „Bankenregulierung" wird es also zwangsläufig weitere Bankpleiten geben. Der Crash, der sich daraus ergeben wird, wird vermutlich in Etappen ablaufen. Es wird stets nach dem Muster *Bear Sterns, Lehman* oder *Dexia* ablaufen. Und diejenigen, die am Ende enteignet werden, wissen davon noch gar nichts. Es werden die Steuerzahler, Sparer und normalen Bankkunden sein.

Ursache dieser „Finanzpornographie" an den Finanzmärkten ist nicht ein entfesselter Kapitalismus, sondern vorgelagertes Staatsversagen in vielfacher Hinsicht: sozialstaatliche Raserei mit entsprechender Überschuldung, Gelddruckerei zur temporären Konkursverschleppung, vorsätzliche Missachtung aller Grundsätze marktwirtschaftlicher Ordnungspolitik, wie z. B. die Trennung von Haftung und Risiko, kein selbsttragendes Geschäftsmodell der staatlichen Landesbanken, Gier im Banken- und Finanzsektor, ineffiziente Aufsicht, zu viele staatsfromme Ökonomen usw.

18. Die EU-Finanztransaktionsteuer

„Wir wollen eine Finanztransaktionssteuer mit breiter Bemessungsgrundlage und niedrigem Steuersatz zügig umsetzen und zwar im Rahmen einer verstärkten Zusammenarbeit in der EU", verspricht die neue schwarz-rote Bundesregierung in ihrem Koalitionsvertrag. Die Besteuerung solle *„insbesondere Aktien, Anlehen, Investmentanteile, Devisentransaktionen sowie Derivatekontrakte"* umfassen und durch ihre Ausgestaltung *„Ausweichreaktionen vermeiden"*.

Auch die EU und zahlreiche Ökonomen plädieren für die 1972 von dem Yale-Professor James Tobin vorgeschlagene Lenkungsabgabe, um vor allem angeblich drei Ziele zu erreichen: Spekulationen eindämmen, die Finanzmarktstabilität verbessern und den Finanzsektor abkassieren. Doch die Bundesregierung hat allen Grund, die Auswirkungen der Steuer auf Instrumente der Altersvorsorge, auf Kleinanleger und die Realwirtschaft sowie auf Praktikabilität und Zielgenauigkeit zu überprüfen.

Die EU-Kommission rechnet mit jährlichen Einnahmen in Höhe von 57 Milliarden Euro. Das britische Beratungsunternehmen Oxera widerspricht dieser Erwartung. Bei der Ermittlung der makroökonomischen Auswirkungen liege ein zu geringer Steuersatz zugrunde. Der durch die Steuer zu erwartende Rückgang des EU-Bruttoinlandsprodukts betrage das Fünffache dessen, was die EU schätzt: minus 2,4 % statt minus 0,53 % pro Jahr. Das niederländische Institut CPB warnt, dass jedes Geschäft zwischen zwei Firmen zu einer Vielzahl von Transaktionen innerhalb des Finanzsektors führe. Dieser Kaskadeneffekt verschärfe den Rückgang des Bruttoinlandsprodukts und senke so das Gesamtsteueraufkommen.

Die kurzfristigen Interbankgeschäfte auf der Grundlage der Wertpapierleihe habe eine Laufzeit von einem Tag bis zu einer Woche.

Würde jede dieser Transaktionen mit 0,1 % Steuer belastet, würde sich dies bei jährlich 250 Handelstagen auf bis zu 25 % kumulieren. Die Transaktionssteuer könnte dennoch gerechtfertigt sein, wenn sie Vorteile brächte. Doch wie können spekulative Positionen wirklich reduziert werden? Und lassen sich Bewegungen von Aktienpreisen über den Konjunkturzyklus überhaupt beeinflussen oder gar stützen?

Die von der Bundesregierung unterstützte EU-Steuer verfehlt ihre Ziele, weil sie nicht auf die Anreizmechanismen im Finanzmarkt Einfluss nimmt. Das wäre aber für eine effektive Regulierung unabdingbar. Einen besonderen Stellenwert hat dabei die Tatsache, dass Vermögen auf Aktienmärkten überwiegend fremdverwaltet sind. Anleger wissen oft nicht, ob eine überdurchschnittliche Rendite den Fähigkeiten des Fondsmanagements oder purem Glück zu verdanken ist. Die meisten Anleger entscheiden sich dennoch für die Fremdverwaltung.

Aber die weitgehend gleichgerichteten Handlungsstrategien der professionellen Vermögensverwaltungen verstärken negative Preisspiralen. Dies geschieht beispielsweise, wenn die Erwartung fallender Preise und zunehmender Leerverkäufe einen selbständigen Zyklus, einen so genannten Bear Run erzeugen.

Diese Überlegungen zeigen, dass etwa eine Beschränkung von kreditfinanzierten Wertpapierkäufen und von Leerverkäufen (Spekulation auf fallende Kurse: short sale) wirkungsvoll in den Mechanismus der Vermögensverwaltung bzw. Fondsverwaltung eingreifen würde – ganz im Gegensatz zur Transaktionssteuer. Leerverkaufsverbote würden Preisschwankungen tendenziell vermindern. Die Kapitalkosten von Unternehmen würden sinken, denn Aktienpreise wären in der Rezession höher, weil durch das Verbot spekulative Attacken weitgehend unterbunden würden. Ein Leerverkaufsverbot als Alternative zur Transaktionssteuer wäre insofern viel sinnvoller.

Am sinnvollsten gegenüber allen Verboten und „Regeln" wäre jedoch die persönliche Haftung eines jeden Marktakteurs für dessen Tätigkeiten. Nichts schützt so zuverlässig vor Missbrauch des „Marktgeschehens" wie das sichere, unabdingbare Wissen, dass es an das eigene Portemonnaie oder - noch viel effektiver - an die eigene Reputation geht, falls die Dinge aus dem Ruder laufen. Denn die Vergangenheit zeigt: Die Regulierung nutzt nur dem, der sie macht. Allerdings lassen sich damit keine zusätzlichen Steuereinnahmen erzielen, was offensichtlich das eigentliche Ziel der Brüsseler Regulierungspolitik ist.

Doch selbst die Hoffnung auf zusätzliche Milliardeneinnahmen ist trügerisch. Der Informationsdienst EU-Observer verweist hierzu auf ein von EU-Beamten verfasstes Memorandum, das einen heiklen Punkt betrifft. Da auch Staatsanleihen besteuert würden, könnte sich die Staatsfinanzierung über den Bondmarkt verteuern, was den Einnahmeeffekt konterkarieren würde.

Schweden hat seine 1985 eingeführte Börsenumsatzsteuer wegen unbeherrschbarer Nebenwirkungen und mageren Ertrags bereits 1992 wieder abgeschafft.

19. Das Ende der Portfolio-Theorie

Die Portfolio-Theorie, wie sie der amerikanische Ökonom Harry Markowitz 1952 erstmals veröffentlich hatte, ist im heutigen Marktumfeld offenbar kein brauchbarer Maßstab mehr für die Geld- und Finanzanlage.

Markowitz erbrachte seinerzeit den Nachweis, dass Anleger und Investoren über eine Streuung (Diversifikation) ihrer Geld- und Finanzanlagen das Risiko und die Rendite ihres Portfolios positiv beeinflussen können. So könnten Anleger das Risiko ihres Aktienanteils senken, indem sie andere Geld- und Finanzanlagen kaufen, deren Wert steigt, wenn die Aktienkurse fallen. Eine Kernaussage der Portfolio-Theorie von Markowitz besteht darin, dass Anleger unter bestimmten Annahmen das Risiko eines Portfolios nicht nur mindern können, sondern auch, dass die zu erwartende Rendite nicht zwingend darunter leidet.

Eine dieser Annahmen besteht darin, dass die Wertpapiere nicht vollständig korreliert sind, dass sich also ihr Wert nicht im Gleichschritt verändert. Zumindest in der heutigen Situation auf den Geld- und Finanzmärkten wird Risiko aber nicht unbedingt mit einem höheren Ertrag belohnt. Ein Grund dafür liegt in der hohen Korrelation, die derzeit an den Finanzmärkten zu beobachten ist. So hat die Korrelation zwischen den 500 schwersten Aktien der Welt in den vergangenen Jahren einen Rekord erreicht. Die bisher gängigen Risikomodelle gelten demnach nicht mehr.

Das heißt natürlich nicht, dass die alte Anlegerregel, wonach man nie alle Eier in einen Korb legen sollte, nicht weiterhin ihre Gültigkeit hat. Nur haben sich als Folge der Staatschulden- und Eurokrise inzwischen derartig große Verwerfungen an den Finanzmärkten ergeben, dass auch das Verhältnis zwischen Risiko und Ertrag bei Geld- und Finanzanlagen nicht mehr eindeutig bestimmbar ist.

Das hängt schon alleine damit zusammen, dass bisher als völlig sicher geltende Anlageformen, wie zum Beispiel Bankeinlagen, spätestens nach „Zypern" nicht mehr in der gewohnten Form als „bombensicher" gelten können. Ganz im Gegenteil: Der Plan zur Euro-Rettung sieht vor, dass über die Bankenunion eine europäische Einlagensicherung kommt. Und für die anstehenden Banken-Rettungen werden überall die Sparer und Bond-Holder herangezogen. Der Zugriff auf die Giro- und Sparkonten der Bankkunden wird Bestandteil der europäischen Bankenabwicklungspolitik.

Der überschuldete Wohlfahrtsstaat wird letztlich auf jede Anlageform Zugriff nehmen, um seine Finanznot zu bekämpfen, schon allein deshalb, weil Steuerverschwendung folgenlos bleibt.

Der bekannte und inzwischen verstorbene Wirtschafts- und Finanzexperte Wilhelm Hankel, einer der vier Professoren, die vor dem Bundesverfassungsgericht zu Recht gegen die Einführung des Euro geklagt hatten, bezeichnete auch die Anlage bzw. Investition in Staatsanleihen, die ja sogar als „mündelsicher" gelten, als höchst riskant. Denn jedermann müsse ja wissen, dass der Staat rettungslos überschuldet ist. Sobald die Zinsen irgendwann wieder steigen (müssen), werden viele Staaten ihre Schulden nicht mehr bedienen können. Im Prinzip seien alle Vermögensgüterpreise durch die weltweite Schulden- und Liquiditätsblase künstlich hochgetrieben, weil die von den Notenbanken geschaffene Geldschwemme schließlich irgendwo hinfließen müsse.

Das Platzen neuer Blasen im Vermögensgüterbereich sei also nur eine Frage der Zeit.

20. Nur Bares ist Wahres

Immer mehr Leute bezahlen beim Einkaufen mit einer elektronischen Karte. Selbst Kleinstbeträge werden immer häufiger unbar beglichen; dies trifft vor allem auf jüngere Leute zu. Die Smartphone-Generation steht auf digitalen Zahlungsverkehr; scheinbar wollen sie damit ihre Modernität, ihre Fortschrittlichkeit demonstrieren. Die älteren Jahrgänge bevorzugen hingegen eher Bargeld.

Hans Magnus Enzensberger schreibt: *„Regierungen und Industrien möchten das Bargeld abschaffen. Ein gesetzliches Zahlungsmittel, das jeder einlösen kann, soll es nicht mehr geben. Münze und Scheine sind Banken, Händlern, Sicherheitsbehörden und Finanzämtern lästig. Plastikkarten sind nicht nur billiger herzustellen. Sie sind auch unseren Aufpassern lieber, denn sie erlauben es, jede beliebige Transaktion zurückzuverfolgen. Deshalb tut jeder gut daran, Kredit-, Debit- und Kundenkarten zu meiden. Diese ständigen Begleiter sind lästig und gefährlich. ... Online-Banking ist ein Segen, aber nur für Geheimdienste und für Kriminelle. ... Waren oder Dienstleistungen via Internet sollte man meiden. Anbieter wie Amazon, Ebay und so weiter speichern alle Daten und belästigen ihre Kunden mit Reklamemüll. Anonymer Einkauf ist besser. Einzelne Adressen, die man gut kennt, können als Ausnahme durchgehen.“*

Björn Ulvaeus, Musiker der legendären Pop-Gruppe ABBA, ließ im Rahmen eines Gastauftritts bei der früher beliebten Unterhaltungssendung „Wetten dass" verlauten, dass er für die völlige Abschaffung von Bargeld sei. In seinem Heimatland Schweden hat der bargeldlose Zahlungsverkehr tatsächlich das Bargeld schon weitgehend verdrängt.

Den großen Unternehmen aus der Finanzdienstleistungsbranche kann das nur recht sein. Jedenfalls verdienen Banken und Finanzdienstleister wie Kreditkartenunternehmen prächtig, wenn das Geld digital fließt.

Und auch der Handel ist ein großer Freund des bargeldlosen Zahlens, weil die Konsumschwelle deutlich niedriger liegt. Der unmittelbar spürbare physische Verlust eines Geldscheins in der Geldbörse bewirkt nämlich einen tieferen Eindruck als die spätere abstrakte Abbuchung vom Konto. Den Konsumenten gegenüber wird allerdings mit angeblicher Sicherheit vor Verlust, Diebstahl oder Raubüberfällen argumentiert. Außerdem sei das „Handling" einfacher. Die zahlreichen und teilweise durchaus erfolgreichen Hackerangriffe im Rahmen der Online-Banking-Systeme werden dagegen kleingeredet.

Dem Staat wiederum geht es angeblich in erster Linie um den Kampf gegen Geldwäsche, Steuerbetrug und Terrorismus. Die Polizeipräsidentin Schwedens hatte gemeinsam mit dem Vorsitzenden der Bankgewerkschaft verkündet, dass Bargeld das Blut in den Adern von Kriminellen sei. Für das amerikanische FBI sind Leute, die ständig mit Bargeld bezahlen potentielle Terroristen, die der Polizei zu melden sind!

Die niederländische staatliche *Amro-Bank* ließ verlauten, dass sie ihre Kunden zum bargeldlosen Zahlungsverkehr zwingen will. In Frankreich ist das Mitführen von Bargeld bis zu 3.000 Euro legal, in Italien nur noch bis zu 1.000 Euro. Für Giovanni Sabatini, Chef der Vereinigung der italienischen Banken, ist der Kampf gegen das Bargeld sogar ein Kampf für die Zivilisation. Dabei scheint aber auch er zu vergessen, dass die größten Schurken heutzutage Cyber-Gangster sind. Zukünftige Kriege werden Cyber-Kriege sein. Jedenfalls geben staatlich initiierte bzw. durchgeführte Cyber-Attacken auf militärische und wirtschaftliche Ziele in „Feind-Staaten" schon heute einen Vorgeschmack auf zukünftige Szenarien.

In Wahrheit geht es um Folgendes: Geld bekommt eine neue Funktion – es dient der lückenlosen Überwachung der Bürger. Durch ein totales digitales Zahlungssystem kann der Bürger zu 100 % kontrolliert und überwacht werden.

Der Druck zum bargeldlosen Zahlungsverkehr stellt die Legitimität des Bargeldes gezielt infrage. Das zentrale Grundprinzip des Rechtsstaates, die Unschuldsvermutung, wird still und leise in einen millionenfachen Generalverdacht umgewandelt – selbstverständlich ohne große Diskussion in der Öffentlichkeit. Ganz im Gegenteil: Der naive und träumerische deutsche Michel, der sich ansonsten gerne schnell in einen Wutbürger verwandelt, wenn er um seine sozialen Befindlichkeiten fürchtet, gibt vormittags beim bargeldlosen Bezahlen an der Kasse im Supermarkt ganz selbstverständlich seine persönliche Datenspur ab. Er ist „stolz wie Oskar", wenn er „Mitglied" im Club der „Payback-Karten-Besitzer" ist und ein paar *Goodies* dafür bekommt, dass er über sein Verkäuferverhalten genauestens Auskunft gibt. Nachmittags jedoch, da protestiert er dann wie selbstverständlich gegen die *verdammte* Datensammelwut der amerikanischen NSA.

Die Erfindung des Geldes ermöglichte im Gegensatz zum Naturaltausch die Trennung von Person und Sache. Diese Anonymisierung lieferte zusammen mit der Tauschmittelfunktion einen grundlegenden Beitrag zur Sicherung der persönlichen Freiheit des einzelnen Bürgers in der Gesellschaft. Der Zwang zum bargeldlosen Zahlungsverkehr bzw. die Abschaffung von Bargeld macht diesen Prozess wieder rückgängig. Wer das Recht auf informationelle Selbstbestimmung nutzen will, muss heute bar bezahlen.

Im Rahmen der Schulden- und Finanzkrise ist auch folgender Punkt zu beachten: Bei reinem Buchgeld kann der überschuldete Staat jederzeit in Sekundenschnelle einen „Vermögensschnitt" durchführen. Im März 2013 wurde in Zypern das Online-Banking einfach abgeschaltet. Die Leute standen plötzlich vor leeren Bankautomaten. Der Staat buchte einfach von ihren Konten ab und verfügte gleichzeitig Kapitalverkehrskontrollen. Die Sparschweine der Kinder mussten geplündert werden, denn Lebensmittelmärkte und Tankstellen akzeptierten nur Bargeld: Cash war King!

Immer mehr Gelder fließen digital und dies sind rein personalisierte Daten. Damit wird die totale Überwachung zu einem Kinderspiel.

Wer noch einen Rest von Privatheit haben will, sollte genügend Bargeldreserve halten. Und wenn man Zypern wohl zu Recht als Blaupause für zukünftige „Vermögensschnitte" in den anderen Mitgliedstaaten der EU-Währungsunion auffasst, dann bedeutet jegliche Sichteinlage bei Banken ein Risiko. Ein Risiko, dass obendrein nicht einmal durch eine entsprechende Risikoprämie in Form eines nennenswerten Habenzinses durch die Bank abgegolten wird. Terry Burnham, früherer Harvard-Professor, hat deshalb sein ganzes Geld bei seiner Bank (Bank of America) abgehoben.

Viele Anleger halten es zurzeit mit der deutschen Bundeskanzlerin, sie „fahren auf Sicht" und parken einen großen Teil ihrer Mittel als Sichteinlagen bei den Banken. Dies erscheint auf Dauer allerdings nicht nur wegen der fast Nullverzinsung als wenig empfehlenswert.

Auf kurz oder lang werden Schulden- und Eurokrise dazu führen, dass sich die Regierungen innerhalb der EU-Währungsunion an den privaten Bankeinlagen vergreifen werden, weil sie keinen anderen Ausweg mehr wissen.

21. Anleger und Anlageberater

Viele Anleger vertrauen immer noch dem Rat von professionellen Anlageberatern für die Geldanlage und Vermögensbildung. Eine Untersuchung der Universität Oxford analysierte konkret die Aktienfonds, die amerikanischen Großanlegern seit dem Jahr 1999 von ihren Beratern empfohlen wurden. Wären die Berater ihr Geld wert, müssten die von ihnen empfohlenen Aktienfonds besser angeschnitten haben als der Marktdurchschnitt. Tatsächlich haben die von den Spezialisten empfohlenen Fonds aber sogar etwas schlechter abgeschnitten. Hätten die Anleger nicht auf die hochbezahlten Berater gehört, sondern einfach billige Indexfonds gekauft, wären sie besser gefahren. Dennoch braucht sich die Gilde der Finanzberater keine Sorgen um ihre Einkünfte zu machen: Insbesondere Großanleger bezahlen Berater, um sich im Falle eines Misserfolges hinter ihnen zu verstecken. Schließlich sind auch Manager von Pensionskassen und Vorstände von Stiftungen intern rechenschaftspflichtig.

Andererseits ist es wohl bei vielen Privatanlegern eine naturgesetzliche Konstante, dass sie eher mit Gefühl und Emotion statt mit logischem Verstand vorgehen – und zu oft siegt dabei die Gier über den Verstand!

Viele Anleger und Sparer halten zum Beispiel den Bausparvertrag für eine relativ wenig komplexe Finanzanlage. Dabei ist der Bausparvertrag eines der komplexesten Gebilde überhaupt. Es handelt sich um einen mehrjährig vorausberechneten Zins-Swap, den kaum ein Käufer dieses Produktes in der Lage wäre, eigenständig zu berechnen. Aber gefühlt handelt es sich um eine sehr sichere Anlage.

Wenn Anleger aus den vergangenen Jahren wenigsten etwas gelernt haben, dann, dass fixe Prognosen ziemlich sinnlos sind, sofern sie die Zukunft betreffen. Niemand kann einem die persönliche Entscheidung über den Kauf und Verkauf des vermeintlich richtigen Finanzproduktes abnehmen. Jeder einzelne entscheidet und kauft am Ende selbst.

Dabei muss er sich vorher ausreichend über die Funktionsweise, Komplexität sowie die Chancen und Risiken informieren, und dann für sein handeln einstehen. Und das gerade unabhängig vom Erfolg oder Misserfolg seiner Entscheidungen. Im Grunde gibt es für die meisten Finanzanlageprodukte mehr oder weniger gute Argumente und Kaufzeitpunkte. Eine Blaupause für das richtige Finanzprodukt wird es allerdings nie geben. Jeder Anleger muss sich schon selbst mit seiner persönlichen Chance-Risiko-Neigung auseinandersetzen. Jeder hat unterschiedliche finanzielle Möglichkeiten und ist zunächst aufgefordert zu sparen, dann zu investieren und letztlich erst zu spekulieren, um Rückschläge verkraften zu können.

Laut einem Bericht in der FAS kommt die Organisation für wirtschaftliche Zusammenarbeit und Entwicklung zu dem Ergebnis, dass es um die Kompetenz in Sachen Geld in der deutschen Bevölkerung nicht gut bestellt sei. „Financial Literacy" wird die Finanzkompetenz von Menschen in der Wissenschaft genannt. In Deutschland gebe es davon wenig. Umfragen würden belegen, dass es die Bundesbürger in der ganz überwiegenden Mehrheit als lästig empfinden, ein einziges Mal im Monat über Geld nachzudenken. Es ist weitaus schöner, ins Kino zu gehen oder zum neuen Italiener nebenan, als sich nach Feierabend mit Gelddingen zu beschäftigen.

Noch schlimmer sei, dass die meisten auch gar nicht fachlich dazu in der Lage wären. Daher herrscht in der Regel zwischen einem Anlageberater in der Bank und dem Kunden eine erhebliche Informationsasymmetrie: Der Berater hat stets einen Informationsvorsprung. Das muss nicht zwangsläufig damit zu tun haben, dass er sich in der Geldanlage besser auskennt als viele seiner Kunden (wobei ja selbst daran öfters berechtigte Zweifel bestehen). Es ist vielmehr sein Wissen um die Vorgaben seines Bankhauses. Muss er zum Beispiel bis Monatsende eine bestimmte Anzahl Aktienfonds an den Mann bringen? Eine aktuelle Untersuchung des Deutschen Aktieninstituts zeigt: Gerade mal 27 % der Privatanleger schätzen Informationen ihrer Bank noch als absolut zuverlässig ein.

Volker Brühl, Geschäftsführer des Center for Financial Studies an der Goethe-Universität Frankfurt, plädiert in einem Beitrag in der FAZ für ein einfaches Warnsystem über Risiken von Finanzprodukten für Kleinanleger. Nachfolgende Auszüge verdeutlichen das Prinzip: *„Der Insolvenzantrag des Windparkbetreibers Prokon hat erneut die Diskussion über die Notwendigkeit von mehr Anlegerschutz entfacht. Nicht selten haben unerfahrene Anleger auch bei Schiffsfonds oder geschlossenen Immobilienfonds aufgrund unzureichender Informationen oder falscher Beratung hohe Verluste erlitten. Aber auch bei vielen regulierten Finanzprodukten wie Zertifikaten, Aktienanleihe oder Derivaten wird deren Eignung für Privatanleger kontrovers diskutiert. Ähnliches gilt für komplexe Versicherungs- und Altersvorsorgeprodukte. .... Daher wäre zu überlegen, ob man Kleinanleger weniger durch eine schärfere Regulierung als vielmehr durch eine bessere Kommunikation des Risikogehalts von Anlagen schützt.“*

Die Regulierung sogenannter Graumarktprodukte – dazu zählen unter anderem geschlossene Publikumsfonds – wurde im vergangenen Jahr durch das Kapitalanlagegesetzbuch (KAGB) erheblich verschärft. Kapital-Verwaltungsgesellschaften müssen seither von der Finanzaufsicht Bafin zugelassen werden, wobei eine Mindestkapitalausstattung ebenso vorgeschrieben ist wie die fachliche Eignung und Zuverlässigkeit der Geschäftsleiter. Außerdem wird für geschlossene Publikumsfonds ein Mindestmaß an Risikostreuung verlangt und die Verschuldungsquote auf 60 % begrenzt.

Bei Wertpapieren und Vermögensanlagen besteht seit 2011 die Verpflichtung zur Erstellung von Produktinformationsblättern (PIB, Beipackzettel), die in kompakter Form klare Aussagen über die für eine Anlageentscheidung wesentlichen Kriterien wie Rendite, Risiko und Kosten der Anlage enthalten müssen. Bei Publikumsfonds wurden die Transparenz und Vergleichbarkeit dadurch erhöht, dass jeder Fondsanbieter seine Produkte nach einem von der europäischen Wertpapieraufsichtsbehörde ESMA entwickelten Risikomaß in eine von sieben Risikoklassen einsortieren muss. Grundlage für die Risikoeinstufung ist der sogenannte Synthetic Risk and Reward Indicator (SRRI), der primär auf der historischen Volatilität der jeweiligen Assets basiert.

Allerdings muss man berücksichtigen, dass die PIB nur für solche Finanzprodukte erstellt werden müssen, die der jeweilige Berater ausdrücklich empfiehlt. Damit erreichen PIB oder hilfreiche Informationen der Verbraucherzentralen nur einen Bruchteil der Anleger. Außerdem setzt deren Verständnis ein Mindestmaß an Finanzwissen voraus. Die Kernfrage besteht also letztlich darin, wie man mit den entsprechenden Informationsdefiziten bei weitgehend unbedarften Anlegern – und nur um diese geht es – sinnvoll umgeht. Hier bietet sich eine Ampellogik an, die etwa wie folgt funktionieren könnte: Jedes Finanzprodukt – nicht nur die empfohlenen – müssen künftig vom Produzenten mit einer Anlegerampel gekennzeichnet werden. Die Anlegerampel würde Rot für solche Finanzprodukte zeigen, bei denen ein sehr hohes Verlustrisiko bis hin zum Totalverlust besteht. Dazu würden einzelne Aktien, Aktienanleihen, Zertifikate, Derivate, alle Graumarktprodukte sowie Anleihen mit einem Subinvestment-Grade-Rating gehören.

Umgekehrt würde man solchen Anlagen eine grüne Ampel zuweisen, wenn der Werterhalt des eingesetzten Kapitals sicher oder nahezu sicher ist. Dazu würden Bundesanleihen beziehungsweise sonstige Anleihen mit einem Mindestrating von „AA" oder Bankeinlagen zählen, soweit diese von der Einlagensicherung geschützt sind. Darüber hinaus könnte man bei bestimmten Anlageklassen wie zum Beispiel Publikumsfonds überlegen, ob man Fonds mit einer sehr niedrigen Risikoklasse ebenfalls mit einer grünen Ampel versieht.

Die Anlegerampel würde Gelb für solche Anlage leuchten, die weder einen sicheren noch einen hochgradig unsicheren Rückzahlungsanspruch gewähren. Dazu würden Anleihen zählen, die schlechter als „AA" bis einschließlich „BBB" geratet wären oder Publikumsfonds mit einer nach den ESMA-Vorgaben mittleren Risikoklassfizierung. Den administrativen Aufwand sollte man möglichst schlank halten, indem die Anbieter ihre Produkte nach Richtlinien der Aufsicht selbst einer Ampelfarbe zuordnen und diese in einem Register der Bafin veröffentlichen müssen. Meistens ergibt sich die Zuordnung zu einer Ampelfarbe aus der Zugehörigkeit zu einer Assetklasse. Damit der Anleger die Warnstufe des Finanzprodukts wahrnimmt, müsste die Ampel auf jedem Zeichnungsauftrag optisch hervorgehoben und vom Anleger obligatorisch abgezeichnet oder per Mausklick bestätigt werden.

Dieses von Volker Brühl vorgeschlagene Warnsystem gemäß dem Verkehrsampelsystem hätte auf jeden Fall den Vorteil der Einfachheit auf seiner Seite. Andererseits könnte es dazu führen, dass sich Anleger dann völlig blind auf die Grobklassifizierung verlassen und die dennoch notwendige Analyse im Einzelfall einfach unter den Tisch fallen lassen.

Ob diese Vorgehensweise tatsächlich zu mehr Sicherheit für den Anleger führt, sei dahingestellt. Denn im Rahmen der Schulden- und Eurokrise ist klar geworden, dass es keine sicheren Anlagen mehr gibt. Selbst Bankeinlagen sind nicht mehr sicher, wie das Beispiel Zypern verdeutlicht hat. Die Arbeit von Ratingagenturen muss man ebenfalls in Zweifel ziehen, gelten sie doch als Mitverursacher der Subprime-Krise in den USA. Und inwieweit Staatsanleihen angesichts der gigantischen Staatsschulden und der massiven Zinsmanipulationen durch die Europäische Zentralbank als sicher und verlässlich bezeichnet werden können, sei ebenfalls dahingestellt.

21.1. Beratungskosten

Geldanlageberater und auch Versicherungsvermittler erzählen gerne, dass ihre Beratung praktisch kostenlos sei. Kostenlos ist in der Tat das Verkaufsgespräch. Das ist bei einer Metzgereifachverkäuferin allerdings auch nicht anders: Niemand bezahlt dort dafür, sich vorschwärmen zu lassen, wie lecker und gesund die geräucherte Kalbsleberwurst ist.

Das Verkaufsgespräch ist auch in der Finanzdienstleistungsbranche nur solange kostenlos, wie man wirklich nichts kauft. Wer aber einen Vertrag abschließt, zahlt damit auch die Beratungskosten. Und damit es sich lohnt, nicht nur die Kosten für das eigene Gespräch, sondern auch gleich die Kosten für alle Verkaufsgespräche, bei denen kein Vertrag abgeschlossen wurde. Bei fast jeder Geldanlage sind die Beratungskosten einkalkuliert. Das ist durchaus normal, nur sind sich viele Anleger darüber nicht im Klaren, wie hoch diese Kosten sind und welche Konsequenzen sie haben.

Seit Juli 2008 müssen die Lebensversicherer ihre Abschlusskosten für Verträge in Euro und Cent ausweisen. Die Investmentfondsbranche hingegen darf ihre Kosten weiterhin in vielfach unterschätzten Prozentsätzen angeben. Natürlich müssen auch die Finanzdienstleister vor irgendetwas leben. Jeder Berater gerät aber in einen Interessenskonflikt, weil die verschiedenen Anlageprodukte unterschiedlich hohe Provisionen für ihn bedeuten. Geht es zum Beispiel darum, dass über 20 Jahre jährlich 2.000 Euro angelegt werden, so ergeben sich grob folgende Abschlussprovisionen in den verschiedenen Anlageformen:

- Aktienfondssparplan: 2.000 Euro (ratierlich)

- Private Rentenversicherung: 1.920 Euro

- Private Rentenversicherung bei Direktanbieter: 800 Euro

- Bausparvertrag, Renditetarif: 640 Euro

- Aktienfondssparplan, bei Direktanbieter   400 Euro (ratierlich)

- (Bundesschatzbriefe)   0 Euro

- Tagesgeldkonto   0 Euro

Neben diesen Abschlusskosten fallen jährliche Verwaltungskosten an, die noch nicht berücksichtigt sind.

Aber all dies ist verwirrend, oder? Provisionen, Courtagen, Honorare … Begriffe, die Ihnen sobald Sie sich mit Vermögensanlagen oder Sparvorgängen beschäftigen, zwangsläufig begegnen und die immer mehr für Zündstoff sorgen.

In anderen europäischen Staaten gibt es diese Diskussionen gar nicht mehr. Ähnlich wie beim Rechtsanwalt oder Steuerberater honoriert der Kunde die Beratungsleistung des Finanzdienstleisters mit einem fest vereinbarten Pauschal- oder Stundensatz. Dies war in Deutschland bis vor einiger Zeit nahezu undenkbar; nun dreht sich der Wind. Was ist in der Zwischenzeit passiert? Nun, zum einen wird immer klarer, dass eine gute Beratungsleistung nur mit entsprechender Aus- und Weiterbildung sinnvoll ist. Zudem ist es wohl nicht mehr zu befürworten, dass jemand, der böse aber wahr ausgedrückt, keinen blassen Schimmer von dem hat, was er da tut, anderen Menschen Rat in Vermögensfragen gibt.

In diesem Zusammenhang wird nun auf die entsprechende Ausbildung zunehmend Wert gelegt, was eine Honorierung der Beratungsleistung rechtfertigt. Zudem geraten die nur bei Vertragsabschluss gezahlten sogenannten Abschlussprovisionen, die also nur den Neuabschluss honorieren und eben nicht die dauerhafte Betreuung, zunehmend in die

Kritik. Hier kursieren wildeste Zahlen, die bei näherem Hinsehen und Nachrechnen etwas von Ihrem Schrecken verlieren, aber dennoch einen erheblichen Einfluss auf die Sinnhaftigkeit von Finanzprodukten haben. Und die wichtigste Frage, die sich stellt: Wie unabhängig kann ein Finanzdienstleister wirklich sein, wenn er von der Gesellschaft fast ausschließlich nur für den Abschluss bezahlt wird? Ist er aus wirtschaftlichen Gründen nicht dann darauf angewiesen, auf den Abschluss und nicht auf die dauerhafte Betreuung Wert zu legen? Fragwürdig ist auch der, der „weisungsgebunden" oder „konzerngebunden" ausschließlich von seinen Abschlüssen leben muss.

Es gibt mit Sicherheit viele Finanzberater, die äußerst ehrenwert ihre Arbeit machen und eben auch auf einen Abschluss verzichten, wenn es für den Kunden nicht das richtige Produkt ist. Aber wie lange hält man das finanziell durch? Und wie viele Gespräche muss man führen, um im Schnitt wieder auf einen vernünftigen Verdienst zu kommen? Und daraus resultierend: Wie viel Zeit kann man sich für den einzelnen Kunden nehmen, der vielleicht nicht unbedingt noch eine Versicherung braucht, sondern einfach nur eine gute Beratung, die dann den tatsächlichen Bedarf ausweist? Fragen über Fragen!

In den Medien werden immer nur die Großverdiener wie der ehemalige AWD-Chef Carsten Maschmeyer erwähnt. Hier ist Vorsicht angesagt; dies sind Ausnahmen in einem Riesenumfeld von rund 250.000 nur freien Finanzvermittlern, die tätig sind. In einer Erhebung wurde festgestellt, dass über 70 % von diesen freien Vermittlern über einen Umsatz von nicht mehr als 35.000 Euro im Jahr verfügen. Nach Abzug aller Kosten liegt der Gewinn dann vielleicht bei 1000 Euro im Monat – vor Abzug von Steuern. Das ist jetzt nichts, womit man in Saus und Braus leben kann.

Andere Erhebungen belegen, dass gerade einmal vier Prozent! der Finanzvermittler ihren Kunden einen echten Mehrwert einbringen. Das ist beschämend, liegt aber zum Teil bis jetzt in der Form der Vergütung. Also wie sinnvoll ist der eine oder der andere Weg? Wie wirken sich unterschiedliche Vergütungsmodelle auf das Endergebnis gerade im Altersvorsorge- und Geldanlagebereich aus und welcher Weg ist für den Kunden richtig?

Stellen Sie sich bitte zunächst einmal den folgenden (stark abgekürzten) Dialog vor:

Kunde: „Nun weiß ich, dass ich, wenn ich in 32 Jahren, also mit 67 in Rente gehe, nach Abzug meiner zu erwartenden gesetzlichen Rentenansprüche ein zusätzliches Einkommen von rund 1000 Euro unbedingt brauche, um alle Kosten und meinen Lebensunterhalt nach Steuern und Krankenversicherungsbeiträgen abzudecken."

Berater: „Ok, 1000 Euro in 32 Jahren entsprechen inflationsbereinigt (historische Betrachtung) einem Wert von monatlich 2.203,76 Euro; gehen wir davon aus, dass Sie diese Rente 20 Jahre lang benötigen, ist ein Gesamtkapital von 528.902,40 Euro notwendig. Um dieses Kapital in den nächsten 32 Jahren bei vier Prozent jährlicher effektiver Verzinsung anzusparen, ist ein jetziger monatlicher Konsumverzicht von 688,03 Euro notwendig."

Nun ist eine Verzinsung von dauerhaft vier Prozent pro Jahr im Moment ein anspruchsvolles Unterfangen; bei einer derzeit realen Verzinsung von zwischen zwei und drei Prozent pro Jahr liegt der anzusparende Betrag noch deutlich höher. Es ist zweifellos so, dass bei realistischen Berechnungen des gewünschten Altersvermögens oftmals der Einsatz eines großen Teils des jetzigen verfügbaren Einkommens notwendig ist. An dieser Tatsache lässt sich nichts ändern, weil Zins, Inflation und Zeit nur diese Sprache sprechen.

Es würde zu weit führen, hier an dieser Stelle auf die Wahrscheinlichkeit der gesetzlichen Rentenversprechen einzugehen. Auch wird in dem nun folgenden Beispiel von einer Inflationsrate von 2,5 % pro Jahr ausgegangen; dass diese bei vielen Menschen höher ist, ist bekannt; führt aber ebenfalls zu weit. In guten und persönlichen Beratungsgesprächen ist dies ein elementares Thema.

Beleuchten wir nun das zunächst das Provisionsmodell:

Monatlicher Sparbeitrag: 688,03 Euro

688,03 Euro x 12 Monate = 8.256,36 Euro im Jahr x 32 Jahre Ansparzeit = 264.203,52 Euro Beitragssumme. Auf diese Beitragssumme werden die Abschlusskosten berechnet. Dies sind die sogenannten „Alpha-Kosten", die in den Vertragsbedingungen mit normalerweise vier Prozent ausgewiesen werden; in diesem Beispiel belaufen sie sich auf 10.568,14 Euro. Ein ganz schöner Brocken, den Sie erst einmal durch Beitragszahlungen ins „Plus" bringen müssen. Bei 688,03 Euro pro Monat dauert dies 15 Monate und ein paar „tote" Tage!

Vielfach wird suggeriert, die Provisionsberatung sei kostenlos. Dies ist aber mitnichten der Fall, die Kosten werden einfach nur besser „versteckt". Abschlusskosten bei Altersvorsorgeprodukten verteilen sich offiziell auf fünf Jahre, die Verwaltungskosten über die gesamte Laufzeit. Somit kann der Preis einer Provisionsberatung sehr hoch sein! Denn nun kommt der größere „Brocken", nämlich die sogenannte „Beta-Kosten" ins Spiel, die möglichen „Gamma-Kosten" und die „Kappa-Kosten". Falls Sie eine fondgebundene Variante wählen, fallen noch Ausgabeaufschlag (Sparplan) und Managementkosten an.

Was bedeutet das nun alles? Nun, die „Beta-Kosten" sind die jährlichen Verwaltungskosten in Prozent des Beitrages, die „Gamma-Kosten" sind jährliche Kosten in Prozent des Fondsguthabens (hier unberücksichtigt*),

Kappa-Kosten" berücksichtigen die jährlichen Verwaltungskosten in Euro, der Ausgabeaufschlag ist die einmalige Gebühr an die Fondsgesellschaft bei Kauf (hier unberücksichtigt*), die Managementgebühr weist die jährlichen Kosten der Fondsanlage bei der Fondsgesellschaft aus (hier unberücksichtigt*). (* unberücksichtigt, da es sich in diesem Beispiel um keine fondsgebundene Variante handelt)

Dieser zweite Teil in unserem Beispiel weist Kosten in Höhe von 16.921,92 Euro aus (anbieterabhängig), die über die Laufzeit verteilt werden, aber dennoch vom Kunden gezahlt werden! Für diesen Teil muss der Kunde also nochmal zwei Jahre und ein paar „tote" Tage Beiträge leisten, um ins Plus zu kommen. Zusammengenommen hat er also 39 Monate oder drei Jahre und vier Monate nur für die Kosten eingezahlt – insgesamt einen Betrag von 27.490,06 Euro!

Nun gibt es verschiedene Modelle am Markt, die als sogenannte „Honorartarife" ausgewiesen werden. Hierbei entfallen die Abschlusskosten und die Verwaltungskosten während der Laufzeit sind etwas reduziert, aber immer noch knackig. Echte Honorartarife sind hingegen auch bei den Verwaltungskosten um bis zu 60 % günstiger, was sich auf die Ablaufleistung enorm auswirkt.

In diesem Beispiel wird folgender Vergleich berechnet: Der Sparplan bei der Bank, ein bisheriges Provisionsprodukt und ein Honorarprodukt. Monatliche Investition: 200 Euro, 30 Jahre Laufzeit, angenommene Verzinsung vor Kosten und Steuern: sechs Prozent, Ausgabeaufschlag beim Sparplan: fünf Prozent. Ergebnis: Trotz eines Vermittlungshonorars in Höhe der bisherigen Abschlusskosten und der Berücksichtigung aller relevanten steuerrechtlichen Parameter ergeben sich bei einer Investition von 75.240 Euro nach Kosten und vor Steuern enorme Unterschiede in der Ablaufleistung. Gemäß offiziellen Berechnungen liegt der Vorteil des Honorartarifs nach Steuern zwischen 40.000 Euro und 52.000 Euro!

Sparplan bei der Bank: 123.475 Euro echte Ablaufleistung

Provisionsmodell: 104.398 Euro echte Ablaufleistung

Honorarmodell: 171.886 Euro echte Ablaufleistung

Viele Anlegerinnen und Anleger glauben irrtümlich, die Provisionsberatung sei kostenlos, während die Honorarberatung als teuer wahrgenommen wird und deshalb unattraktiv erscheint. Beide Modelle haben in transparenter Ausgestaltung ihre Berechtigung (z.B. bei reinen Risikotarifen) und sollten mit dem Kunden besprochen werden. Er kann dann ganz frei entscheiden, welches Modell ihm lieber ist und welches sich für ihn besser rechnet.

Ein gutes Geschäft liegt dann vor, wenn beide Parteien einen Vorteil haben; der Berater muss ein vernünftiges Einkommen erwirtschaften, um eine gescheite, langfristig orientiert Leistung abliefern zu können und der Kunde muss fair beraten werden, einen echten Nutzen haben und das ein Leben lang.

Provisionen sind übrigens durchaus verhandelbar. Lediglich bei Versicherungen gibt es ein offizielles Provisionsabgabeverbot, wobei dieses Verbot im November 2011 vor dem Verwaltungsgericht Frankfurt gekippt wurde. Die Bafin wehrte sich gegen diese Entscheidung, zog die Revision gegen dieses Urteil jedoch wieder zurück. Seitdem herrscht ein „Schwebezustand", der für juristische Unsicherheit sorgt. Im März 2015 erscheint das überarbeitete und aktualisierte Versicherungsvertragsgesetz.

Grundsätzlich erhalten Finanzdienstleister Provisionen von Dritten. Dabei geht es auch um sogenannte Bestandsprovisionen („kick-back-Zahlungen), die Emittenten von Zertifikaten oder Fondsgesellschaften an den Vertrieb zahlen. Ausgehend von einem Marktvolumen von über 100 Milliarden Euro in Zertifikaten und rund 1.800 Millionen Euro in Investmentfonds, handelt es sich um ein Milliardengeschäft, das lange Zeit hinter dem Rücken der Anleger abgewickelt wurde.

Finanziert werden diese Beträge letztlich von den Anlegern, denn die Branche legt die Kosten einfach auf die Anlegergelder um. Ausgabeaufschläge bei herkömmlichen Investmentfonds sind seit Jahren schon Verhandlungssache. Diese gleichen inzwischen dem Listenpreis einer Einbauküche; nur wenigen Anlegern ist klar, dass Preisverhandlungen hier relativ leicht sind. Der Ausgabeaufschlag lässt sich dadurch zumindest um rund 20 % reduzieren. Direktbanken gehen mit dem Ausgabeaufschlag oft schon von vornherein auf die Hälfte des sonst üblichen runter; allerdings findet dann hier auch keine Betreuung statt – was sowohl ein Vorteil als auch ein Nachteil sein kann. Je nachdem, an welchen Berater man gerät!

Denn ein guter Berater hat auch immer ein Problem. Aufgrund der Haftungszeit von fünf Jahren nach Vertragsabschluss muss er immer darauf gefasst sein, dass der Vertrag in dieser Zeit wieder aufgelöst, vom Beitrag herabgesetzt oder eine Beitragspause eingelegt wird. In diesem Fall muss der Vermittler in der Regel seine Provision wieder ganz oder teilweise zurückzahlen. Dies ist einer der Gründe, warum auch gute Berater, die noch nicht lange am Markt sind, oftmals den „schnellen Abschluss" brauchen, um Rücklagen zu bilden und überleben zu können.

Wenn Kunden irgendwann erkennen, dass eine gute Beratung nicht kostenlos sein kann und die Leistung entsprechend zu honorieren bereit sind, wird sich auch eine durchgängig gute Qualität durchsetzen. Aber solange der Verbraucher der Meinung ist, dass etwas Gutes „umsonst" zu haben ist, wird es nun einmal Vermittler geben, die auf den schnellen Erfolg aus sind – wenn sie auch jeden Tag weniger werden.

21.2. Beratungsqualität

Am Finanzvermittlermarkt, der sich laut Vermittlerregister - neben einigen wenigen anderer Gruppen - aus 46.543 Maklern, 169.989 nicht erlaubnispflichtigen gebundenen Vertretern und 271 Versicherungsberatern zusammensetzt (Stand: 28.3.2013 lt. ZfV 09/13), besteht nur in ganz wenigen Fällen ein fundiertes Wissen darüber, wie unser Wirtschafts- und Finanzsystem tatsächlich funktioniert. Insbesondere die Folgen und Konsequenzen der Staatschulden- und Eurokrise, die sich 2008 in der Finanzkrise entlud, werden nicht in der notwenigen Analyseschärfe erfasst.

Trotz der Finanzkrise heißt das Motto „Business as usual". Oft genug wird die Angst der Bevölkerung sogar für die platte Bewerbung von angeblich inflationssicheren Geld- und Finanzanlageprodukte ausgenutzt. Und immer noch werden den Leuten Produkte angeboten, die sich vor allem deshalb gut verkaufen lassen, weil sie gerade „gefördert" werden oder mit einem angeblichen Steuervorteil verbunden sind.

Die Bundesbürger verlieren durch schlechte Finanzberatung laut Bundesverbraucherministerium pro Jahr zwischen 20 und 30 Milliarden Euro. Es spielt praktisch keine Rolle, bei welcher Bank, Versicherung oder bei welchem unabhängigen Berater man sich beraten lässt: das Ergebnis ist fast immer mangelhaft. Dies ist regelmäßig die Bewertung unabhängiger Tests.

Die Europäische Union hatte erkannt, dass etwas geschehen muss, und die Richtlinie MIFID erlassen (zu Deutsch: „Finanzmarktrichtlinie"), die nicht allen, aber immerhin vielen Anlageberatern Pflichten auferlegt. Im Idealfall erhält der Anleger ein vollständiges Protokoll, welches das Beratungsgespräch schriftlich dokumentiert; letztlich aber nur dem Berater nutzt – denn kaum ein Kunde liest sich durch, was er da unterschreibt.

Bei der Suche nach kompetenter Beratung tun sich viele Anleger schwer. Und es gibt noch viel zu wenig Banken und Berater, die unabhängig von Provisionsinteressen für eine Pauschale oder eine aufwandsorientierte Vergütung arbeiten. Wer sich auf diese Art bezahlen lässt, dürfte eher mit der Vorsorgepyramide als Grundlage einer Beratung arbeiten und in der Tendenz eine bessere Beratungsqualität bieten.

Die Verbraucherzentralen als gemeinnützige Vereine bieten eine Honorarberatung an, vermitteln allerdings keine Verträge. Eine Ausbildung zum Beispiel als zertifizierter Finanzplaner (CFP), ist ein weiteres Indiz für Beratungsqualität. In jedem Fall sollte man sich erläutern lassen, auf welcher Grundlage die Anlageempfehlungen zustande kommen und schriftlich festhalten, wie der Berater mit anfallenden Provisionen verfährt. Die Beratungsstundensätze beginnen im Einzelfall ab 80 Euro und liegen oft bei über 100 Euro. Das hört sich zunächst sehr teuer an. Wer durch eine kompetente Beratung die Rendite seiner Anlage jedoch nur um ein Prozent erhöht, spielt das Beratungshonorar aber mehrfach wieder ein.

Laien vermuten häufig, dass Finanzspezialisten bessere Entscheidungen treffen als ganz normale Anleger. Dies ist aber nicht der Fall! Denn die hohe Daten- und Informationsflut, die sich täglich über die Märkte ergießt, erschwert es sogar, daraus die wirklich wichtigen bzw. relevanten Informationen herauszufiltern. Vielwisserei bedeutet eben noch lange nicht, dass man die wirklich relevanten Hintergründe und Zusammenhänge des Marktgeschehens und der sie beeinflussenden Faktoren auch wirklich begreift. Auch und oft gerade Profis können zukünftige Entwicklungen vielfach nicht genug voraussehen. Denn das Geschehen auf den Märkten beruht auf sehr komplexen Vorgängen, die man oft genug selbst im Nachhinein nicht wirklich erklären kann.

Anleger, die zum Beispiel einfach auf den Dax-Index setzen, schneiden auf längere Sicht oft sogar besser ab als die Profis.

Nur wenige professionelle Finanzanlagespezialisten bzw. Vermögensverwalter schaffen es, den Markt zumindest zeitweise zu schlagen. Langfristig ist weniger reines Spezialwissen, sondern vielmehr eine tiefes Verständnis wirtschafts- und gesellschaftspolitischer Wirkungszusammenhänge von entscheidender Bedeutung, wie es eben die „Österreichische Schule der Nationalökonomie" vermittelt.

Vertiefte Kenntnisse der „Österreichische Schulde der Nationalökonomie" gehören eben nicht zum Know-how der Finanzberaterzunft. Der Verkauf der Geld- und Finanzanlageprodukte läuft in Deutschland vor allem über die Geschäftsbanken, die natürlich schwerpunktmäßig ihre eigenen Produkte in den Vordergrund stellen. Deshalb werden auch in der Regel die Produkte deutscher Finanzanlagegesellschaften unters Volk gebracht und so werden nach wie vor kostenintensive und wenig lohnenswerte Produkte wie Riester- und Rürup-Renten angeboten, die allzu oft nicht das Papier wert sind, auf dem sie stehen.

Gerade deutsche Finanzanlagegesellschaften schneiden bei internationalen Vergleichen der Performance eher unterdurchschnittlich ab, während ausländische Gesellschaften, wie zum Beispiel *Invesco* oder *Templeton*, deren Fonds hierzulande genauso erhältlich sind, im Schnitt bessere Ergebnisse erzielen. Ausländische Fondsanbieter sind u. a. deshalb erfolgreicher, weil sie sich stärker auf einzelne Anlagethemen konzentrieren und eben nicht alles anbieten. Dennis Kremer: *„So zählt Templeton bei Investitionen in Schwellenländern zu den weltweit besten Häusern, während sich Invesco durch Expertise bei Mischfonds und englischen Aktien auszeichnet."*

21.3. Beliebte Irrtümer bei der Geldanlage

Kauft man zum Beispiel ein Wertpapier, etwa einen Investmentfondsanteil oder eine Anleihe für 1.000 Euro, das dann auf 800 Euro fällt, also 20 % an Wert verliert, stellt sich die Frage: Um wie viel Prozent muss das Wertpapier ansteigen, damit nur der ursprüngliche Kaufpreis wieder erreicht ist?

Die Antwort der meisten Leute lautet 20 %. Doch diese Antwort ist falsch, richtig wäre die Antwort: 25 %, denn 20 Euro Zuwachs machen 25 % von 800 Euro aus. Bei 20 % käme man nur auf 160 Euro, womit 40 Euro zum Einstiegskurs von 1.000 Euro fehlen würden. Der durchschnittliche Wertzuwachs berechnet sich in diesem Beispiel wie folgt: Der Mittelwert von -20 % und +25 % ergibt 2,5 %. Obwohl das Wertpapier nach dem Auf und Ab exakt so viel wert ist wie beim Kauf, wird eine durchschnittliche Zunahme ausgewiesen.

Der jährliche Wertzuwachs ist rechnerisch immer höher als die Rendite, was eine ideale Grundlage für beliebte Werbetricks der Finanzanlagebranche darstellt. Die Rendite zeigt den Gesamterfolg einer Kapitalanlage. Der setzt sich je nachdem, worin investiert wurde, aus Erträgen wie Zinsen, Dividenden und Mieterträgen zusammen. Dazu können Kurs- und Währungsgewinne oder auch entsprechende Verluste kommen. Der Gesamterfolg wird ins Verhältnis zum eingesetzten Kapital gesetzt – so errechnet sich die Rendite. Die Rendite wird in Prozent ausgedrückt und stellt die Verzinsung des eingesetzten Kapitals dar.

Leider gibt es hier ein Begriffswirrwarr. Während Rendite und Rentabilität das Gleiche bedeuten, dürfen sie nicht mit dem durchschnittlichen Wertzuwachs, der auch als durchschnittliche Wertentwicklung bezeichnet wird, verwechselt werden. Und über allem schwebt noch der Begriff Performance, der nicht offiziell definiert ist und für alles Mögliche stehen kann.

Banken und Sparkassen sind bei Geldanlage nicht verpflichtet, die Rendite eines Angebotes anzugeben. Ein beliebter Trick, um eine hohe Rendite vorzugaukeln, ist, statt der Rendite die sogenannte Wertentwicklung oder den Wertzuwachs anzugeben. Eine Bank bietet zum Beispiel an, aus angelegten 10.000 Euro in 20 Jahren 20.000 Euro zu machen. Das entspricht einem Wertzuwachs von 100 %. Viele Anleger dividieren nun den Wertzuwachs durch die Anzahl der Jahre. Auf diese Weise glauben sie, die Rendite errechnet zu haben, nämlich fünf Prozent pro Jahr. Doch das ist nicht die Rendite.

Der Gedankenfehler: Diese Berechnungsweise würde davon ausgehen, dass Jahr für Jahr fünf Prozent Zinsen auf den ursprünglichen Anlagebetrag gezahlt würde. Wenn man aber die Zinseszinsen berücksichtigt, beträgt die tatsächliche Rendite in diesem Beispiel nur 3,5 % pro Jahr. Denn wenn man 10.000 Euro zu 3,5 % anlegt und auch die aufgelaufenen Zinsen mit 3,5 % verzinst werden, kommen in 20 Jahren 19.898 Euro heraus. Legt man dagegen 10.000 Euro tatsächlich zu fünf Prozent an, wären es nach 20 Jahren mit Zins und Zinseszinsen sogar 26.533 Euro.

Die Renditeberechnung ist eine Wissenschaft für sich. Es gibt sogar eine Fachzeitschrift, die quartalsweise erscheint und sich ausschließlich mit Problemen im Zusammenhang mit der Renditeberechnung beschäftigt: *The Journal of Performance Measurement.*

Wer eine Rendite korrekt berechnen kann, ist in der Lage, nachzuschauen, wie gut Entscheidungen zum Beispiel für einen bestimmten Aktienfonds war oder ob das Garantiezertifikat seine Versprechungen tatsächlich eingehalten hat. Am besten errechnet man die tatsächliche Rendite mit folgender Formel:

((Endkapital: Anfangskapital) potenziert mit (1: Anzahl der Jahre)) -1

Hinsichtlich der Berechnung des Zinseszinses, der vielen Leuten Probleme bereitet, mag nachfolgendes Beispiel für Aufklärung sorgen.

Frage: Angenommen eine Geldanlage soll sich in 25 Jahren verdoppeln, wie hoch ist die Rendite?

Antwort: Es gibt eine einfache Formal, mit der man die Zinseszinsen überschlagen kann. Der Zeitraum in Jahren, nach dem sich der Geldbetrag verdoppelt hat, beträgt nämlich 72 geteilt durch den Zinssatz. Bei vier Prozent Zinsen verdoppelt sich beispielsweise das Kaptal circa alle 18 Jahre, denn 72:4 ergibt 18. Die Verdopplung in 25 Jahren bedeutet also nur eine Verzinsung in Höhe von etwa drei Prozent. Bei sechs Prozent Rendite würde sich die angelegte Geldsumme alle 12 Jahre verdoppeln, bei acht Prozent alle neun Jahre und bei neun Prozent alle acht Jahre. Selbstverständlich ist hierbei nicht der Verlust durch Inflation berücksichtigt.

Wie teuer ein Kredit wirklich ist, soll eigentlich der sogenannte Effektivzins zum Ausdruck bringen. Doch die Realität sieht etwas anders aus. Banken sind gesetzlich dazu verpflichtet, bei Kreditangeboten den effektiven Jahreszins auszuweisen. Der Effektivzinssatz beinhalten neben den Zinsen weitere anfallende Kosten, zum Beispiel Bearbeitungsgebühren und Provisionen. Einen „anfänglichen" Effektivzins gibt es in den Fällen, wenn sich die Kosten während der Kreditlaufzeit noch ändern können. Dies ist in der Regel bei Hypothekendarlehn der Fall, weil die Zinsen beispielsweise zunächst nur für 10 Jahre festgeschrieben sind und sich danach entsprechend der Kapitalmarktsituation ändern können.

Wer einen Ratenkredit in Anspruch möchte, sollte nicht nur auf den Effektivzins achten, denn der Schein trügt oft. Der Verbraucherzentrale-Bundesverband e. V. hat viele solcher Ratenkredite untersucht. Wer schon einmal einen Kredit aufgenommen hat, weiß, dass die meisten Banken Wert darauf legen, dass im Todesfall eine Versicherung die Restschuld begleicht. Bei den untersuchten Kreditfällen betrugen in einem Fall die Kosten für die

Restschuldversicherung 606 Euro. Weil der Kreditnehmer auch diesen Betrag nicht bar zahlt, finanziert die Bank diese Kosten im Rahmen des Kredits mit. Sie verdient damit zusätzlich 299 Euro Zinsen – das ergibt zusammen 935 Euro. Eine vergleichbare Versicherung wäre bei einem günstigen Versicherer bereits für 122 Euro zu haben gewesen. In mehr als der Hälfte der untersuchten Fälle wurde der Abschluss einer solchen Restschuldversicherung verlangt, sonst wäre der Kredit nicht gewährt worden. Sobald ein solcher Abschluss Bedingung ist, müssen die Kosten dafür in den effektiven Jahreszins einberechnet werden. Das wird aber meist unterlassen. Bei einem Vergleich verschiedener Kreditangebote ist der Effektivzins nur dann wirklich aussagekräftig, wenn alle anderen Konditionen (Betrag, Laufzeit, Rate) identisch sind.

Darüber hinaus müssen die Nebenkosten, wie Schätzgebühren, Bereitstellungszinsen, Bearbeitungsgebühren, Kontoführungsgebühren, Teilauszahlungszuschläge usw. mit in den Vergleich einbezogen werden.

Den Abschluss einer Restschuldversicherung sollte man als Kreditnehmer ablehnen, wenn man bereits eine Lebensversicherung in ausreichender Höhe besitzt. Generell bekommt man den Todesfallschutz günstiger über eine Risikolebensversicherung als über eine Restschuldversicherung.

Vorsicht ist auch bei der sogenannten „Tilgungsfalle" geboten. Je niedriger der Darlehnszins, desto länger dauert die Tilgung. Das ist bei den üblichen Annuitätendarlehn der Fall. Hier zahlt der Kreditnehmer jeden Monat einen gleichbleibend hohen Betrag an die Bank. Diese Rate enthält Zinsen und Tilgung. Anfangs ist der Zinsanteil an der Rate relativ hoch. Entsprechend ist der Anteil für die Tilgung noch gering – häufig wird im ersten Jahr nur ein Prozent der Kreditsumme getilgt. Mit jeder geleisteten Rate verringert sich dann die Restschuld. Je geringer die Schulden werden, desto weniger Zinsanteil muss gezahlt werden.

In der gleichbleibenden monatlichen Rate an die Bank steigt so der Tilgungsanteil nach und nach, bis schließlich die letzte an die Bank zu zahlende Rate praktisch nur noch aus einem Tilgungsanteil besteht.

Bei einem Zinssatz von sechs Prozent sind also die Kreditraten höher als bei einem Zinssatz von fünf Prozent, vorausgesetzt die anfängliche Tilgung (zum Beispiel ein Prozent) ist gleich hoch. Mit jeder Tilgung, und sei sie anfangs auch noch so klein, ist die Zinsersparnis bei dem Darlehen zu sechs Prozent größer. Im Gegenzug steigt der Tilgungsanteil schneller. Und das bewirkt eine kürzere Gesamtlaufzeit, je teurer das Darlehn ist. Wer ein Darlehen zu fünf Prozent Zinsen und mit einer anfänglichen Tilgung von ein Prozent aufnimmt, ist nach 35,8 Jahren schuldenfrei. Dagegen ist ein Darlehen bei einem Zinssatz von 6,9 % und ebenfalls ein Prozent Tilgung schon nach 30 Jahren restlos zurückgezahlt.

Wer also von den derzeit niedrigen Zinsen profitieren will, sollte in sein Darlehen einen möglichst hohen Tilgungsanteil einbauen. Nach der Zinsbindungsfrist muss dann eventuell das Restdarlehen neu verhandelt werden.

Böse Überraschungen kann man mit Rohstoffzertifikaten erleben, denn selbst wenn die Rohstoffpreise steigen, sind Verluste möglich. Selbst wer als Anleger die Entwicklung der Rohstoffpreise richtig einschätzt, kann mit seinem Rohstoffinvestment Verluste machen. Das liegt an den Dollar-Kursschwankungen und den Eigenheiten der Terminmärkte. Denn Rohstoffe an sich werfen – anders als Zinspapiere oder Aktien – keinen laufenden Ertrag ab. Daher verhält es sich mit den Rohstoffen so wie mit anderen Handelsgütern: Billig einkaufen, teuer verkaufen, das macht den Gewinn. Lagerkosten müssen allerdings auch noch berücksichtigt werden.

Anleger investieren daher nicht direkt in Rohstoffe, sondern in Verträge über die zukünftige Lieferung von Rohstoffen, in sogenannte Terminkontrakte. Die Preise solcher Kontrakte gelten in der Regel für

Lieferungen in einigen Monaten. Erst recht nicht investieren die Emittenten von Zertifikaten oder Fonds in physische Rohstoffe, eben wegen der Lagerkosten (mit Ausnahme von Gold) und zusätzlich wegen der Verderblichkeit mancher Rohstoffe.

Wer mit Rohstoffzertifikaten Gewinne erzielen möchte, muss die ihnen zugrundeliegende Preisbildung an den Rohstoff-Terminbörsen verstehen. Zunächst ist dabei wichtig zu wissen: Der aktuelle Preis am Terminmarkt enthält bereits Erwartungen des Marktes für die zukünftige Preisentwicklung. Liegt der Preis für einen Rohstoff zum Beispiel aktuell bei 100 US-Dollar und erwartet der Markt, dass dieser in sechs Monaten bei 120 US-Dollar liegen wird, dann wird ein Termingeschäft nur dann Gewinne einbringen, wenn der Preis nach sechs Monaten auf mehr als diese 120 US-Dollar steigt. Weiterhin können auch beim sogenannten „Rollen" der Terminkontrakte Gewinne oder Verluste entstehen. Jeder Terminkontrakt wird bei Ablauf des Termins erfüllt. Da Anleger aber nun mal kein Interesse an einer physischen Lieferung von einer Tonne Kupfer oder etliche Ballen Baumwolle haben, tauschen sie den Kontrakt vor Ablauf des Termins wieder in einen neuen. So geht das von einem Fälligkeitsdatum bis zum nächsten Fälligkeitsdatum immer weiter.

Die Erträge bei Rohstoffspekulationen hängen auch davon ab, inwiefern dem Anleger anfallende Zinserträge gutgeschrieben werden. Der Verkäufer der Rohstoffe will sichergehen, dass der Käufer auch in sechs Monaten noch zahlungsfähig ist. Daher ist es üblich, dass eine Sicherheit von fünf bis 10 % des Rohstoffwertes direkt beim Verkäufer hinterlegt wird. Der Rest des Kapitaleinsatzes kann verzinslich angelegt werden. Ein Zertifikat sollte diese Kosten nicht vernachlässigen, denn in der Regel entspricht der Kapitaleinsatz auch dem gesamten Wert des Kontraktes und nicht nur der Sicherheitsleitung.

Ein weitverbreiteter Index für die Preisentwicklung von Rohstoffe ist der S&P GSCI Total Return Index, der auch eventuelle Zinserträge enthält. In ihm sind 24 Rohstoffe enthalten, wobei Energie, in erster Linie Öl und Gas, mit rund 70 % sehr stark vertreten sind. Außerdem werden Rohstoffe meist in US-Dollar gehandelt. Dadurch entsteht für den Anleger ein Währungsrisiko. Steigt der Euro, erleiden Anleger Währungsverluste, wenn ihr Geld in Rohstoffen steckt, deren Wert in US-Dollar notiert wird. Sogenannte Quanto-Zertifikate schützen vor Währungsverlusten, allerdings hat dieser Schutz seinen Preis. Die Erträge von Rohstoffzertifikaten werden typischerweise zusätzlich durch hohe Kostenbelastungen geschmälert. Das gilt meist auch für die börsengehandelten Rohstoff-ETFs, die in der Regel eher Zertifikaten gleichen als den vielgelobten klassischen Indexfonds. Normale Anleger sollten die Finger von diesen Geschäften lassen. Auf ganz lange Sicht konnte man mit Rohstoff-Termingeschäften in der Vergangenheit ohnehin nur recht bescheidene Renditen einfahren.

Die Behauptung, dass Garantiefonds wirklich sicher seien, ist nicht unbedingt als Irrtum zu bezeichnen, aber zumindest in einigen Punkten geradezurücken. *„Spekulieren mit Sicherheitsnetz"* heißt der Slogan der Emittenten der vielen Garantie- und Teilschutzzertifikat. Diesen Schutz gibt es allerdings nicht umsonst. Die Internetseite *e-fundresearch.com* gehört, was Investmentfonds angeht, zu den informativsten. Demnach erwirtschaften Garantiefonds keine berauschenden Renditen. Mit einer (nahezu) risikolosen Geldmarktanlage, zum Beispiel Tagesgeldern oder Bundesschatzbriefen, kamen Anleger in der Vergangenheit auf durchaus vergleichbare Renditen, zumal sie keine Ausgabeaufschläge und Depotgebühren zahlen müssen. Nicht nur, dass die Renditen der Garantiefonds eher mickrig sind, der Schutz selbst ist auch nicht so, wie es die Emittenten herausstellen. Der typische Garantiefonds hat eine Laufzeit von acht bis zehn Jahren, aber nur zum Laufzeitende greift der Schutz. Und auch nur dann ist die ursprüngliche Investitionssumme (abzüglich des Ausgabeaufschlags) abgesichert.

1.000 Euro sind zum Beispiel nach 10 Jahren bei drei Prozent Inflation nur noch knapp 750 Euro wert, so dass man also real nicht gegen Verluste abgesichert ist. Will ein Anleger vor Ablauf der Laufzeit an sein Geld, sieht es schlecht für ihn aus: Er hat Renditenachteile für die Absicherung in Kauf genommen, wird seinen Fondsanteil aber vermutlich nur mit einem Verlust verkaufen können.

Einige Garantiefonds bieten eine Höchststandsicherung: Der zu einem festgelegten Stichtag, etwa zum Monats- oder Quartalsende erreichte Wert bleibt für den Anleger in jedem Fall erhalten. Das Problem der vergleichsweise niedrigen Renditen besteht aber weiter. Bei Garantie- und Teilschutzzertifikaten dürften die Renditen nicht besser ausfallen. Oft wird der Schutz dadurch bezahlt, dass Anleger auf die Dividenden verzichten müssen. An den Kurssteigerungen des zugrunde gelegten Index partizipieren die Anleger oft nur bis zu einer bestimmten Schwelle. Dazu kommt noch das Emittenten-Risiko. Im Gegensatz zu den Garantiefonds ist bei einem Konkurs des Emittenten ein Zertifikat zum Beispiel nicht durch den Einlagesicherungsfonds abgesichert.

Der größte Fehler bzw. Irrtum, dem die meisten Privatanleger unterliegen, wird mit dem Begriff „Truthahn-Effekt" sehr plastisch beschrieben. Den Begriff haben Risikoforscher eingeführt: Ein Truthahn, der jeden Tag gefüttert wird, muss irgendwann annehmen, die Fütterung werde immer so weitergehen. Der fütternde Mensch erscheint ihm mit jedem zusätzlichen Tag weniger als eine Bedrohung seines Lebens – die Wahrscheinlichkeit, dass dieser ihn zur Schlachtbank führt, scheint in dieser Logik täglich abzunehmen. Dann aber kommt der Tag vor dem amerikanischen Erntedankfest, an dem traditionell Truthahn aufgetischt wird – und alle zuvor aufgestellten Wahrscheinlichkeiten sind mit einem Mal dahin. Anders ausgedrückt: Die meisten Privatanleger verhalten sich gemäß dem Prinzip des Herdentriebs. Sie laufen so lange mit der Masse mit, bis die Masse gemeinsam in den Abgrund stürzt. Aber da, wo alle einer Meinung sind, wird meistens geirrt. Trotzdem irrt man lieber mit der Menge als zu den wenigen Warnern zu gehören, die noch bis unmittelbar kurz vor dem Crash als „Berufspessimisten" oder „Dooms" bezeichnet werden. So ähnlich läuft im übertragenen Sinne das Spiel an den Finanzmärkten bzw. Börsen.

Neben den menschlichen Schwächen der Gier (siehe Anhang), der Angst, der Selbstgerechtigkeit, dem Herdentrieb, der Ungeduld, der Spekulationssucht und der Großmannssucht, führt vor allem auch der Steuerspartrieb oft genug zu schlimmen Konsequenzen. Steuersparmodelle sind aber für die Geldanlage selten genug wirklich geeignet. In den meisten Fällen passen die effektiven Zahlungsströme der Investition in ein Steuersparmodell nicht in die finanzielle Lebensplanung. Ob es nun unsinnige Versicherungs- oder Finanzierungsmodelle sind, bei denen man „Steuern spart" oder angebliche „Geschenke" vom Staat zu bekommt – Menschen verlieren bei „Steuersparmodellen" nur allzu oft ihre natürliche Vorsicht. *„Der Steuerspartrieb ist beim Menschen genauso stark ausgeprägt wie der Geschlechtstrieb",* pflegte wohl nicht zu Unrecht einer der bekanntesten und wohl erfolgreichsten deutschen Anbieter von sogenannten „Abschreibungsmodellen", Herbert Ebertz, zu sagen.

Wie andere bekannt gewordenen Anbieter von diesen Steuersparmodellen, stammte auch er aus dem Kreis der „Ehemaligen" des legendären Kölner WiSo-Repetitoriums Dr. Karl Braunschweig – der späteren Wirtschaftsprüfer-Ausbildungsinstitution Kölner Wirtschaftsprüfer-Lehrgänge Dr. Braunschweig, Dr. Kallwass, Stitz.

So führt auch die Verknüpfung von Immobilienerwerb und Kredit zu einem Steuersparmodell mit Sparcharakter. Von besonderer Bedeutung sind die Steuern, weil sie das Grundmotiv sind, die Immobilie zu kaufen. Die steuerlichen Ergebnisse sind die Salden der Mieten, Kosten, Abschreibungen und Zinsen. Die hohen Abschreibungen der

Gebäudekosten sorgen 12 Jahre für Verluste aus Vermietung und Verpachtung (V+V).

Viel interessanter als die Frage nach der Höhe der Steuervorteile ist jedoch die Frage, was der Anleger mit der Anlage in Wahrheit erwirbt – und dies ist nichts anderes als ein Immobiliensparplan. Die Verzinsung beträgt z. B. acht Prozent Im Jahr. Wichtiger als die Rendite sind aber die Motive und die Ziele des Anlegers. Der Anleger will Steuern sparen. Und hier stellt sich dann die entscheidende Frage. Lohnt sich der ganze Aufwand für diese Steuerersparnis überhaupt, zumal viele Steuersparimmobilien überteuert angeboten werden? Die tatsächliche Steuerersparnis ist – gemessen am Aufwand – kaum der Rede wert. *„Wenn der Anleger tatsächlich Steuern sparen will, sollte er sich in Zukunft mit dem halben Gehalt zufriedengeben und den Zeitvorteil in sinnvolle Projekte stecken. Das ist ein Steuersparmodell mit Hand und Fuß, doch die Umsetzung scheitert in 99 Prozent aller Fälle an der Sucht der Menschen nach Geld und Macht"*, formuliert der bekannte Finanzanalyst Volker Looman in der FAZ. Der Zeichner des Steuersparmodells nimmt einen Kredit auf und sein Spartopf besteht aus einer Immobilie, was in aller Regel einem Klumpenrisiko gleichkommt.

Umweltbewegte Anleger geraten leicht an Verkäufer von „grünen Geldanlagen". Solaranlage und Windräder erfreuen sich trotz Pleiten, Pech und Pannen gerade in diesen Kreisen großer Beliebtheit. Denn – der angebliche Umweltschutz beruhigt das eigene Gewissen. Die staatliche Garantie der Erträge ist eine Verlockung der besonderen Art und die hohen Steuervorteile befriedigen die ansonsten sorgsam versteckte Gier. Dieser „grüne" Anlagertypus nimmt für sich ganz selbstverständlich in Anspruch, staatliche garantierte Erträge zum Nachteil der normalen Verbraucher und Steuerzahler zu kassieren und versteckt dabei noch seine Geldgier hinter dem Schleier des grünen Gutmenschentums. Diese drei Motive verstellen dem umweltbewegten Anleger den Blick darauf, dass Windräder auf Pump für den Aufbau einer Altersversorgung kaum die passenden Mittel sind. Zwar ist die staatliche garantierte Rendite überdurchschnittlich, doch der Zahlungsstrom ist das Gegenteil von einem sinnvollen Immobiliensparplan. Der Anleger baut kein Kapital auf, sondern verrentet Geld. Steuervorteile im klassischen Sinne, also der Verminderung der Einkommensteuer, spielen bei diesem Modell keine Rolle. Denn die Erträge sind so hoch, dass trotz der Abschreibungen und der Sollzinsen weiter Abgaben an das Finanzamt anfallen. Die Solaranlage ist bei richtiger Betrachtung ein Entnahme- oder Rentenplan. Die Analyse des Zahlungsstroms zeigt, dass die Solaranlage nicht zu Vermögensaufbau und Steuerersparnis führt. Die letztlich lediglich erzielte Verrentung des Anlagerkapitals kann man allerdings wesentlich günstiger haben. Dazu ist weder ein Windrad noch ein Kredit in siebzehnfacher Höhe nötig. Sinn und Zweck haben Windräder auf Pump laut Volker Looman nur dann, wenn sich ein Anleger in zehn Jahren zur Ruhe setzen und seine Rente aufbessern will. Für diesen Anleger stellt sich das Windrad als Spar- und Rentenplan mit einer Laufzeit von 20 Jahren dar. In den ersten 10 Jahren wird der Kredit getilgt, und in den zweiten 10 Jahren wird das Geld für eigene Zwecke ausgegeben.

Diese rein finanzmathematische Sicht berücksichtigt natürlich nicht den enormen volkswirtschaftlichen Schaden dieser „grünen" Investitions- bzw. Subventionsprojekte, fehlen doch diese Mittel dann an anderer Stelle, wo sie sinnvoller eingesetzt werden könnten, nämlich der gezielten Vorbereitung auf den (normalen) Klimawandel – zum Beispiel in Form von Hochwasserschutz, Küstenschutz usw.

Quellen:

Werner Bareis, Niel Nauhauser: Lexikon der Finanzirrtümer, Berlin 2009, S. 42 ff.

Volker Looman: Steuersparmodelle sind für die Geldanlage selten geeignet, in: FAZ vom 12.4.2014, S. 26

21.4. Angebliche und tatsächliche Rendite

Die Jagd nach hohen Zinsen führt viele Anleger auf Abwege: Die Diskrepanz zwischen angeblichen und tatsächlichen Renditen hat bei manchen Geldanlagen abenteuerliche Formen angenommen, wie der bekannte und renommierte Finanzanalyst Volker Looman in einem seiner Beiträge in der FAZ (1.2.2014, S. 239) erläutert:

Der Gesetzgeber versucht angeblich immer wieder etwas mehr Transparenz in die Kosten und Renditen von Finanzanlageverträgen zu bringen, während er gleichzeitig unrentable und kostenintensive Produkte massiv indirekt bewirbt, indem er behauptet, „staatlich geförderte" Produkte seien sicher. Doch selbst davon abgesehen – die Resultate sind bescheiden. Die Preisangaben-Verordnung und die Produkt-Informationsblätter sind stumpfe Waffen im Kampf gegen das Marketing der Banken, Bausparkassen und Versicherungen, die es sehr raffiniert verstehen, die wahren Kosten ihrer Finanzprodukte zu verstecken.

Die Gebühren und Provisionen werden im Kleingedruckten eher unklar umschrieben, doch wenn genau gerechnet wird, wenn die Aufwendungen in trockene Effektivzinsen und Renditen umgerechnet werden sollen, ist das Ergebnis oft mehr als ernüchternd.

Das kann man an folgenden Beispielen klarmachen: Ein Anleger ist Ende 30 und will einmalig 10.000 Euro und laufend 250 Euro in einem Aktiensparplan bei einer Investmentgesellschaft anlegen. Die Laufzeit beträgt 30 Jahre. Die Investmentgesellschaften sind nicht verpflichtet, die Renditen ihrer Produkte zu berechnen. Im vorliegenden Fall kommen bei einer jährlichen Verzinsung von sechs Prozent nach 30 Jahren rund 300.000 Euro zusammen. Der Hinkefuß an dieser Prognose ist, dass in dem Endwert weder Ausgabeaufschläge noch Verwaltungskosten enthalten sind. Bei einem Ausgabeaufschlag von fünf Prozent und einer Verwaltungsgebühr von 1,5 % im Jahr sinkt das Guthaben nach 30 Jahren auf rund 213.000

Euro. Wenn auch noch die Abgeltungssteuer berücksichtigt wird, sind es sogar nur 182.000 Euro. Das senkt die Rendite auf 4,2 % bzw. 3,4 %, so dass die prognostizierten sechs Prozent Makulatur sind.

Legt zum Beispiel ein Anleger eine Erbschaftssumme in Höhe von 150.000 Euro in Aktien (im Mantel einer Fondspolice) an, so kostet ihn das einmalig rund 8000 Euro und jedes Jahr ca. zwe Prozent seines Vermögens. Das wären bei einer Anlage in Höhe von 150.000 Euro demnach mindestens 43.500 Euro. Ähnlich wie bei einer Rentenpolice braucht sich der Anleger zwar während der Laufzeit weder um die Anlage des Geldes noch um die Wiederanlage der Erträge kümmern. Er zahlt die 150.000 Euro ein und wird bei einer Anlagedauer von 12 Jahren und einer sehr optimistischen Wertentwicklung von sechs Prozent pro Jahr am Ende etwa 287.000 Euro wiederbekommen – sofern nichts anbrennt. Daraus errechnet sich insgesamt eine Jahresrendite von 4,9 %. Hinzu kommen Steuervorteile.

Normalerweise unterliegen die Dividenden und Kurgewinne von Aktien der Abgeltungsteuer. Bei fondsgebundenen Kapitalversicherungen gelten aber andere Regeln. Hier muss die Differenz zwischen Startbetrag und Endwert nur zur Hälfte der persönlichen Besteuerung unterworfen werden (Halbeinkünfteverfahren), sofern bestimmte Regeln eingehalten werden.

Das Bausparen ist in Deutschland sehr beliebt, weil es als sicher und solide gilt. Doch bei der Rentabilität müssen Anleger Minuswerte in Kauf nehmen. Der Grund dafür liegt in der Abschlussgebühr und den Magerzinsen. Die Abschlussgebühr beträgt meistens ein Prozent von der Bausparsumme. Das sind zum Beispiel bei einem Bausparvertrag von 50.000 Euro einmalig 500 Euro. Diese Gebühr wird mit den ersten Sparraten verrechnet. Das hat zur Folge, dass das Guthaben nach sieben Jahren statt 21.182 nur 20.674 Euro beträgt.

Auch Bausparkassen sind nicht verpflichtet, für die Sparverträge eine Rendite auszuweisen. Der nackte Sparvertrag verzinst sich mit 0,25 % im Jahr. Wenn man die Gebühr hinzukommt, sackt die Rendite auf minus 0,45 % im Jahr ab.

Die Abgeltungssteuer spielt beim Bausparen keine große Rolle, weil aufgrund der niedrigen Zinsen in der Regel kaum Steuern abzuführen sind. Im vorliegenden Fall kommen 46 Euro zusammen, so dass die Rendite nach Gebühren und Steuern auf minus 0,52 % sinkt.

Wer also regelmäßig Geld ansparen möchte, um das Kapital in sieben oder acht Jahren als Grundstock für den Bau oder Kauf eines Eigenheims zu verwenden, sollte die Sparraten lieber zu einer Bank tragen oder in einen Rentenfonds einzahlen. Bei der Bank gibt es etwa ein Prozent Zinsen pro Jahr, und bei den Investmentgesellschaften kann es zwei Prozent geben, die durch den Ausgabeaufschlag von 2,5 % noch 1,3 % betragen. Die Rentabiltät vermieteter Immobilien beträgt im statistischen Durchschnitt etwa 2,1 % - nach Kosten, Gebühren und Steuern.

Die Berechnung der Kosten im Kreditgeschäft ist in Deutschland äußerst intransparent. Es gibt zwar die angeführte Preisangaben-Verordnung. Doch diese leistet keinen Beitrag zur Klarheit, wie teuer Kredite tatsächlich sind. Der jüngste Missgriff ist die Pflicht, den Effektivzins für die Gesamtlaufzeit eines Kredites zu berechnen, obwohl der Zinssatz nur für einen Bruchteil dieser Laufzeit Gültigkeit hat. Das führt zur Notwendigkeit, nach dem Ende der Zinsbindung mit einem Anschlusszins weiterzurechnen, den kein Mensch kennt. Kein Wunder, dass die meisten Finanzinstitute niedrige Sätze wählen, um entsprechend niedrige Effektivzinsen nennen zu können.

Klarheit ist nicht nur bei Krediten, sondern auch bei Versicherungen ein wunder Punkt. Das gilt besonders bei Leibrenten. Wer zum Beispiel einen Teil seines Vermögens in Höhe von 100.000 Euro einer Versicherung anvertraut und dafür im Gegenzug jeden Monat bis zu seinem Lebensende eine Rente erhält, muss Folgendes beachten: Für die Berechnung der tatsächlichen Rendite ist es notwendig, festzulegen, wie lange man noch leben wird.

Im vorliegenden Beispiel werden 20 Jahre unterstellt.

Nun können die Garantierente von 393 Euro und die Überschussrente von 473 Euro, die von einem großen Direktversicherer ausbezahlt werden, in jährliche Renditen umgerechnet werden. Der erste Wert ergibt eine Verzinsung von minus 0,6 %, weil die Summe der Renten unter dem Starbetrag liegt, und der zweite Wert führt zu einer Rendite von 1,3 %, weil die Summe dieser Rückflüsse um 14 % über dem Anfangswert liegt.

Wer die 100.000 Euro in eine Beteiligung von Schiffen oder Windräder einzahlt, schließt ebenfalls eine lupenreinen Rentenplan ab. Die Anleger legen wie bei der Versicherung einen bestimmten Betrag auf den Tisch und erhalten im Gegenzug eine gewisse (oder eher ungewisse) Rente. Die Hoffnung auf Ausschüttungen von sieben oder acht Prozent, mit denen geworben wird, ist von vorneherein unrealistisch, weil Schiffe und Windräder nach 15 bzw. 20 Jahren oft nur noch Schrottwert haben. Über diese Tatsache machen sich die „grünen" Anleger gar keine Gedanken.

Damit zahlen sie gleich zweimal für die „Energiewende". Einerseits in Form der unnötig stark steigenden Energiekosten, andererseits in Form von Investition in potenziell unrentable Anlagen, was zu einer Verschwendung von Ressourcen führt, die ansonsten an anderer Stelle viel – wie bereits ausgeführt – sinnvoller eingesetzt werden könnten.

22. Dummes deutsches Geld

Der deutsche Aktienindex (Dax) hat sich in den letzten fünf Jahren auf über 9.000 Punkte verdoppelt und erreichte sogar inzwischen immer wieder Höchststande. Unternehmen wie *Eon, RWE, Telekom, Daimler, Münchener Rückversicherung, K+S (früher Kali und Salz), Allianz, Siemens* oder *BASF* glänzen mit ausgezahlten Dividendenrenditen zwischen 3,5 % und 7,7 %. VW-Aktionäre, die Anfang 2009 bei einem Kurs von knapp über 30 Euro eingestiegen sind, haben derzeit Papiere im Wert von jeweils über 190 Euro im Depot. Und angesichts der Versechsfachung ihres Investments sind 2,3 % Dividendenrendite für Späteinsteiger immer noch ganz ordentlich.

Für Früheinsteiger errechnet sich aus den 3,56 Euro ausgeschüttete Dividende sogar fast 12 % Rendite. Die meisten Deutschen profitieren von diesem Erfolg kaum. Ihre Reallöhne stagnieren seit der Euro-Einführung, ihr Erspartes wird von Zinsen unterhalb der Inflationsrate (sogenannte „financial Repression") angegriffen.

Nur 15 % der Deutschen halten Aktien. Oft ist ein Finanzdienstleister dazwischengeschaltet, der über Ausgabeaufschläge und Gebühren an der Rendite ordentlich knabbert. Mehr als die Hälfte der Dax-Aktien liegen laut einer Studie der Beratungsfirma *Ernst & Young* in ausländischer Hand. Seit 2005 ist der Anteil ausländischer Investoren um 14 Prozentpunkte gestiegen. Deutsche Anleger scheuen dagegen eher ihren Heimatmarkt. Sie investieren in verlustträchtige Finanzprodukte und verschwenden so einen Teil der deutschen Exportüberschüsse. Amerikanische Investmentgesellschaften haben mit Freuden das Geld der deutschen Sparer entgegengenommen und im Gegenzug beispielsweise den deutschen Landesbanken hübsch verpackte Schrottpapiere vom US-Immobilienmarkt angedreht. Bauträger in Spanien und Irland habe vor der Euro- und Finanzkrise mit deutschem Geld überteuerte Häuser hochgezogen, die nun niemand haben will.

Deutsche Banken und Versicherungen kauften sogar griechische Anleihen, wodurch Athen seinen grotesken Beamtenapparat versorgen sowie Konsum- und Rüstungsgüter aus Deutschland und anderswo bezahlen konnte. Der Schuldenschnitt Griechenlands bedeutet faktisch, dass die Gläubiger nur noch einen Teil ihres Geldes wiedersehen. Deutschland bezahlt seine Exporte, für die es heftig kritisiert wird, so zum größten Teil selbst. Die EZB, die mit ihrer Euro-Rettungspolitik das deutsche Sparkapital weiter beständig nach Südeuropa lenken will, beklagt gleichzeitig die niedrigen Investitionen in Deutschland. Und nun, im Januar 2015, steht nicht nur Griechenland vor dem erneuten, immer wiederkehrenden Staatsbankrott. Auch hier wird der Irrsinn zur Methode!

Die schrumpfende und alternde Bevölkerung Deutschlands müsste eigentlich ihr Geld geschickt anlegen, damit die Rentner der Zukunft von ihrem erarbeiteten Kapitalstock zehren können. Norwegen investiert deshalb über seine Staatsfonds Milliarden in ausländische – darunter auch deutsche – Vermögenswerte. Auch China, Singapur oder die Schweiz erwirtschaften über Aktien und solide Anleihen gute Renditen. Inder vertrauen auf physisches Gold.

Die Deutschen arbeiten zwar fleißig und verkaufen ihre Produkte weltweit – doch ohne selbst reich zu werden, wie Vermögensvergleiche zeigen. Laut der EZB lag 2010 das Median-Nettovermögen der deutschen Privathaushalte (51.400 Euro) nicht einmal bei der Hälfte des französischen Vermögens (113.500) und niedriger als in Spanien (178.300) oder in Italien (163.900). Ein Hauptgrund dafür ist, dass die Deutschen besonders schlechte Kapitalanleger sind. Sie vertrauen ihr Geld – staatlich gefördert über Riester & Co. und getrieben von Steuersparversprechen – den falschen Leuten und Finanzinstitutionen an und lassen sich dabei in Anlageformen treiben, die nur Vermittlern, Beratern und Versicherungskonzernen Nutzen stiften.

Das Deutsche Institut für Wirtschaftsforschung (DIW) hat in einer Studie ausgerechnet, dass sich die globalen Vermögensverluste Deutschlands allein in den Jahren 2006 bis 2012 auf 600 Milliarden Euro summieren („Verluste auf das deutsche Nettoauslandsvermögen", im DIW-Wochenbericht 49/13). Hiermit ist die Differenz zwischen den Leistungsbilanzüberschüssen und den Veränderungen in der Kapitalbilanz gemeint. Das gleichwohl auf 5 Billionen Euro gestiegene Geldvermögen erklärt sich vor allem aus der Bildung neuer Ersparnisse und nicht aus der Rendite von Erspartem. Ob Filmfonds, Goldminen oder Schiffe auf den Weltmeeren: Das Ausland lacht über „Dumb German Money" – dummes deutsches Geld. Am Ende heißt es für die deutschen Anleger oft: Der andere hat das Geld, er ist um eine Erfahrung reicher. Deutschland hat laut DIW seit 2006 einen Wertverlust von mehr als einem Fünftel der jährlichen Wirtschaftsleistung auf ein Nettoauslandsvermögen erlitten.

Die ausländischen Anleger haben dagegen vor allem in deutsche Aktien oder Immobilien investiert und dabei profitiert. Hätten die Deutschen ihr Geld in Deutschland investiert, hätten sie Verluste vermieden und Gewinne gemacht. Ihr Kapital hätte helfen können, die hiesige Investitionslücke z. B. im Bereich der Infrastruktur (Schienen- und Straßennetz) zu schließen. Dieser Rückstand kostet Deutschland künftig Produktivität, Wachstum und Wohlstand.

Als sich die einstige „Deutschland AG" unter Gerhard Schröder endgültig auflöste und ihre Aktien auf den Markt kamen, griffen vor allem ausländische Investoren beherzt zu. Nicht nur die Deutsche Börse, selbst Firmen wie *Adidas, Bayer, Linde, Heidelberg-Cement* oder die früher staatliche *Deutsche Post* sind mehrheitlich in ausländischer Hand. Diese Anleger vertrauen darauf, dass das, was für die vergangen hundert Jahre galt, weiter gilt – die Aktienrenditen liegen im Schnitt um vier Prozentpunkte über den Anlagezinsen.

Auch Kursschwankungen sind kein Gegenargument. Billig einkaufen und teuer verkaufen ist grundsätzlich richtig, aber schon ab eine Haltedauer von fünf Jahren spielt der Einstiegskurs statistisch kaum eine Rolle mehr – vorausgesetzt man ist selbst direkt Aktionär. Dividendenstarke Traditionsfirmen mit bekannten Marken und unverzichtbaren Produkten bieten, wie schon gesagt, fast immer einen reellen Wert.

Während die Deutschen damit beschäftigt sind, das Weltklima zu retten und ihr Vermögen zur „Rettung" des Euros zu verpfänden, lösen sich ihre Exporterlöse zum Teil in Luft auf – und die hochproduktiven deutschen Industrieunternehmen gehen in ausländischen Besitz über.

Hans-Werner Sinn brachte das Investitionsdilemma schon vor fünf Jahren in der Welt auf den Punkt: *„Die Hälfte der Amerikaner hat mehr konsumiert, als sie an Einkommen hatten. Sie haben sich beispielweise deutsche Autos gekauft, und zurück zu uns kamen Lehman-Brothers-Papiere, die heute wertlos sind."*

Das DIW konstatiert nüchtern: *„Nur wenige Länder wie die USA vermögen es, über längere Zeit Gewinne auf ihr Auslandsvermögen zu erzielen oder Verluste zu vermeiden."* Doch es sei für die Wohlfahrt in einem Land langfristig wichtig, *„dass Unternehmen und Anleger keine Verluste auf das Auslandsvermögen erleiden. Nur so können zukünftige Generationen an den gegenwärtigen Leistungsbilanzüberschüssen Deutschlands teilhaben."*

23. Schuldensucht und Steuerflucht

Beim Kirchenvater Augustinus heißt es: *„Nimm das Recht weg – was ist dann ein Staat noch anderes als eine große Räuberbande?"*

Dass der Staat Steuern erhebt, stets zum Wohle der Allgemeinheit, wird von den modernen Staatsuntertanen als Normalität angesehen, wobei sie aber völlig übersehen, dass der demokratische Staat hier ein Prinzip der Monarchie übernommen hat. Er betrachtet den Bürger als sein Eigentum und verfügt über das Einkommen seiner Bürger ganz und gar monarchistisch – ohne zu belegen, für welche Zwecke das Geld seiner Bürger verwendet wird.

Ein Staat, der seine Bürger mit einer ständig wachsenden Staatquote belastet, hat offenbar auch kein Vertrauen in seine Bürger und nimmt ihnen die Möglichkeit, ihr Leben eigenständig zu leben, über einen eigenen Freiraum zur Verwendung ihrer Einkommen zu verfügen. Er nutzt seine Verfügungsgewalt stattdessen, um seine Bürger großzügig mit ihrem eigenen Geld zu versorgen. Damit nimmt er ihnen aber die Möglichkeit, besser für sich selber zu sorgen. Dass Politiker, die eine Erhöhung der Steuersätze auf das Einkommen der Bürger fordern, damit Leistung unter Strafe stellen, kommt ihnen selbstverständlich gar nicht in den Sinn, vielmehr bilden sie sich noch ein, sie vollbrächten hiermit eine gute Tat – für wen eigentlich? (Uwe Timm).

Im Rahmen der fatalen Euro-Rettungspolitik ist Eigentum inzwischen zur Illusion und politischen Verhandlungsmasse verkommen. Die Art und Weise, wie Dritte über persönliche Eigentumsrechte verfügen, ist geradezu erschreckend. Das Weltwirtschaftsforum Davos bewertet anhand von Indikatoren die Eigentumsrechte weltweit. Es überrascht, dass EU-Länder wie Spanien und Italien schlechter abschneiden als China oder Brasilien, während Finnland und die Schweiz diesbezüglich als die sichersten Länder gelten.

Deutschland liegt knapp hinter China oder Barbados und weit unter Hongkong. Das enorme Ausmaß der Steuerhinterziehung ist eine Art Rebellion gegen den Steuerstaat, der selber Recht und Gesetz gebrochen hat und seine hart arbeitenden Bürger u a. für Milliardenschulden anderer Länder aufkommen lässt. Eine versteckte Enteignung der Steuerzahler und Sparer erfolgt zudem über Zinsen, die unter der Geldentwertungsrate liegen.

Wer sich mit dem Phänomen der Steuerflucht beschäftigt, muss nach den Ursachen dafür fragen. Diese sind offensichtlich: Es ist relativ normal, dass Bürger versuchen, die Steuerlast möglichst zu senken, am besten gleich ganz zu vermeiden. Diejenigen, die das noch nie versucht haben, leben vermutlich von anderer Leute Steuern. Der Steuer-Spartrieb ist eben mindestens so stark ausgeprägt wie der Fortpflanzungstrieb (Herbert Ebertz). Entscheidend ist, inwieweit die Leute das Steuersystem innerlich akzeptieren.

Wenn der Staat das Steuersystem vor allem dazu nutzt, immer neue „Gerechtigkeitslücken" zu schließen, entscheidet am Ende die Stärke der Lobbys, wer wieviel Steuern zu zahlen hat. Dieses Prinzip ist der Anfang der Erosion der Steuermoral der Bürger, zumal der Staat immer weitere neue Gesetze, neue ministerielle Anweisungen und immer neue Gerichtsurteile produziert, was zur völligen Intransparenz führt. Das System wird immer unverständlicher und ist selbst von hochspezialisierten Steuerfachleuten nicht mehr zu durchschauen. Dies impliziert ein subjektives Gefühl der Ungerechtigkeit.

Der immer größer werdende Reformstau korreliert positiv mit immer hysterischeren Kampagnen gegen echte oder vermeintliche Steuerhinterzieher. Wenn die mediale Einheitsfront wieder mal auf einen möglichst prominenten „Steuersünder" eindrischt, gilt selbstverständlich für die selbsternannten Gralshüter der Steuermoral kein Steuergeheimnis.

Bei Steuersündern kommt eine Regel zum Zuge, die bei jedem anderen Straftatbestand angelehnt wird: Der Zweck heiligt die Mittel! Dass ein Kindesmörder mehr Rechtssicherheit genießt als ein Steuerhinterzieher, passt zu der Tatsache, dass Steuerbetrug meist relativ härter bestraft wird als Totschlag oder Körperverletzung mit Todesfolge. Peter Graf, der Vater von Steffi Graf, wurde wegen Steuerhinterziehung zu drei Jahren und neun Monaten Haft verurteilt. Und Uli Hoeneß ist ein weiteres eindrucksvolles Beispiel.

„Die Schläger, die Johnny K. auf dem Alexanderplatz in den Tod geprügelt hatten, bekamen Strafen zwischen viereinhalb und zwei Jahren und drei Monaten, kamen also vergleichsweise preiswert davon", schreibt Henryk M. Broder. Nur ganz nebenbei sei darauf hingewiesen, dass Steuervermeidung im Gegensatz zu Mord, Ehebruch und übler Nachrede kein Verstoß gegen die Zehn Gebote, der Grundlage aller Gesetze, ist.

Dass ein „Steuersünder" in aller Regel – trotz seines Bankkontos in der Schweiz – mehr Geld beim Finanzamt abgeliefert hat als die meisten, die jetzt über ihn herfallen, bleibt in der öffentlichen Diskussion unerwähnt. *„Das ist nämlich das Geheimnis von Steuern: irgendwelche Deppen müssen schon den sexualbehafteten Drang haben reich zu werden, damit man ihnen mehr als die Hälfte wieder abnehmen und unter denen verteilen kann, die überhaupt keine Steuern zahlen"*, oder von den Steuern anderer Leute leben, schreibt Akif Pirincci.

Der Sturm der Entrüstung, der losbricht, wenn man wieder einen möglichst prominenten „Steuersünder" der Meute vorführen kann, sagt mehr über den Geisteszustand und die Befindlichkeit einer Gesellschaft aus als über den betreffenden „Steuersünder". Politik und Massenmedien wollen dem Volk unbedingt einen Sündenbock präsentieren, um von den tatsächlichen Problemen in Staat und Gesellschaft abzulenken.

Die emotional aufgeladene Thematik ist tatsächlich bestens geeignet, um abzulenken von massiver Steuergeldverschwendung, dreister Selbstbedienungsmentalität, Verpfändung und Weginflationierung des deutschen Volksvermögens, Hehlerei des Staates mit gestohlenen Kontodaten und permanentem Gesetzesbruch im Rahmen der EU-Währungsunion.

Es stellt sich die Frage, wieso die höchsten Steuereinnahmen in der Geschichte immer noch nicht ausreichen, sondern sogar weitere Steuererhöhungen ins Haus stehen? Fast schon wie ein schlechter Witz mutet es in diesem Zusammenhang an, dass sich ausgerechnet der nordrhein-westfälische Finanzminister von der SPD in den erschreckend niveaulosen Talk-Shows als moralischer Richter aufspielt, wurden doch seine rot-grünen Landeshaushalte für die Jahre 2010 und 2011 vom obersten Gericht Nordrhein-Westfalens gekippt, weil sie verfassungswidrig waren.

Diese Ungeheuerlichkeit wird bezeichnender Weise mit keinem Wort erwähnt. Kaum thematisiert wird auch das krasse Missverhältnis zwischen Steuerhinterziehung Einzelner und Steuerverschwendung durch die Politik. Beides ist Betrug, aber nur die Steuerhinterziehung ist kriminalisiert. Die politisch motivierte Steuerverschwendung ist noch nicht einmal eine Ordnungswidrigkeit, trotz des Amtseides, den Politiker ablegen. Sie schwören, dass sie den Nutzen des deutschen Volkes mehren. In Wirklichkeit geht es ihnen um die Wählerstimmenmaximierung zu ihrem eigenen Nutzen. Aktuelle Beispiele sind der Berliner Flughafen, der Nürburgring, der Stuttgarter Hauptbahnhof und die Elbphilharmonie; die Verschwendung von x-Milliarden im Rahmen der fatalen Energiewende gar nicht mitgerechnet.

1,5 Milliarden Euro Kosten für die bisherigen Untersuchungen in Gorleben wollen manche Politiker aus rein parteipolitischem Kalkül einfach abschreiben, um neue Milliarden für weitere „Forschungen" zu Lasten der steuerzahlenden Bürger zu verbraten.

Wir zerstören unsere Landschaften und Meere mit Windenergieanlagen und treiben die Strompreise in die Höhe – das alles mit Steuergeldern! Und durch den eiskalten Vertragsbruch der Euro-Maastricht-Kriterien werden mit deutschen Steuergeldern die Schulden anderer Staaten bezahlt – dies ohne jede demokratische Legitimation.

„Kalte Progression" nennt man den fiskalischen Raubzug infolge der Nichtanpassung der Lohn- bzw. Einkommensteuertabellen an die nominale Lohn- bzw. Gehaltsentwicklung. Fakt ist, dass Berechnungen des Bundes der Steuerzahler zufolge letztes Jahr über neun Milliarden Euro den Bürgern durch die „kalte Progression" abgeknöpft werden. Diese Summe steigt dann Jahr für Jahr deutlich weiter an. Bis Ende 2017 wird sich der Betrag auf gewaltige 55,8 Milliarden Euro kumuliert haben.

Offensichtlich ist es politisch gewollt, das Regime der „kalten Progression" weiter fortzusetzen, auch wenn permanent das Gegenteil behauptet wird. Und die Finanzminister und Kämmerer planen diese Beträge wohl schon als feste Einnahmen ein. Die steuerliche Progression nimmt den Leuten inflationsbereinigt einen immer größeren Teil ihres Einkommens. Am Ende denkt jeder Steuerzahler zu Recht oder zu Unrecht, er sei der Verlierer dieses undurchschaubaren Steuersystems und sucht entsprechend nach Auswegen für sich. Dann muss er auch noch zur Kenntnis nehmen, dass deutsche Politiker die stille Enteignung von Bürgern fremder Länder (Zypern) zugunsten dortiger maroder Banken befürworten.

Wie lange, fragt er sich, wird es wohl noch dauern, bis auch hier die Bürger über Nacht (teil-)enteignet werden? Der deutsche Bundestag hat im Jahr 2009 die Enteignung von Banken legalisiert und somit die Steuerzahler in

Haftung genommen. Die gleichen Politiker schaffen steuerliche Anreize für Investitionen, die wirtschaftlich völlig unsinnig sind, dem Bürger dafür umso größere Kostenbelastungen für die Zukunft bescheren. Darüber hinaus schüren Politik und Massenmedien in Ihrem Kampf gegen Schwarzgeld und Bargeld die Angst bei den Bürgern, dass das Geld künftig nicht mehr sicher bzw. frei verfügbar sein wird. Bezeichnenderweise fragen Politik und Medien nicht, warum eigentlich Bürger der Schweiz ihr Geld nicht in andere Länder bringen, obwohl die Schweiz selber alles andere als ein steuerliches El Dorado ist? Die Schweizer Bürger haben das, was den Bürgern in den meisten EU-Staaten inzwischen abhanden gekommen ist: Vertrauen! Vertrauen ist das wichtigste Kapital jedes Staatswesens. Wenn die Bürger Vertrauen in die Redlichkeit ihrer Politiker haben, bringen sie ihr Geld nicht weg. Darüber sollten die Politiker nachdenken – anstatt zum Beispiel im Rahmen der EU-Währungsunion einen fulminanten Rechtsbruch nach dem anderen zu begehen – ohne demokratische Legitimierung und einfach über die Köpfe ihrer zahlenden Bürger hinweg. Nicht die Steuerhinterzieher richten den Staat zugrunde; es sind die selbstgerechten Pharisäer aus der Politik und den Massenmedien, die in ihrer ideologischen Verblendung Maß und Anstand verloren haben. Indem sie den Verlust der Rechtsstaatlichkeit billigend in Kauf nehmen, richten sie das Gemeinwesen zugrunde.

Den Vogel schießt in diesem Zusammenhang die Linderung der Geldnot der SPD durch das ZDF ab. Hohe Schulden machen der SPD zu schaffen. Deshalb halfen für das 150-Jahr-Jubiläum ZDF und Phoenix, indem sie mit dem Geld der Gebührenzahler „exklusiv" die Rechte am Parteijubiläum der SPD kauften. Laut einer Meldung der Deutschen Wirtschafts Nachrichten haben die Sender in einem exklusiven Pool-Vertrag die Rechte an der Live-Übertragung der Jubiläums-Party der SPD gekauft. Die per Zwangsabgabe eingetriebenen Gelder aus dem Rundfunk-Beitrag für den öffentlich-rechtlichen Rundfunk werden kurzerhand zur Parteienfinanzierung verwendet.

Bisher war man der Auffassung, die Sender sind den Parteien über den Weg der Berichterstattung verbunden. Nun also fließt direkt Geld, das die Sender von den Bürgern mit Zwang eintreiben, in die Kasse einer Partei.

Allerdings braucht sich der Gebührenzahler keine Sorgen um sein Geld zu machen: Es kann nicht als fauler Kredit verloren gehen, weil es schon weg ist. Wie sagte doch der WDR-Vordenker Jörg Schöneborn so treffend wie entlarvend: *„Der Rundfunk-Beitrag ist eine Demokratie-Abgabe."* Die Bürger, die mehrheitlich zu all dem schweigen, mögen an den Ausspruch des englischen Staatsphilosophen Thomas Hobbes denken: *„Schweigen ist Zustimmung."*

Für alle Hochsteuerländer ist es natürlich ein Ärgernis, dass es Länder mit niedrigeren Steuern gibt; diese werden daher mit dem Begriff „Steueroase" diskriminiert. Von Steueroasen könnte logischerweise nur dann die Rede sein, wenn sie im Vergleich zu Steuerwüsten stehen. Im Grund streben die hochverschuldeten Wohlfahrtsstaaten zu einem Steuerkartell, das sie vor unangenehmem Wettbewerb bewahren soll, indem den Bürgern keine Alternativen mehr verbleiben und die Abschaffung des Steuerwettbewerbs erleichtert es, überschuldete Wohlfahrtsstaaten zu finanzieren.

Wer sich über „Steuerflucht der Reichen" entrüstet, der sollte zur Kenntnis nehmen, dass es in Deutschland eine Schattenwirtschaft von 350 Milliarden Euro gibt. Jeder siebte Euro geht demnach am Fiskus vorbei – daran ist offensichtlich das ganze Volk beteiligt. Dies ist eine Antwort vieler Bürger auf moralisches Unrecht, das sie durch übermäßige Besteuerung empfinden. Koeffizient für das Maß der Entmündigung der Gesellschaft ist die Abgabenquote. Die Abgabenquote beschreibt das Verhältnis der Gesamtheit von Steuern und Sozialbeiträgen zum Bruttosozialprodukt (BIP) in jeweiligen Preisen. Diese Abgabenquote stieg im Wohlfahrtsstaat Deutschland von 1960 mit etwa 30 % auf über 40 % des BIP oder auch fast 70 % – je nach Berechnung.

Sie liegt damit höher liegen als im 17. und 18. Jahrhundert, ja selbst im Mittelalter (Gerd Habermann). Je höher die Abgabenquote ist, desto größer ist die Schattenwirtschaft. Darum ist sie in der Schweiz auch entsprechend geringer. Die Ausdehnung der Schattenwirtschaft belegt, dass genug Arbeit vorhanden ist. Nur eben nicht zu den Preisen und sonstigen Umständen, die vom Staat künstlich über den Marktpreis getrieben wurden. Die Schattenwirtschaft boomt regelrecht, denn sie ist ein Ventil der Unzufriedenheit, die sich ansonsten eventuell in sozialen und politischen Unruhen ausdrücken könnte. Die Schattenwirtschat wird zu einem wichtigen, wenn auch vom Staat polizeilich bekämpften Teil der Schaffung von Sozialprodukt – sprich: Wohlstand.

Der deutsche Steuerzahler finanziert großteils die EU. Doch Brüssel entfremdet die Menschen immer mehr von Europa. Statt als *„Raum der Freiheit"* (Philip Plickert) wird die EU zunehmend als Brutstätte für kleinkarierte, bürokratische Detailvorschriften wahrgenommen. 40.000 hochbezahlte EU-Beamte überziehen immer mehr Lebensbereiche und Wirtschaftssektoren mit einem engen Netz von Verboten, Geboten und Regulierungen aller Art. Mit ihrem Hang zur Gleichmacherei und Zentralisierung verletzt die EU das Prinzip der Subsidiarität gröblich. Jetzt will die EU „Steuersünder" in einer Art konzertierter Aktion in allen Ländern an den Pranger stellen. Dabei zahlen EU-Beamte selber kaum Steuern. Für den britischen UKIP-Parteichef ist das schlicht Heuchelei.

EU-Abgeordnete erhalten zum Beispiel eine Entschädigung von monatlich knapp 9.000 Euro brutto. Sie leisten eine spezielle EU-Steuer, die in etwa 12 Prozent beträgt. Hinzu kommen allerdings zahlreiche Zulagen und Vergünstigungen. Etwa 3.000 EU-Beamte verdienen mehr als der niederländische Ministerpräsident, der ein Jahressalär in Höhe von 144.000 Euro erhält. Davon kann Otto Normalbürger nur träumen – und muss sich stattdessen auf neue Steuererhöhungen einstellen.

Seit Einführung des Euro sinken in Deutschland erstmals die Realeinkommen. Und es ist paradox, dass in Zeiten der höchsten Steuereinnahmen des Staates in der Geschichte dennoch das Geld vorne und hinten nicht reicht. Die geplante Erhöhung der Einkommens- und Erbschaftsteuer, eine (angeblich auf 10 Jahre befristete) Vermögensabgabe und eine Wiedereinführung der Vermögensteuer werfen bereits ihre Schatten voraus. Da die Kapitalertragsteuer auch erhöht werden soll, muss ein Teil der Vermögensabgabe sogar aus der Kapitalsubstanz bezahlt werden. Das sind Sargnägel für Mittelständler und Familienunternehmen, also ausgerechnet für diejenigen Institutionen, die für Wachstum, Arbeitsplätze und somit für Beiträge zu den Sozialversicherungen und Lohnsteuereinnahmen für den Staat sorgen. Wir leben in einer irrealen Scheinwelt, eben einem Wohlfahrtsstaat, der eo ipso ein Steuerstaat ist und seinen Bürgern suggeriert, je mehr Steuern dieser Staat bei ihnen eintreibt, desto besser stehe es um das Allgemeinwohl. Dabei endet der überschuldete Wohlfahrtsstaat am langen Ende genauso wie der Sozialismus: in der Pleite!

Die Verschwendung von Steuergeldern gelangt nicht auf den Prüfstand, weil jene, die per Einnahmezwang den Staat mit dem Geld einer Bürger versorgen, sich selbst für die wahren Wohltäter der Gesellschaft halten und fest davon überzeugt sind, man müsse die Leistungsträger mit immer höheren Abgaben belasten. *„Die Belastbarkeit der Wirtschaft testen"*, hieß es unter dem ehemaligen Bundeskanzler Willy Brandt – Arbeitslosigkeit und Staatsverschuldung waren das Ergebnis. Internationale Vergleiche zeigen sehr eindrücklich, dass Länder mit vergleichsweise moderater Steuerbelastung und zudem einfachen, durchsichtigen Besteuerungssystemen einen insgesamt höheren Lebensstandard aufweisen. Dort ist auch die Schere zwischen Arm und Reich signifikant geringer.

Dringend notwendige Reformen erweisen sich in Berlin allerdings als undurchführbar. Es gibt längst vie zu viele einzelne Interessengruppen und Lobbys, die vom jetzigen System profitieren oder zumindest glauben, dass sie für sich mehr rausschlagen können als andere. Die ganze Gesellschaft wird zum Gefangenen eines idiotischen Besteuerungssystems im Sinne einer ideologisch motivierten Umverteilung. Es zeigt sich immer wieder, dass gute Absichten, die einen ideologischen Hintergrund haben, in der Praxis oft verheerende Folgen haben. Die deutsche Steuergesetzgebung ist durchdrungen von dem Gedanken, „sozial gerechte" Umverteilung durchführen zu müssen. Das Ergebnis ist eine selbst für Spezialisten nicht mehr durchschaubare Mega-Steuergesetzgebung, die niemand für angemessen halten kann. Alleine schon der Umfang der deutschen Steuergesetzgebung ist weltweit einzigartig.

So wundert es nicht, dass sich der deutsche Steuerzahler automatisch unter Generalverdacht gestellt sieht. Die Jagd nach vermeintlichen „Steuersündern" rechtfertigt die Einführung eines engmaschigen Überwachungsstaates, in dem die Bürgerrechte keine Rolle mehr spielen. Wie ein Drogensüchtiger letztlich alles tut, um an Nachschub zu kommen, so kennt der von Schuldensucht gezeichnete Sozialstaat ebenfalls keinerlei Skrupel um noch den letzten Steuercent aus den Steuerzahler herauszupressen. Unsere reale Steuerquote hat bereits 70 % erreicht; in der Sowjetunion betrug die Staatquote am Ende rund 85 %. Politiker, Funktionäre und die ganze Bürokratie leben von der gut getarnten Ausbeutung der letzten Netto-Steuerzahler.

Ludwig Erhard sagte im Jahr 1963: *„Das wäre doch wirklich ein grotesker Zustand, wenn wir zunächst alle Steuern zahlen und dann alle anstehen, um schließlich vom Staat zu unserer eigenen Sicherheit unsere eigenen Mittel zurückerhalten."* Doch inzwischen sind wir auf dem Weg in einen totalen Steuerstaat.

Roland Tichy, ehemaliger Chefredakteur der Wirtschaftswoche, bemerkte dazu treffend: *„Der Finanzhunger des Staates ist grenzenlos, schon weil Steuerverschwendung folgenlos bleibt. Um mehr als drei Milliarden Euro verteuert sich bisher der Berliner Flughafen; das Tausendfache der Summe, die Uli Hoeness hinterzogen hat. Aber wird der Aufsichtsratsvorsitzende Klaus Wowereit dafür bestraft? Nein, er darf weiterhin Berlin kaputtregieren..."* Nun, zumindest dieses „Berliner Kapitel" hat sich inzwischen erledigt.

Quellen:

Erich Blessmann: Wider kriminelle Besteuerung, Leserbrief in der Jungen Freiheit vom 17.5.2013, S. 23

Deutsche Wirtschafts Nachrichten: SPD in Geldnot, veröffentlicht am 24.5.2013

Ronald Gläser: Hoeneß ist nur ein Symptom, Junge Freiheit vom 26.4.2013, S. 1

Gerd Habermann: Freiheit oder Knechtschaft, München 2011, S. 13 u.173

Joachim Hornke: Auch Steuerverschwendung bestrafen, Leserbrief in der FAZ vom 8.5.2013, S. 30

Michael Ohlmer: Die letzte Chance für unsere Demokratie?, Leserbrief in der FAZ vom 8.6.2013, S. 7

Akif Pirincci, ef-Online, 18.3.2014

Philip Plickert: Posse ums Ölkännchen, FAZ vom 24.5.2013, S. 11

Roland Tichy: Lügen der Steuerpolitik, Wirtschaftswoche, 13.5.2013, S. 1

Uwe Timm: Wer zahlt, Leserbrief in der WELT vom 17.4.2013

24. Das Elend mit den modernen „keynesianischen" Ökonomen

Angesichts der Staatsschulden- und Eurokrise mag man sich die Frage stellen, welch unrühmliche Rolle die Ökonomen in diesem Zusammenhang spielen. Liest man doch jeden Tag in den Medien von Ökonomen, die die verhängnisvollen Maßnahmen der Politik auf die eine oder andere Weise sogar verteidigen bzw. irgendwie zu rechtfertigen suchen. Obendrein stellt man fest, dass sämtliche Vorhersagen und Prognosen der Ökonomen mit schöner Regelmäßigkeit nicht eintreffen. Da kann man sich als Normalbürger die Frage stellen, wozu man diesen Berufsstand überhaupt noch braucht.

Nun muss man zunächst fairerweise sagen, dass es selbstverständlich auch einige wenige äußerst kompetente Ökonomen gibt, die nicht zufällig vor der EU-Währungsunion und der maßlos überbordenden Staatsverschuldung unmissverständlich warnen bzw. frühzeitig gewarnt haben. Nur werden diese Ökonomen von der Mainstream-Medienfront konsequent ausgeblendet. In den unseligen Talk-Show-Runden im Fernsehen treten in schöner Regelmäßigkeit fast immer dieselben Protagonisten der „Mainstream-Ökonomie" auf. Eine ganze Reihe von diesen müsste man als „ökonomische Comedians" bezeichnen, statt als ernstzunehmende Wirtschaftswissenschaftler. Diese „mainstreamgerechten Volkswirte" beherrschen das mediale Feld. Es sind jene Ökonomen, die in der Regel im Schlagschatten der Politik oder im Dienst des Staates bzw. in Diensten der Bank- und Finanzindustrie wirken. Und für sie gilt der alte Volksspruch: Wessen Brot ich ess, dessen Lied ich sing! Das ist einer der Gründe, warum so viele Volkswirte die keynesianisch geprägte „Mainstream-Ökonomie" vertreten.

Daneben gibt es weitere Gründe. Nicht nur in den USA dominiert die Fed mit einem riesigen Netzwerk von Beratern, Dozenten, Schülern und angestellten Ökonomen das Gebiet der Volkswirtschaftslehre so vollständig, dass sich Kritik an der Fed von selbst verbietet. Seit Jahrzehnten hat die Fed die gesamte Berufssparte der Geldtheorie- und Geldpolitik-Ökonomen auf die ein oder andere Art und Weise auf ihrer Gehaltsliste. Pro Jahr beträgt zum Beispiel die Summe, die die Fed für Aufträge an Ökonomen in Sachen Geld- und Wirtschaftspolitik ausgibt, rund 500 Millionen Dollar. Wenn man zu den derzeit auf der Gehaltsliste stehenden Ökonomen diejenigen addiert, die in der Vergangenheit dort gelistet waren, dazu die Wirtschaftswissenschaftler, die Subventionen erhalten, sowie diejenigen, die auf Subventionen hoffen, dann wird deutlich, dass es sich um die Mehrheit der amerikanischen Ökonomen-Zunft handelt. Hinzu kommt, dass die Fed die Herausgeber amerikanischer Fachzeitschriften auf ihrer Gehalts- und Unterstützungsliste hat. Fast die Hälfte der Herausgeber bei den ökonomischen Top-Zeitschriften ist auf die eine oder andere Art und Weise mit der Fed verbunden. Ein wirklich kritischer Artikel über die Fed-Politik in einer einzigen maßgeblichen Fachzeitschrift ist undenkbar. Darüber hinaus muss man wissen, dass es sich bei jeder Stellenbewerbung auf den Berufsfeldern der Ökonomie auszahlt, zeigen zu können, dass man von der Fed geschätzt wird.

Ein angestrebter Bekanntheitsgrad in der Ökonomie geht heute nicht selten mit der Angepasstheit der Lehren an den interventionistischen und wohlfahrtsstaatlichen Zeitgeist einher. Die *„Krakenarme des Zeitgeistes"* greifen laut Roland Baader tief in die wissenschaftliche Ökonomie hinein. Selbst bei der Vergabe des Wirtschaftsnobelpreises übt die Fed indirekt maßgeblichen Einfluss aus. Nur nebenbei sei angemerkt, dass der Nobelpreis für Wirtschaftswissenschaften keine Ehrung ist, die nach dem Willen von Alfred Nobel eingeführt wurde, sondern ein Preis, der im Prinzip von der staatlichen schwedischen Zentralbank vergeben wird.

Laut Kurt Richebächer, einem der international bekanntesten Bankiers und Finanzexperten, hat die heutige Zeit die schlechtesten Ökonomen seit 200 Jahren. Unter Mathematikern erzählt man sich folgende schöne Geschichte:

Auf einem Kongress hält ein reiner Mathematiker einen Vortrag über bestimmte Eigenschaften unendlich differenzierter Funktionen. Ein Vertreter der angewandten Mathematik erkundigt sich, ob man denn mit den Ergebnissen etwas anfangen könne. Darauf der reine Mathematiker empört: *„Ich hoffe doch nicht, Herr Kollege."* Diese Geschichte wäre heute auf jedem volkswirtschaftlichen Kongress glaubhaft.

Die makroökonomischen Standardmodelle sind sämtlich an den Klippen der Realität zerschellt. Die Makroökonomen befinden sich in einem riesenhaften „szientistischen Leerlauf" (Wilhelm Röpke) und können mit all ihren spitzfindigen Modellen und beeindruckenden mathematisch-statistischen Formeln die wirtschaftliche Wirklichkeit dennoch nicht einfangen. Man betreibt einen regelrechten Messbarkeitswahn der Wirtschaft, ohne sie wirklich zu verstehen. Dies führt zu Sprachlosigkeit, Weltabgewandtheit und Selbstbezogenheit. *„Heute, in einer Zeit der immer weiter vordringenden Staatsomnipotenz und Politisierung, ziehen sich manche Volkswirte in das Revier mehr oder weniger interessanter Spezialtheorien zurück und lassen die praktische Wirtschaftspolitik ratlos hinter sich zurück".* (Hans Willgerodt)

Bei Ulrich van Suntum heißt es: *„Sie sind überwiegend hoch spezialisierte Theoretiker oder Empiriker, die wenig Erfahrung mit der komplexen wirtschaftspolitischen Realität haben und diese vielfach nicht einmal suchen."* Die Barbarei des Spezialistentum (Ortega y Gasset) hat sich breitgemacht. Diese Hyperspezialisierung vor allem der jüngeren Wirtschaftswissenschaftler erklärt ihre oft auffällige „Ignoranzkompetenz" (Caspar Hirschi). Je kleinteiliger sie arbeiten, desto stärker sind sie den Kräften ihres eigenen Nichtwissens ausgeliefert. Mit ihren brillanten ökonometrischen Modellen beeindrucken sie sich gegenseitig, doch den Bezug zur Realität haben sie längst verloren. Deshalb ist es auch nicht verwunderlich, dass sich gerade die jüngeren Wirtschaftswissenschaftler auffällig aus der aktuellen wirtschaftspolitischen Diskussion heraushalten.

So hat denn auch kein einziger Vertreter dieser „Mainstream-Ökonomen" die Finanzkrise vorhergesagt. Sie glauben, dass man den Begriff „Sparen" durch den Begriff „Kredit" ersetzen könne. Dass man sich allenfalls reich sparen kann, sich aber niemand reich konsumieren kann, leuchtet zwar jeder schwäbischen Hausfrau ein, aber keineswegs den „Mainstream-Ökonomen". Sie glauben, dass das Sparen nicht mehr nötig sei, weil man ja beliebig Kredit durch „deficit-spending" schaffen kann. (Roland Baader)

Wenn die „Mainstream-Ökonomen" nicht dem unvollständigen und mathematisierten Blendwerk der neoklassischen Gleichgewichtsmodelle verfallen wären, dann wüssten Sie, dass Inflation ein monetäres Problem ist, Deflation hingegen ein strukturelles und kein monetäres, weshalb Deflation (oder ganz generell eine wirtschaftliche Krisensituation) nicht monetär bekämpft werden kann. Die „Mainstream-Ökonomen" glauben tatsächlich, das System der Geldentstehung sei zu unterscheiden von der Entstehung anderer Marktphänomene.

Während Ludwig von Mises die Geldtheorie derselben Logik zugeordnet hat wie alle anderen Marktprozesse, glauben diese „modernen Ökonomen", dass zwar Privateigentum, Unternehmertum und die Kraft von Angebot und Nachfrage ursächlich für das Funktionieren der Volkswirtschaft seien, dass es aber beim Geld angeblich anders sei. Angeblich brauche man vom Staat geschaffenes und staatlich gelenktes Geld. Sie haben bis heute nicht verstanden, das nur der freie Markt ein gesundes und alle wichtigen Geldfunktionen erfüllendes Geldsystem schaffen kann, und dass nur ein solches marktmäßiges Geld mit dem marktwirtschaftlichen System der Gütermärkte kompatibel ist, bzw. reibungslos verzahnt werden kann.

Hans Willgerodt hat es im Rahmen seiner manchmal etwas trocken-sarkastischen Vorlesungen im Volkswirtschaftlichen Seminar der Universität Köln folgendermaßen formuliert: *„Die Geschichte des staatlichen Geldes ist nicht zuletzt eine Geschichte seines bewussten oder unbewussten*

Missbrauchs durch die Politik. Der Staat ist von je her ein notorischer Geldfälscher, dem neuere ökonomische Theorien dafür auch noch den Schein der Rechtfertigung verleihen."

In gewisser Weise haben die „Mainstream-Ökonomen" die ökonomische Wissenschaft ideologisch funktionalisiert und in den Dienst ihrer eigenen, keynesianischen Irrtümer gestellt. (Roland Baader)Fatalerweise erkennen die keynesianischen „Mainstream-Ökonomen" nicht, dass alle drückenden Probleme unserer Wohlfahrtsgesellschaft mit Tätigkeiten bzw. Interventionen des Staates zusammenhängen. (Murray Newton Rothbard) Seit Keynes ist die Ökonomie laut Roland Baader diesbezüglich in gewissem Sinne regelrecht versumpft. Der Großteil der Makroökonomie der vergangenen Jahrzehnte war deswegen bestenfalls spektakulär nutzlos und im schlimmsten Fall sogar sehr schädlich.

Die keynesianische Staatsverschuldungsmanie und Interventionsgläubigkeit haben langfristig fatale Folgen, aber sie liefern den politischen Eliten eine pseudowissenschaftliche Begründung für ihre schamlose Schuldenpolitik im Rahmen ihrer „Wählerbestechungsdemokratie". Die gesamte politische Klasse will nicht vom beliebig vermehrbaren Geld ablassen, weil es die finanzielle Grundlage ihres Geschäftes der Wählerbestechung ist. Die Banken lieben das beliebig vermehrbare Papiergeld, weil sie damit viel mehr Geld zum Ausleihen haben und ihre Zinseinnahmen vervielfachen können. Die Geschäftsleute lieben das „easy Money", weil sie sich Kunden wünschen, die mit geliehenem Geld um sich werfen. Die Bürger selber lieben das „easy Money", weil sie sich damit Wünsche in der Gegenwart erfüllen können, für die sie eigentlich lange sparen müssten, weil sich ihre Immobilien- und Wertpapier-Vermögen damit inflationär aufblähen und ihnen das (irrtümliche) Gefühl des ständig „Reicher-Werdens" vermitteln. Die Zentralbanken lieben das „easy money", weil sie damit Regulierungspotenz über die gesamte Volkswirtschaft gewinnen und das von ihnen kontrollierte Bankensystem ins Gigantische ausdehnen können.

Die Banken verdienen gut an Kunden, die Kredite nachfragen und die „Mainstream-Ökonomen" fühlen sich in ihren Irrglauben bestätigt, man könne Wirtschaft und Konjunktur berechnen und je nach Bedarf lenken. (Roland Baader) Für die „Mainstream-Ökonomen" gilt der Satz von Joachim Ringelnatz: *„Der Stein der Weisen sieht dem Stein der Narren zum Verwechseln ähnlich".*

In einem aufschlussreichen Leserbrief von Joachim-Friedrich Kapp in der FAZ, der sich auf einen Beitrag von drei namhaften Ökonomen (Hüther, Fratzscher und Wolff) (Titel: „Das Mandat der EZB ernstnehmen") bezieht, heißt es: *„Es ist nicht primär die Angst vor Inflation, sondern die große Sorge über eine Politik der EZB, die zu riesigen Schuldenbergen und in der Folge gewiss zu nichts Gutem, möglicherweise zu hohen Verlusten und einer Inflation führen kann, die viele Deutsche bewegt. Denn am Ende ist es immer der Steuerzahler, der die Rechnung bezahlt. Wie berechtigt diese Ängste sind, wird beim Lesen des Artikels von Fratzscher, Hüther und Wolff deutlich, denn von Ansätzen zur Lösung der ökonomischen Probleme in der Eurozone ist dort keine Rede, hingegen wortreich davon, wie die EZB ihre Geldpolitik für die Eurozone als Ganzes umsetzen müsse, wie hilfreich dabei das OMT-Ankaufprogramm und noch zu erdenkende geldpolitische Maßnahmen seien und dass die EZB ihre Kreditvergabe mit der Vorgabe koppeln müsse, „Kredite an Unternehmen in bestimmten Sektoren zu ergeben".*

Das Problem der Eurozone liegt darin, dass unsere Politiker und die EZB, auch einige Wissenschaftler wie Fratzscher die Probleme nicht mit ihrem ökonomischen Verstand, sondern aus einer politischen Idee heraus lösen wollen. ... Das Prinzip, Schulden mit Schulden zu bekämpfen, verneint ökonomische Gesetze in gleicher Weise, wie das Perpetuum mobile physikalischen Gesetzen widerspricht. Uns führt diese Politik in eine Transfer- und Haftungsunion. Politik und EZB konnten zwar das No-Bail-out-Gesetz des Maastricht-Vertrages brechen und auf diese Weise und durch viele weitere Maßnahmen zur Vergemeinschaftung der Schulden, die sie unter dem Duck der Gläubiger und im Einklang mit ihrem Euro-Idealismus erdachten, ihr Vertrauen verspielen, ökonomische Gesetze werden sie auf Dauer jedoch nicht brechen können. Fratzscher's Satz: „Vor allem muss die EZB ihre Glaubwürdigkeit wahren", rührt mich, wie der gesamte Artikel etwas bedrückend realitätsfern Rührendes hat. Wie kann es sein, dass die Autoren nicht erkennen, dass diese Glaubwürdigkeit längst verspielt worden ist?"*

Worin liegt demgegenüber die besondere Kompetenz der „Österreichischen Schule der Nationalökonomie" begründet? Was unterscheidet sie von der gescheiterten, keynesianischen „Mainstream-Ökonomie"? Bei Ludwig von Mises und Friedrich August von Hayek, den beiden wohl bekanntesten Vertretern der „Österreichischen Schule", kann man es nachlesen: Die „Österreichische Schule" unterscheidet sich von der formalisierten „Mainstream-Ökonomie" durch ihren erkenntnisbezogenen, epistemologischen Zugang, der jeder Objektivierung und Messbarkeit widersteht, weil er reale Menschen als freie Akteure in den Mittelpunkt rückt. Die „Austrians" brauchen deshalb weder vollständig rationale noch irrationale Menschen für die Erklärung des wirtschaftlichen Geschehens; ihr Denkansatz arbeitet mit Menschen, die im Großen und Ganzen nach den ewigen ökonomischen Gesetzmäßigkeiten der Knappheit, der Knappheitsüberwindung und des Strebens nach Gewinn handeln, mit Menschen also, wie sie nun mal sind.

Dabei können die Wirtschaftssubjekte jeweils ganz unterschiedliche, ja widersprüchliche zeitliche, geldmäßige und sonstige Vorstellungen haben. Die „Austrians" benötigen deshalb auch keine hochgestochenen mathematischen Theoriemodelle, weder Globalgrößen noch Durchschnittsgrößen (die sowieso nicht aufeinander wirken), sondern vielmehr ihren ökonomisch geschulten und geschärften Verstand. Sofern in

Einzelfällen mit theoretischen Modellen gearbeitet wird, haben diese aber keinen bestimmenden und schon gar nicht dogmatischen Charakter.

Die „Austrians" haben sich nie die autistische Ökonomie ihrer Gegner aufzwingen lassen, in der mathematische Formalisierung zum Selbstzweck geworden ist und imaginäre Welten modelliert werden, die mit der realen Welt nicht übereinstimmen. Die „Österreichische Schule" erstrebt stattdessen, ausgehend von der subjektiven Wertlehre, das Ziel, alle wirtschaftlichen Erscheinungen in einer geschlossenen Kausalkette auf entsprechende Vorgänge im Innersten der Menschen zurückzuführen. Ihre Methode wird deshalb auch als kausalgenetische bzw. psychologische Methode bezeichnet. Sie bedient sich des Verfahrens der isolierenden Abstraktion und bevorzugt verbale Darstellungen. Zentral für die „Österreichische Schule" ist die Idee der Schöpfung von Wissen durch den Markt und die Betrachtung der dynamischen Unsicherheit wirtschaftlicher Abläufe.

Die Vertreter der „Österreichischen Schule" bekennen sich zum Kapitalismus, meinen damit aber etwas gänzlich anderes als den Status quo des maßlosen Scheinwachstums. Sie meinen eine Ordnung, die den Kapitalaufbau für produktive Investitionen begünstigt, statt mittels Kreditausweitung und Schuldenwirtschaft unsinnige Konjunkturprogramme zu initiieren. Sie behaupten nicht, dass Staatsschulden für das „Allgemeinwohl" verwendet werden, denn: damit bekommt Verantwortungslosigkeit nur einen schöneren Namen. Sie können sich dabei auf Aristoteles berufen: Der Weltweise hatte bereits vor über 2000 Jahren seine Griechen vor dem Wahn gewarnt, Wirtschaften für den realen Bedarf („Oikonomia") mit dem Geldverdienen durch reine Geldgeschäfte („Chremastia") zu verwechseln.

Gerade in der heutigen Schulden- und Finanzkrise kann die „Österreichische Schule" maßgeblich helfen, die Ursachen der Krisis zu verstehen und

Lösungswege aufzuzeigen, wie z. B. die Einführung einer Parallelwährung im Rahmen der Eurokrise. Die Problemlösungskompetenz der „Austrians" beruht auch darauf, dass sie eben nicht nur Ökonomen sind.

Friedrich A. von Hayek: *„... niemand kann ein großer Ökonom sein, der nur Ökonom ist, und ich bin sogar versucht hinzuzufügen, dass der, der ausschließlich Ökonom ist, leicht zum Ärgernis, wenn nicht gar zu einer wirklichen Gefahr wird."*

Die Keynesianer erkennen oder wollen nicht erkennen, dass die Instabilität der Marktwirtschaft eine Folge davon ist, dass die wichtigsten Regulatoren des Marktmechanismus, nämlich Geld und Zins, ihrerseits vom Marktprozess ausgenommen sind. Die ganze Wirtschaftsrechnung einer Volkswirtschaft ist dann zwangsläufig aufgrund der Absenz von freien Preisen als Knappheitsanzeiger im Sinne der Ressourcenallokation gestört. Denn es kommt auch in der Rezession nur auf die relativen Preise (das Verhältnis der Preise zueinander, Preisspannen) bzw. auf die strukturelle Relation von Konsum- und Investitionsgütersektor an. Die Vernachlässigung des Problems, die Produktionsstruktur der Volkswirtschaft durch relative Preise zu ordnen, ist die entscheidende Ursache für das Versagen der herkömmlichen makroökonomischen Theorie. Denn die Produktionsstrukturen und ihre Veränderung im Konjunkturverlauf werden von den relativen Preisen gesteuert, nicht jedoch, wie von den Keynesianer behauptet, vom allgemeinen Preisniveau. Rezession stellt also stets ein Strukturproblem dar, die absolute Höhe der (gesamten) Nachfrage ist nicht entscheidend.

Die Zeit ist das zentrale Element, um den Produktionsprozess einer Volkswirtschaft zu verstehen. Gerade die Zeit, die von der Investition bis zur Produktion von Konsumgütern vergeht, bedeutet, dass der Konsument bis dahin mit seinem Konsum wartet; ansonsten steigen die Preise.

Je unwichtiger den Verbrauchern der Gegenwartskonsum im Vergleich zum Konsum in der Zukunft ist, desto höher ist ihre Sparneigung und desto niedriger ist der natürliche Zins. Natürliche Zinsveränderungen korrelieren also mit einer entsprechenden Veränderung der Wirtschaftsstruktur.

Ein künstlich gedrückter Zins bewirkt jedoch – relativ zu den freiwillig aufgebrachten Sparmitteln – zu kapitalintensive Produktionen. Denn der Zins regelt die Umverteilung von der Produktion für heutige Konsumgüter für den Konsum von morgen. Sinkt der natürliche Zins (also der nicht manipulierte Zins), so zeigt dies an, dass die Verbraucher bereit sind, auf Konsum heute zu verzichten, ihre Sparneigung also verstärken, um eine höhere Produktion morgen zu ermöglichen. Veränderungen des natürlichen Zinses zeigen demnach die jeweiligen Veränderungen der Wirtschaftsstruktur (durch veränderte Verhältnisse zwischen Produktions- und Konsumsektor) an; sie führen zu gleitenden Anpassungsmaßnahmen in der Wirtschaftsstruktur, aber nicht zu den ausgeprägten und ruckartigen Konjunkturschwankungszyklen (Boom & Bust), wie sie durch manipulierte Zinsmaßnahmen im Rahmen der keynesianischen „deficit-spending-Politik" erzeugt werden.

In der Realität beruht die Produktionsstruktur auf einem Netzwerk von Tausenden von Unternehmen, die mit- und nebeneinander agieren. Ohne eine Vorstellung davon zu haben, wie dieser Produktionsprozess abläuft, ist es unmöglich, sinnvolle Aussagen über die Wirkung entsprechender wirtschaftspolitischer Maßnahmen zu treffen. Bei Keynes laufen diese Prozesse synchron und ohne Zeitverzögerung, was aber eben nicht der Realität entspricht.

Das keynesianische „deficit-spending" ist demnach eine Geldschöpfung in falschen Preisen, d. h. ein durch „deficit-spending" gedrückter Zins führt zwangsläufig zu verfälschten Spar- und Investitionsentscheidungen, weil das Prinzip der Ressourcenallokation außer Kraft gesetzt wird.

Da die Preise sich nicht alle gleichmäßig und mit gleicher Geschwindigkeit verändern, wird es für Unternehmen immer schwieriger, Bleibendes von Vorübergehendem zu unterscheiden und ihre Betriebskosten oder die Nachfrage der Verbraucher zu beurteilen. Indem inflationäre Gewinne erzeugt werden und die Wirtschaftsrechnung verzerrt wird, wird der freie Markt davon abgehalten, ineffiziente Investitionen zu verhindern und effiziente zu belohnen. Das führt zu Vermögenpreisblasen (Immobilien, Aktien, Rohstoffe usw.) und verstärkten Konjunkturausschlägen (Boom & Bust). Wenn Kapital durch künstlich zu niedrig gesetzte Zinsen keinen (richtigen) Preis mehr hat, sind Fehlinvestitionen und Kapitalverschwendung die logische Folge. Früher oder später muss deshalb die Geldschöpfung aufhören, sich der Geldzins wieder normalisieren und das natürliche Gleichgewicht zwischen Sparen, Investieren und Konsumieren wieder hergestellt werden.

Nach der (künstlichen) Verlängerung der Produktionsperiode im Aufschwung muss es dann zu einer scharfen Rezession kommen, damit sich die Produktionsstruktur wieder an das Ausmaß der freiwillig verfügbaren Sparmittel anpassen kann. Der „keynesianisch" erzeugte Boom ist ein rein monetäres Phänomen, die sich zwangsläufig anschließende Rezession die notwendige Strukturanpassung. Deshalb ist es unsinnig, strukturelle Verwerfungen monetär bekämpfen zu wollen. Die Krise ist also nicht das Problem, sondern die Folge des Problems. Ebenso ist ein Börsencrash nicht das Problem; er zeigt vielmehr, dass die Marktakteure von der inflationären Scheinwelt Abschied nehmen und sich wieder auf die Realität besinnen.

Die Vorstellung, auf der die gesamte Keynes`sche Analyse beruht, wonach die Beziehungen zwischen Endnachfrage und Beschäftigung sich so darstellt, als sei sie dem Verhältnis zwischen dem am Ende einer Röhre ausgeübten Sog und dem am anderen Ende angesaugten Zustrom analog, ist falsch und irreführend. Zwischen den beiden Enden liegt vielmehr ein elastisches oder veränderbares Reservoir, dessen Größe von einer ganzen

Reihe von Umständen abhängt, die in der Analyse von Keynes weitgehend vernachlässigt werden. Das fortwährende Einpumpen zusätzlichen Geldes an Punkten des ökonomischen Systems, an denen es vorübergehend Nachfrage erzeugt, die allerdings aufhören muss, wenn die Vermehrung der Geldmenge endet oder sich verlangsamt, dazu die Erwartung ständiger Preissteigerungen, zieht die Arbeit und andere Produktionsmittel in Beschäftigungen, die nur solange dauern können, als die Vermehrung der Geldmenge in demselben Ausmaß andauert – oder vielleicht nur solange, als sie sich mit einer bestimmten Rate weiter beschleunigt.

Was diese Politik hervorbringt, ist nicht so sehr ein Beschäftigungsniveau, das auf andere Art und Weise nicht hätte zustande gebracht werden können, als vielmehr eine Verteilung der Beschäftigung, die nicht unbegrenzt aufrechterhalten werden kann, die bald zu einer rezessiven Anpassung zwingt. Arbeitslosigkeit zeigt an, dass die Struktur der relativen Preise und Löhne verzerrt worden ist und das zur Wiederherstellung der Übereinstimmung von Angebot und Nachfrage vom Faktor Arbeit in allen Sektoren entsprechende Änderungen der relativen Preise sowie eine Umlenkung der Arbeit in effizientere Verwendung notwendig ist. (Ludwig von Mises)

Bei Roland Baader heißt es: „*Wenn früher böse Buben Frösche mit einem Strohhalm aufgeblasen und zum Platzen gebracht haben, nannte man das Tierquälerei. Wenn heute Zentralbanken und Regierungen dasselbe mit ganzen Volkswirtschaften machen, nennt man das moderne Geld- und Konjunkturpolitik.*" Doch während den bösen Buben die Ohren lang gezogen wurden, werden die die Inflation befürwortenden Ökonomen auf die Lehrstühle der Universitäten berufen, die Zentralbanker befördert und die Regierungen sichern sich mit diesem konjunkturellen Strohfeuer ihre Wiederwahl. (Gregor Hochreiter)

Neben dem Unverständnis der Wirkung relativer Preise auf den Konjunkturverlauf, können die „Keynesianer" auch die Herkunft von Bankeinlagen nicht erklären, sie setzen diese einfach als gegeben voraus und behaupten fälschlicherweise, dass zu viele Ersparnisse und zu wenig Investitionsmöglichkeiten den realen Zins unter die Nulllinie drücken würden. Doch jeder Bankauszubildender weiß natürlich, woher die Einlagen kommen, denn: Schließt eine Bank mit einem Kunden einen Kreditvertrag ab, dann erhält dieser eine entsprechende Gutschrift auf seinem Konto. Es ist also der Kredit, die Einlagen schafft, und es sind nicht Einlagen, die als Kredite verliehen werden. Und die Kreditnachfrage ist folglich dann gering und der Zins niedriger, wenn zuvor zu viel und falsch investiert wurde, somit also zunächst eine Bereinigungsphase erfolgen muss (Thomas Mayer).

Friedrich August von Hayek, der intellektuelle Gegenspieler von Keynes – beide standen übrigens in einem guten persönlichen Verhältnis zueinander – hat es später als seinen größten Fehler bezeichnet, die Aufforderung zu einer Rezension der „Allgemeinen Theore der Beschäftigung, des Zinses und des Geldes" von Keynes zunächst abgelehnt zu haben, weil er sich beim besten Willen nicht vorstellen konnte, dass dieses Werk weite Verbreitung finden werde. Hätte Keynes, dessen Deutschkenntnisse relativ beschränkt waren, das grundlegende Werk von Ludwig von Mises „Die Gemeinwirtschaft" beim Lesen wirklich verstanden, wäre laut Hayek die „General Theory" wohl gar nicht erst erschienen. Keynes selber wiederum war sich der ökonomischen Unzulänglichkeit seiner „Allgemeinen Theorie der Beschäftigung, des Zinses und des Geldes" durchaus bewusst, als er zynisch bemerkte: *„Auf lange Sicht sind wir alle tot."*

Er war sich absolut darüber im Klaren, dass die ständige Anpassung der Produktionskapazitäten im Konsumgüter- und im Investitionsgüterbereich an die sich ständig ändernde Nachfrage durchaus vonstatten gehen kann, wenn (!) Löhne und Preise genügend flexibel sind. Genau dies sei allerdings aus politischen Gründen nicht möglich. Deshalb seien zumindest im Falle brachliegender Produktionsmittel expansive wirtschaftspolitische Maßnahmen, d.h. insbesondere Erhöhungen der Ausgaben durch Private und den Staat sinnvoll. Eine Erhöhung der Ausgaben führt zu Preissteigerungen, und bei zunächst gleichbleibenden Löhnen bedeutet das nichts anderes, als dass die Kaufkraft der Löhne sinkt. Keynes möchte also die Löhne nicht direkt reduzieren, sondern diesen Weg sozusagen indirekt über die politisch viel leichter gangbare Lösung der Preissteigerungen gehen. Keynes war in seiner realpolitischen Erkenntnis opportunistisch genug, um dann – sozusagen ersatzweise – der Politik die Ankurbelung der Gesamtnachfrage als „Patentrezept" anzubieten.

Die Politik nahm diese „Steilvorlage" begierig auf und machte sie zur „Allgemeinen Grundlage des politischen Geschäftes" – eben der *Wählerbestechungsdemokratie*. Es kümmerte niemanden mehr, dass nicht Angebot und Nachfrage als aggregierte Gesamtgrößen, sondern deren Struktur und zeitliche Verschiebung entscheidend sind. Selbst im Fall von brachliegenden Produktionsmitteln führt eine expansive Geldpolitik zu Fehlinvestitionen und anschließender Wirtschaftskrise, wenn zuvor Arbeitslosigkeit herrscht. Dies liegt daran, dass jegliche Bekämpfung von Arbeitslosigkeit über Geldpolitik lediglich kurzfristiger Natur ist. So mögen dadurch zwar die Reallöhne für eine kurze Zeitspanne reduziert werden, die Ursachen für die zu hohen Löhne werden jedoch nicht beseitigt. Auf Dauer werden die Gewerkschaften und/oder die Politik nachziehen, indem sie entsprechende Lohnerhöhungen fordern und durchsetzen. Somit steigen die Reallöhne dann wieder auf das alte, zu hohe Niveau.

Zusätzlich zu seinem Einwand, dass nominale Lohnsenkungen politisch und gesellschaftlich nicht durchsetzbar seien, schob Keynes dann noch ein theoretisches Argument nach; er behauptete nämlich, dass eine Senkung der Reallöhne über die Senkung der Nominallöhne gar nicht möglich sei. Wenn die Arbeiter ein geringeres Nominaleinkommen erhalten, würden sie angeblich weniger für Konsum ausgeben können. Dies würde zu Preissenkungen führen, wodurch sich das Verhältnis zwischen Löhnen und Preisen nicht ändern würde. Nach Keynes führt eine nominale Lohnsenkung dazu, dass die Gesamtnachfrage angeblich sinkt. Der Betrag, um den die Einkommen der Arbeiter sinken, verschwindet bei ihm einfach im Nirwana. Doch das ist natürlich Unsinn: die Kaufkraft, die sich bei den Arbeitern vorübergehend verringert, steht nun den Unternehmen und den von ihnen neu eingestellten Arbeitern zur Verfügung. Die Gesamtnachfrage reduziert sich also keineswegs, sondern sie verlagert sich sinnvollerweise auf diejenigen Produkte, die der veränderter Nachfragestruktur entsprechen. (Eduard Braun). Wird hingegen in einer Rezession, in der die Produktionsstrukturen verzerrt sind (also nicht der Nachfragestruktur entsprechen) und in der sich die Wirtschaft in einer Liquiditätsfalle befindet, die Gesamtnachfrage durch Staatsaugaben stimuliert, können die bestehenden Produktionsstrukturen nicht die Güter herstellen, die die Konsumenten tatsächlich nachfragen. Die Lösung besteht logischerweise nicht in noch mehr Ausgaben und noch mehr Schulden, sondern in Schuldenreduzierung, vorübergehender Anpassung der Löhne und Liquidation von Fehlinvestitionen, um dadurch neue nachhaltige Investitionen zu ermöglichen. *"Durch diese Anpassung sinkt die Gesamtnachrage nicht, wie Keynes der Einfachheit halber unterstellte, vielmehr steigt die gesamtwirtschaftliche Nachfrage an, weil die Gesamtproduktion zunimmt."* (Philipp Bagus) Die Verhinderung der notwendigen Restrukturierung im Produktionsprozess durch staatliches „deficit-spending" stellt obendrein eine versteckte Subventionierung der Inhaber von nicht nachfragegerecht ausgerichteten Produktionskapazitäten dar.

Die ökonomisch ineffiziente Produktionsgüterstruktur wird unnötig konserviert, sprich die Wirtschaft leidet unter Zwangssparen und Kapitalaufzehrung. Das Geldhorten ist die verständliche Reaktion von Sparern und Konsumenten auf eine Produktionsstruktur, die ihren

Anforderungen nicht entspricht, es ist ein Signal des Protestes an die Unternehmer: bietet andere Konsum- und Kapitalgüter an! Das Geldhorten als solches führt nicht dazu, dass Produktionskapazitäten ungenutzt bleiben und Arbeitslosigkeit entsteht, zumindest solange es die Eigentümer und Arbeiter nicht wollen; denn sie haben es ja selbst in der Hand, die Grenzkosten der Produktionsfaktoren Maschinen und Arbeit dem Marktgleichgewicht anzupassen. (Philipp Bagus)

In diesem Zusammenhang wird gerade in Deutschland immer wieder auf die 20er-Jahre des vergangenen Jahrhunderts hingewiesen: Statt der Politik des Kaputtsparens in der Weimarer Republik, hätte eine beherzte staatliche „deficit-spendig-Politik" (analog zum „New Deal" in den USA) die nachfolgenden fatalen Entwicklungen in Deutschland verhindern können. In Wirklichkeit ist das Gegenteil richtig: das damalige Deutsche Reich war schon 1929/30 praktisch bankrott und bekam keinen Kredit mehr. Bis heute wird der damalige Reichskanzler Heinrich Brüning als ein Beispiel für falsche Sparpolitik bezeichnet. Aber angesichts der tatsächlichen Probleme hatte er kaum andere Möglichkeiten. Inklusive Reparationen und privaten Auslandsschulden lag die deutsche Verschuldung 1930 bei 90 Prozent des Sozialproduktes. Deutschland hatte über Jahre mehr importiert als exportiert, und es hatte enorme Defizite in den öffentlichen Haushalten. (Nebenbei bemerkt: Das Defizit in der Handelsbilanz war deshalb so folgenschwer, weil die deutsche Wirtschaftsstruktur traditionell auf die Produktion und den Export von Industriegütern ausgerichtet war – und ist.) Das alles wurde großteils über Auslandskredite finanziert, die vor allem amerikanische Banken sehr großzügig gewährten. Das Reparationsregime schien eine Garantie dafür zu sein, dass diese Kredite von Deutschland bedient wurden.

Doch 1929 änderte sich die Situation. Der Transfer der Reparationen war mit dem Young-Plan nicht mehr garantiert. Auf einmal wurde den Menschen klar, dass Deutschland aufgrund seines hohen Defizits im

Außenhandel die Schulden gar nicht bezahlen konnte. Deshalb drehten die amerikanischen Banken in der Folge der Geldhahn zu. Die sogenannten „Goldenen Zwanziger Jahre" waren in Wahrheit eine geborgte Konjunktur, die den Politikern einige Jahre lang die Lösung der ernsten Probleme abnahm. Die Produktivität stieg kaum, der private und öffentliche Konsum lag hingegen höher als vor dem Ersten Weltkrieg. Im Ausland erregte das nunmehr einen gewissen Argwohn: die Deutschen behaupteten, sie könnten keine Reparationen zahlen, dabei gaben die öffentlichen Hände mehr Geld aus als die Siegermächte. Ökonomisch war dies ein Hasardspiel, politisch ging es seit dem Kriegsende und der verheerenden Inflation darum, diese sehr instabile Republik irgendwie zu festigen. Da außenpolitisch keine Erfolge zu verzeichnen waren, ging es nur über den Geldbeutel – durch neue Sozialleistungen und eine großzügige Lohnentwicklung.

Schon vor der Weltwirtschaftskrise hatte das Deutsche Reich Mühe, seine Beamten jeweils pünktlich zu bezahlen. Es gab abenteuerliche Ideen, das Defizit zu finanzieren. Das Deutsche Reich ist also bereits mit einem gewaltigen Sanierungsproblem in die Krise hineingegangen. Schon die Vorgänger von Heinrich Brüning mussten gezwungenermaßen sparen. Brünings Regierung führte eine Krisensteuer ein und erhöhte die schnell einnahmewirksamen Verbrauchssteuern sowie die Umsatzsteuer. Insgesamt wollte Brüning Bedingungen herstellen, die Wachstum wieder möglich machten.

John Maynard Keynes veröffentlichte sein Hauptwerk erst 1936. In Deutschland wurden jedoch schon ab 1918 hohe Defizite in Kauf genommen, um die innenpolitische Lage zu beruhigen und durch Staatsausgaben Arbeitsplätze zu schaffen. Die Folgen dieser Politik wurden der Bevölkerung dann mit der Hyperinflation von 1923 deutlich vor Augen geführt. Auch über den „New Deal" des amerikanischen Präsidenten Franklin Delano Roosevelt ranken sich viele Legenden und vor allem

Irrtümer: Tatsächlich hat das riesige staatliche Ausgabenprogramm damals den konjunkturellen Erholungsprozess gar nicht bewirkt, sondern nur unnötig zeitlich verzögert – und dabei entsprechend hohe Staatsschulden hinterlassen. Sowohl Friedrich A. von Hayek als auch Milton Friedman kamen nach Auswertung der wirtschaftshistorischen Quellen diesbezüglich zur gleichen Meinung. Auch hinsichtlich der aktuellen Diskussion über Deutschlands Leistungsbilanzüberschüsse melden sich die staatsnahen „keynesianischen Mainstream-Ökonomen" in gewohnt unrealistischer Form zu Wort. Mit den Instrumenten ihrer „Voodoo-Ökonomie", wie beispielweise kräftigen Lohnerhöhungen zur Stimulierung der Binnennachfrage, soll die Exportstärke der deutschen Wirtschaft künstlich geschwächt werden, um damit die EU-Währungsunion zu retten.

In einem Leserbrief an die FAZ nimmt Harald Oestreich, Hofheim, Stellung zu einem Gastbeitrag von Peter Bofinger („Vampir Deutschland", FAZ vom 24.3.2014), der bekanntlich als ausgesprochener Keynesianer gilt: *„ .... schreibt Professor Bofinger:" Leistungsbilanzüberschüsse ... zeigen vielmehr, dass eine Volkswirtschaft nur einen Teil der im Ausland erzielten Einkommen für Importe einsetzt und damit wie ein Vampir dem globalen System Kaufkraft entzieht."*

Professor Bofinger konstruiert aus einer banalen (tautologischen) Feststellung unzulässigerweise einen kausalen Zusammenhang, den es so nicht gibt. Dass Professor Bofinger dies mit einem Vampir vergleicht, ist billige Polemik, die Deutschland an den Pranger stellt und als globalen Schmarotzer brandmarkt, der auf Kosten anderer lebt. Das Gegenteil ist richtig. Wer einen Leistungsbilanzüberschuss erklären will, muss sich am Marktprozess orientieren. Ursache der Leistungsbilanzüberschüsse ist die Währungsunion, denn nicht zufälligerweise schlägt das Defizit von 1999 ab 2000 in Überschüsse um. Der Eurokurs bildet sich als Durchschnittswert höchst unterschiedlich wettbewerbsfähiger Volkswirtschaften. Somit ist der Kurs für den Süden zu hoch (wodurch Defizite entstehen) und für den

Norden zu niedrig (woraus sich Überschüsse erklären) – und damit für alle falsch. Dies ist ein Marktgesetz, gegen das selbst Politiker (und sogar Götter) machtlos sind. Dessen Missachtung hat fatale Folgen. Der zu hohe Kurs lässt dem Süden keine Chance zur Wiedergewinnung seiner Wettbewerbsfähigkeit und verurteilt ihn dauerhaft zum Almosenempfänger, während deutsche Bürger mit zu hohen Importpreisen und zu niedrigen Zinsen enteignet werden. Es ist der Irrglaube der Nachfragetheoretiker, mit Interventionen Marktverzerrungen korrigieren zu können, die durch politische Eingriffe entstanden sind. Der Euro war ein politisches Projekt, das die Vereinigung erzwingen sollte. Die nun eingetretenen Kollateralschäden sind weder durch das Reformdiktat der Troika zu beheben noch durch die Ankurbelung der deutschen Binnennachfrage. Monetäre Aktionen verpuffen und erhöhen die Verschuldung, wie man aus fehlgeschlagenen Konjunkturprogrammen weiß.

Völlig kontraproduktiv wären überproportionale Lohnerhöhungen wie sie unisono vom IFW und von den Gewerkschaften gefordert werden. Denn Löhne sind nicht nur Einkommen, sondern auch Kosten, die Gewinn- und Renditeeinbußen verursachen, die als Nebenwirkung die Investitions- und Innovationsfähigkeit der Unternehmen schmälern und so deren internationale Wettbewerbsfähigkeit schwächen. Die Lösung der Nachfragetheoretiker würde der deutschen Wirtschaft schaden, ohne dem Eurosüden zu helfen – im Gegenteil. Deutschland ist heute der Stabilitäts- und Bonitätsanker des Euroclubs und größter Kreditgeber der Euro-Rettung. Eine Schwächung der deutschen Wirtschaft würde die Finanzierung der hochverschuldeten Euroländer in Frage stellen, wobei denn auch Draghis Versprechen („whatever it takes…") nicht mehr helfen könnte. Der vermeintliche „Vampir" ist in Wahrheit der Finanzier, der den Euroclub am Leben hält. Jede Schwächung seiner Wettbewerbsfähigkeit würde den Ast absägen, auf dem der Euroclub sitzt. Bofingers Position ist politisch korrekt, aber – wie der Euro – ökonomisch falsch, wohingegen die richtige Lösung

politisch inkorrekt und damit chancenlos ist. Die europäische Tragödie."
Diesem scharfsinnigen Leserbrief ist nichts mehr hinzuzufügen.

Stabiles, verlässliches Geld ist die Grundlage für eine gesunde Wirtschafts- und Gesellschaftsentwicklung. Der Einsatz der staatlichen Notenpresse führt jedoch zur Verarmung breiter Bevölkerungsschichten, die sich im Gegensatz zu den Reichen der Geldentwertung nicht entziehen können. Die Politik des leichten Geldes im Rahmen der schäbigen Wählerbestechungsdemokratie ist also in höchstem Maße unsozial. Sie führt nicht nur zu einer wachsenden Einkommensungleichheit, sondern zerstört genau das, was die Politiker wie eine heilige Monstranz vor sich hertragen: den sozialen Frieden.

Zusammengefasst lässt sich also festhalten, dass sich die Überlegenheit der „Österreichischen Schule der Nationalökonomie" gegenüber der keynesianischen „Mainstream-Ökonomie" daraus ergibt, dass nur die „Österreichische Schule" über eine konsistente Kapital- und Konjunkturtheorie verfügt. Somit kann nur sie die tatsächlichen Hintergründe von Konjunkturzyklen, Arbeitslosigkeit und Geldmenge in sich schlüssig erklären. Ökonometrische Forschungsarbeiten von Moritz Schularick und Alan M. Taylor führten zu dem Ergebnis, dass die „Österreichische Konjunkturtheorie" eine empirische Fundierung hat. Demnach spielt eine übermäßige Kreditexpansion für die Erklärung von Finanz- und Konjunkturkrisen eine herausragende Rolle. Der „Erfolg" von Keynes beruht letztlich darauf, dass er (wenn auch unfreiwillig) der Politik eine vermeintlich wissenschaftlich fundierte Rechtfertigung für ihre schamlose Schuldenmacherei (auf der Grundlage des staatliche Geldmonopols!) lieferte und sich seine Theorie unmittelbar auf die täglichen Eindrücke des Kaufmanns um die Ecke beruft, der glaubt, dass sein Wohlstand vor allem von der Gesamtnachfrage abhängt. Diese Denke leuchtet natürlich auch allen Halbgebildeten ein, die in Deutschland so anmaßend sind. (Karl Braunschweig)

Die intellektuellen Leichtmatrosen in den Massenmedien transportieren ihre ökonomische Halbbildung (bestenfalls), versetzt mit den obligatorischen moralingetränkten Zusätzen marktfeindlicher Attitüde, Tag für Tag in die Öffentlichkeit. So ist es kein Wunder, dass auch in dieser Hinsicht ein regelrechter Verdummungsprozess in weiten Teilen der Bevölkerung festzustellen ist. Dies betrifft in gewisser Weise auch die Studenten an den wirtschaftswissenschaftlichen Fakultäten der Hochschulen, deren Lehrinhalte kaum noch zusammenhängendes Wissen und Verständnis beinhalten.

Es ist natürlich ganz generell für jeden Einzelnen immer viel leichter mit der Masse mitzuschwimmen, als dass man gegen den „Mainstream-Zeitgeist" ankämpft: *„Man ist immer viel, viel besser dran, wenn man mit der Masse irrt, statt alleine recht zu behalten"*, heißt es bei John Kenneth Galbraith. Jeder Sparer, Anleger und Investor sollte daher der wirtschaftlichen Expertise der „Mainstream-Ökonomen" äußerst misstrauisch gegenüber stehen. Sinnvoller ist es sicherlich, der Analyse der kleinen Schar der „Austrians" zu folgen.

Quellenhinweise:

Roland Baader: Geldsozialismus, Gräfeling 2010

Roland Baader: Geld, Gott und Gottspieler, Gräfeling 2007

Philipp Bagus: Die Irrtümer von Keynes, www.misesde.org , 4.2.2013

Eduard Braun: Die Theorie brachliegender Produktivkräfte, Beitrag für das Ludwig von Mises Institut Deutschland vom 9.4.2014

Christoph Braunschweig: Die demokratische Krankheit, München 2013

Christoph Braunschweig: Wohlfahrtsstaat – leb wohl!, Münster/Berlin 2014

Richard M. Ebeling: The Austrians Theory of the Trade Cycle, Create Space Independent Publishing Platform, 1996

Gregor Hochreiter: Geld, Gesellschaft, Zukunft, Gräfeling 2014

Hans-Hermann Hoppe: Der Wettbewerb der Gauner, Berlin 2012

Karen Ilse Horn: Hayek für jedermann, Frankfurt a. M. 2013

Guido Hülsmann: Krise der Inflationskultur, München 2013

Andreas Marquart: Peter Bofingers Voodoo-Geldpolitik, Beitrag vom 10.2.2014 in: Ludwig von Mises Institut, München

Thomas Mayer: Europas unvollendete Währung, Weinheim 2013

Ludwig von Mises: Theorie des Geldes und der Umlaufsmittel, 2. Auflg., Berlin 2005

Ludwig von Mises: Vom Wert der besseren Ideen, München 2008

Harald Oestreich: Kein Vampir, sondern Stabilitätsanker, Leserbrief in der FAZ vom 1.4.2014, S. 6

Thorsten Polleit: Der Fluch des Papiergeldes, München 2011

Thorsten Polleit u. Michael von Prollius: Geldreform: Vom schlechten Staatsgeld zum guten Marktgeld, 2. Auflg., Düsseldorf 2011

Murray Newton Rothbard: Das Schein-Geld-System, 2. Auflg., Gräfeling 2005

Moritz Schularik/Alan. M. Taylor: Credit booms gone bust: Monetary policy, levrage cycles and financial crisis 1870-2008, NBER Working Paper 15512, 2009

Smart Investor (Hrsg.): Gutes Geld, Sonderausgabe Dez. 2011, Autoren: Kristof Berking, Jesus Huerta de Soto, Guido Hülsmann, Philipp Bagus, Gregor Hochreiter, Rahim Taghizadegan, Michael von Prollius, Thorsten Polleit, Bruno Bandulet, Ralf Flierl, 2. Auflg.

Rahim Taghizadegan: Wirtschaft wirklich verstehen, 2. Auflg., München 2011

25. Fazit

Das Fazit für Geldanleger lautet: Nichts lässt sich voraussagen. Risikolose Investments gibt es nicht mehr – kein Mensch weiß, wohin die Reise geht. Niemand kennt die Zukunft des Euro, keiner kennt das Ende der Staatsschuldenkrise, unbekannt sind die zukünftigen Preise für Aktien, Immobilien und Gold. Kurzum: Sicher ist nur die Unsicherheit. Die Ungewissheit über den weiteren Verlauf des Geschehens an den Finanzmärkten war selten so groß wie heute und sie wird weiter andauern. Die Meinung der Mehrheit ist an den Finanzmärkten erfahrungsgemäß höchstens sporadisch eine gute Entscheidungshilfe. In der Regel geschieht das, was keiner bzw. nur eine Minderheit geahnt hat. Da Krisenzeiten aber immer auch Umbruchzeiten sind, ergeben sich dadurch allerdings auch größere Chancen für risikofreudige Investoren, die am Ende das notwendige Glück haben.

Die Schulden- und Eurokrise wird vermutlich zu einer anhaltenden Stagflation führen. Die Preisinflation als Folge der Geldschwemme findet zurzeit (noch ausschließlich) im Vermögens- und Sachgüterbereich der Volkswirtschaft statt. Die riesige Finanzblase, in der wir leben, bedeutet, dass die Vermögens- und Sachgüterpreise grotesk überbewertet sind. Sowohl die Banken, die von der Zentralbank Geld praktisch umsonst bekommen, legen dieses Geld vor allem im Vermögens- und Sachgüterbereich an, als auch die privaten Anleger, die aus einzelwirtschaftlicher Sicht durchaus sinnvoll agieren, weil sie sich dadurch vor Inflation schützen wollen. Es bilden sich jedoch zwangsläufig immer größere Blasen, die am Ende stets platzen. Und: all das Geld, das in diese Vermögens- und Sachgüter fließt, fließt in Dinge, die bereits vorhanden sind. Es fehlt daher mehr und mehr an echtem, aus Ersparnissen generiertem Geld, das für Investitionen bzw. Innovationen benötigt wird –

denn nur dadurch entstehen neue positive Impulse und entsprechender Wohlstand. Die internationale Wettbewerbsfähigkeit der Schulden- und Transferunion wird sich deshalb zwangsläufig immer weiter verschlechtern. Man muss realistisch davon ausgehen, dass es in näherer und weiterer Zukunft kein nennenswertes Wirtschaftswachstum geben wird, welches eine Lösung der Wirtschafts- und Finanzprobleme ermöglichen könnte.

Die EZB hat den Regierungen Handlungsdruck zu tatsächlich durchgreifenden Reformen genommen, indem sie (verbotenerweise!) Staatsfinanzierung betreibt und den Regierungen marktunübliche Zinsen gewährt, damit diese unter der Last ihrer Schuldenberge nicht zusammenbrechen. Diese Zinshöhen sind aber vor allem aus deutscher Sicht zu niedrig und machen es den Menschen hier noch schwerer, sich eine tragfähige Altersvorsorge aufzubauen. Der Staat wird sich bei einer alternden und schrumpfenden Bevölkerung immer weniger soziale Wohltaten leisten können. Die deutschen Babyboomer müssen sich also intensiv mit der Überschuldung des Wohlfahrtsstaates auseinandersetzen. Wenn bei ihnen die Rente ansteht, wird es kritisch, weil dann die jetzt vom Staat übernommenen Schulden und Garantien fällig werden. Die heute verantwortlichen Politiker sind zu diesem Zeitpunkt jedoch nicht mehr im Amt, sondern genießen ihren komfortablen Ruhestand, während die Gesellschaft die Konsequenzen ihrer heutigen Beschlüsse „ausbaden" muss.

Jüngeren Menschen kann generell nur der Rat gegeben werden, dem Abbau von Schulden stets den Vorrang vor dem Aufbau des freien Vermögens zu geben. Zwar meinen viele Leute, dass gerade die Inflation helfen würde, dass sich Schulden durch Inflation quasi von ganz alleine in Luft auflösen würden („Auf Schulden reitet das Genie zum Erfolg"), aber sie vergessen dabei, dass sich für Geld, welches nicht in den Schuldenabbau gesteckt wird, keine brauchbare Alternative findet. Da ist Tilgung immer die bessere Geldanlage, denn sonst besteht die Gefahr, dass das Spiel wieder von vorne losgeht: Welche Anlage ist sicher, und wo gibt es sichere Anlagen nach Abzug von Gebühren, Steuern und Geldentwertung mit mehr als drei oder vier Prozent Rendite? Auf die junge Generation rollt in jedem Fall eine riesige Welle finanzieller Pflichten aus zugesagten Leistungen der Renten-, Kranken- und Pflegeversicherung zu. Weiterhin müssen sie gewaltige Lasten aus der Beamtenversorgung schultern. Diese „verdeckte" Staatsschuld ist, wie Holger Steltzner ausführt, mit rund 6,2 Billionen Euro um ein vielfaches Maß höher als die offen ausgewiesene Staatsverschuldung. Insgesamt hat Deutschland demnach (noch ohne die Euro-Garantien) rund acht Billionen Euro Schulden und Verpflichtungen. Dies bedeutet, dass jedes Neugeborene sein Leben in Deutschland inzwischen mit 100.000 Euro Schulden beginnt. Und diese persönliche Belastung nimmt tagtäglich zu.

Hinzu kommt noch ein weiterer, wichtiger Aspekt, auf den Stephen King, Chefvolkswirt von *HSBC Hongkong and Shanghai Banking Corporation*, hinweist: *„Dem Westen gehen die Arbeitskräfte aus. Weil die Generation der Babyboomer der Verrentung entgegengeht, wird der Anteil derer, die noch in Arbeit stehen, rapide fallen. Dies wird verschärft durch zwei Gegenbewegungen – höhere Lebenserwartungen und einen großen Zuwachs an Arbeitskräften in den aufstrebenden Entwicklungsländern. Werden wie also in Zukunft abhängig von deren Arbeitskraft und, wenn ja, bringen wir entweder unser Kapital in die Entwicklungsländer oder holen wir stattdessen die Arbeitskräfte zu uns?"*

Bislang haben wir diese Entscheidung vermieden, indem wir über unsere Verhältnisse gelebt haben. Die Schuldenkrise ist das Ergebnis. Der Westen muss in jedem Fall umdenken und lernen, bescheidener zu werden. Hohe

Verschuldung, überalterte Bevölkerung, marode Bankensysteme und der monetäre Sozialismus des Euro werden in Zukunft kaum mehr Wirtschaftswachstum zulassen. Die Zentralbanken werden daher aus der Rolle der Finanziers für Staatsanleihen nicht mehr herauskommen. Wenn alles andere dann irgendwann nichts mehr nutzt, wird die Enteignung kommen. Zur Kasse gebeten werden die Leistungsträger; diejenigen, die Arbeitsplätze und Wohlstand geschaffen haben: der innovative Mittelstand.

Die Probleme werden auch in zehn, zwanzig Jahren treuer Begleiter vieler Menschen sein. Daher gibt es auch keine Patentrezepte, sondern nur die gute Empfehlung, das eigene Geld und Kapital breit zu streuen, Kosten immer im Auge zu behalten und auf das Leben vertrauen. Vermögen ist langfristig immer das Ergebnis von produktiver Arbeit und Sparsamkeit. Arbeiten und sparen, so sollte die Zukunftsstrategie junger Leute aussehen. Die Qualität der eigenen Arbeitskraft und somit das eigene Ausbildungsniveau ist immer noch das wichtigste und wertvollste Kapital. Benjamin Franklin sagte einst: *„Eine Investition in Wissen bringt immer noch die meisten Zinsen."*

Angesichts niedriger Zinsen stehen viele Großeltern, Eltern oder Paten allerdings vor der Frage, wie sie gewinnbringend für den Nachwuchs bzw. die spätere Ausbildung und/oder das Studium sparen können. Kinder sind nicht immer lieb, aber in jedem Fall recht teuer. Nach Angaben des Statistischen Bundesamtes in Wiesbaden kostet der Nachwuchs durchschnittlich etwa 550 Euro pro Monat. Nach 18 Jahren kommt ein Betrag zusammen, für den man sich einen Porsche leisten könnte. Und die sich an die Schule anschließende Ausbildung und/oder das Studium kostet nochmals ein kleines Vermögen. Beginnen etwa die Großeltern gleich nach der Geburt zu sparen und das Geld anzulegen, um damit zum Beispiel ein späterer Auslandsaufenthalt des Enkels bezahlen zu können, ist die Flexibilität des Sparvertrags nicht so wichtig – entscheidend ist in diesem Falle die Sicherheit. Ein Banksparplan ist oft naheliegend, zumal schon mit kleinen Beträgen regelmäßig gespart werden kann. Die Verzinsung ist allerdings variabel und derzeit extrem gering.

Eine Alternative sind Tages- oder Festgeldkonten. Das macht das Kapital durchaus flexibel verfügbar, wenn es wieder höhere Zinsen gibt. Die höchsten Zinsen gibt es momentan bei den Direktbanken. Wer 10.000 Euro übrig hat, für den gibt es bei einem Anlagezeitraum von fünf Jahren rund 2,6 % Zinsen pro Jahr. Ein Vorteil von Banksparplänen, Festgeld und anderen konservativen Anlagen ist zudem, dass die Einlagen durch den Einlagesicherungsfonds abgedeckt sind (auch wenn dieser kritisch zu betrachten ist). Wer das Geld für Kinder oder Enkel länger als 10 Jahre anlegen will, dem raten Anlageexperten zum Fondssparen. Die monatlichen Sparbeträge fließen dann in einen Aktienfonds oder einen Mischfonds, der in Aktien und Anleihen investiert. Die meisten können ab 25 Euro monatlich bedient werden. Hier fallen allerdings recht hohe Fondsgebühren und die Kosten für das Depot an. Daher ist eher zur Anlage in ETF´s zu raten, bei denen die Zusammensetzung einem Index wie dem Dax nachgebildet wird und daher wenig Kosten und Gebühren anfallen.

Versicherungsgesellschaften bieten unter anderem sogenannte gut klingende „Ausbildungsversicherungen" an. Die Ausbildungsversicherung wird in der Regel auf den Namen eines Eltern- oder Großelternteils abgeschlossen. Bis zum Studienbeginn werden monatlich zum Beispiel 100 Euro eingezahlt. So können nach 20 Jahren mit einer Verzinsung von drei Prozent rund 33.000 Euro zusammenkommen. Bei der Ausbildungsversicherung investiert die Versicherungsgesellschaft das Geld vor allem in „sichere" Anlagen, bei fondsgebundenen Policen meist in Aktienfonds. Diese sind zwar riskanter, bieten aber auch höhere Ertragschancen. Für seriöse Anlageberater gibt es allerdings keinen Grund, eine Ausbildungsversicherung zu empfehlen, da sie schlichtweg zu teuer sind. Schon die Abschlusskosten belaufen sich häufig auf einige Prozent der Versicherungssumme. Dafür ist die Rendite oft etwas höher als bei

Banksparplänen. Hinzu kommen Verwaltungskosten, die vom Sparbetrag abgezogen werden. Bei fondsgebundenen Policen kommen auch noch die Kosten für das Fondsmanagement hinzu.

Zudem ist es nicht ratsam, Geldanlage und Risikovorsorge zu koppeln. Die Ausbildungsversicherung ist außerdem nur für Eltern sinnvoll, für die Flexibilität keine Rolle spielt. Die Verträge sind nämlich nur schwer kündbar und eine vorzeitige Auflösung meist mit hohen Kosten verbunden. Bei der Auszahlung sollte man genau darauf achten, welcher Betrag garantiert ist und welcher von der Lage an den Zinsmärkten abhängt. Auch bei der Einrichtung eines Kontos für ein unmündiges Kind gilt zu beachten, dass seine gesetzlichen Vertreter dem Vertrag zugunsten von Sohn oder Tochter zustimmen, da ein Kind nicht geschäftsfähig ist. (Soll allerdings im Nachhinein das angesparte Geld nur einem bestimmten oder sogar einem völlig anderen Zweck zukommen, empfiehlt es sich, eine Verfügungs- oder Widerrufsklausel in den Vertrag einbauen zulassen. Zum Beispiel, wenn die Großeltern einen teuren Altersheimaufenthalt finanzieren müssen oder das Kind groben Undank zeigt.)

Die beste Vorsorge für die finanzielle Freiheit ist auch für Berufsanfänger zunächst die Flucht vor Versicherungsvermittlern und die Wahl des richtigen Lebenspartners. Junge Leute brauchen zu Berufsbeginn weder Bausparverträge noch Aktiensparpläne und Riesterrenten und sie müssen bedenken, dass heutzutage rund die Hälfte aller Ehen in die Brüche geht. Die finanziellen Folgen sind bei vielen Ehescheidungen wesentlich schlimmer als jeder gravierende Börsencrash. Berufsanfänger kommen mit einem Girokonto auf Guthabenbasis, einer Haftpflicht-, einer Berufsunfähigkeitsversicherung und einem Sparbuch gut hin. Und wenn schon Hochzeit, dann auf jeden Fall mit Ehevertrag!

Die Überziehung von Girokonten, die Verwendung von Kreditkarten und die Aufnahme von Ratenkrediten sollten tabu sein. Konsum auf Kredit ist oft der Anfang vom sozialen Abstieg. Neben dem Girokonto sollten Berufsanfänger auch ein Sparbuch eröffnen, denn sie brauchen erfahrungsgemäß Rücklagen für die Zukunft – am besten in Höhe von einem Jahresgehalt. Dazu müssen sie entsprechenden Konsumverzicht üben. Denn Wohlstand kommt nur von Sparsamkeit, Fleiß und einer darauf aufgebauten Karriere ... Und wer weniger auf Partys geht, sondern mehr in seine Bildung investiert, wird umso schneller zum Ziel kommen.

Neben dem Girokonto und dem Sparbuch ist eine Privathaftpflichtversicherung unverzichtbar und zudem preiswert. Neben der unverzichtbaren Haftpflichtversicherung sollte zusätzlich noch eine Absicherung im Falle einer Invalidität erfolgen; hier bietet sich eine Berufsunfähigkeits- oder Erwerbsunfähigkeitsversicherung an, die in jungen Jahren relativ preiswert ist und zudem die unabdingbaren Gesundheitsfragen im Antrag in der Regel noch ohne Einschränkungen positiv beantwortet werden können. Gerade bei Berufs- oder Erwerbsunfähigkeitsversicherungen besteht – je älter der Versicherungsnehmer wird – die Gefahr, dass er einen solchen Schutz nur noch mit hohen Zuschlägen, nachteiligen Ausschlüssen oder sogar gar nicht mehr bekommt. Zudem sollte der Versicherungsnehmer darauf bestehen, dass dem Antrag ein Auszug der – möglichen – Krankenakte beigefügt wird. Die Verweigerung der Zahlung im Leistungsfall ist eine der Ursachen für langwierige und teure Klagen, die sich überdurchschnittlich häufig auf die Verletzung der „vorvertraglichen Anzeigepflicht" berufen.

Berufsunfähigkeit heißt für den Betroffenen, seinen erlernten Beruf nicht mehr ausüben zu können und Erwerbunfähigkeit ist das Schicksal, überhaupt nicht mehr arbeiten zu können. Der Unterschied ist von großer Bedeutung, weil in diesem Versicherungsbereich viel Unsinn betrieben wird. Trotz der elementaren Wichtigkeit sind Berufsunfähigkeitsversicherungen mit Vorsicht zu genießen, weil sich vor allem für Akademiker die Frage stellt, wann zum Beispiel ein Soziologe so krank ist, dass er diesen Beruf nicht mehr ausüben kann. Hier wäre es demnach von vornherein sinnvoller eine Versicherung nur für den Fall der Erwerbsunfähigkeit abzuschließen oder über eine sogenannte „Schwere-Krankheiten-Vorsorge" nachzudenken.

Unfallversicherungen hingegen sind nur bedingt sinnvoll, weil die meisten Menschen nicht durch Unfälle, sondern durch Krankheiten aus dem Erwerbsleben vorzeitig und unfreiwillig ausscheiden.

Im Kapitalanlagebereich gilt es für den normalen Anleger vor allem, stets das Prinzip der Risikostreuung einzuhalten und riskante Anlagen in jedem Fall zu vermeiden. Es wird wesentlich mehr Anlegergeld durch windige Anlagen vernichtet als durch Zinsen, die unterhalb der Inflationsrate liegen.

Für die ausgebufften Investoren wird es – wie immer – auf das richtige Timing ankommen; also möglichst genau im Tiefpunkt der Krise über Mittel zu verfügen, die den Kauf bzw. den Einstieg in den produzierenden Teil der Unternehmenslandschaft (produzierendes Gewerbe) ermöglicht. Dies war schließlich immer schon der entscheidende Punkt der erfolgreichen Investoren – frei nach dem alten Spekulanten-Motto des legendären André Kostolany: *„Bei Katastrophen sollste koofen!"* Nach jedem Zusammenbruch geht es wieder weiter – und dazu werden eben vor allem produzierende Unternehmen gebraucht.

Warren Buffet, nach Bill Gates der zweitreichste Mann der Vereinigten Staaten und der vermutlich bekannteste Investor der Welt, hält nicht viel von Experten und Analysten an der Wall Street. *„Weil es so viel Geschwätz über Märkte, die Konjunktur, Zinsen, Kursentwicklungen von Aktien und so weiter gibt, glauben manche Anleger, es sei wichtig, auf Experten zu hören – und schlimmer noch, aufgrund von deren Kommentaren zu handeln"*, schreibt Warren Buffet in einem Brief an seine Aktionäre seiner Gesellschaft Berkshire Hathaway. Die vier größten Aktienanlagen im Portfolio von Berkshire kennen die meisten amerikanischen Anleger und Investoren:

Coca-Cola, der Kreditkartenkonzern *American Express* und das Technologieunternehmen *IBM*. Nicht umsonst werden seine Aktionärsjahresbriefe an der Wall Street stark beachtet.

Buffet kauft Aktien zu einem Preis, den er im Verhältnis zur Untergrenze der geschätzten Zukunftsgewinne des Unternehmens als vernünftig erachtet. Den meisten Privatanlegern mangelt es laut Buffet jedoch an der Fähigkeit, Gewinne von Unternehmen prognostizieren zu können. Was aus seiner Sicht aber kein Problem sei. *„Insgesamt haben sich amerikanische Unternehmen über die Jahre hinweg wunderbar entwickelt und werden das auch weiter tun"*, schreibt Buffet. Für Privatanleger sei es daher am sinnvollsten, einen Indexfonds zu kaufen, der den breiten Markt abdeckt. Über die Jahre sollten Anleger dann weitere Aktien erwerben und sie nie verkaufen, selbst wenn schlechte Nachrichten die Börsen belasten. Indexfonds seien zudem kostengünstiger und das steigert die Rendite.

Buffet konzentriert sich bei seinen Entscheidungen einzig auf die erwarteten Chancen des einzelnen Unternehmens, dessen Kauf er erwägt. Sich eine Meinung zur Entwicklung des Gesamtmarktes oder der Konjunktur zu bilden sei „Zeitverschwendung". Um das zu zeigen, schreibt Buffet über zwei private Anlagen, die er in den Jahren 1986 und 1993 getätigt hatte. Er kaufte eine Farm in Nebraska und beteiligte sich an einer Immobilie für Einzelhändler in der Nähe der New York University (NYU) in Manhattan. Beide Anlagen werfen Gewinn ab. Prognosen für Zinsen, Konjunktur und den Aktienmarkt interessierten Buffet damals nicht. *„Ich kann mich nicht an die Schlagzeilen oder die Kommentare von Experten dieser Zeit erinnern"*, schreibt Buffet.

Im Gegensatz zum Kauf einer Farm oder einer Anlage in Immobilien sind Aktienanleger allerdings einer ständigen Flut von Kursdaten ausgesetzt, was zu Verwirrung und Nervosität führen kann. Buffet konzentriert sich bei seinen Anlagen nur darauf, wie viel Dividende sie abwerfen können. Und nicht auf die tägliche Preisentwicklung. *„Spiele werden von Sportler gewonnen, die sich auf das Spielfeld konzentrieren – nicht von denen, deren Augen an der Anzeigenwand kleben",* so seine Worte. Abschließend sei darauf hingewiesen, dass es jeder Anleger als entscheidenden Erfolg verbuchen kann, wenn es ihm langfristig gelingt, den Großteil der finanziellen Risiken im privaten Bereich zu vermeiden. Hier gilt das gleiche Erfolgsprinzip wie im Hochleistungssport: Am langen Ende siegt derjenige, der die wenigsten Fehler begangen hat! *„Was gestern noch sicher war, muss heute hinterfragt werden",* konstatiert Andreas Marquart, Inhaber der *Austrian Consult,* Großwallstadt, völlig zu Recht.

Die folgende Aufzählung gibt in Anlehnung an Manfred Gburek den Großteil finanzieller Risiken im privaten Bereich wieder:

- über die Verhältnisse leben
- keine Finanzplanung
- Klumpenrisiko, überwiegend mit Immobilien, aber auch mit allen anderen konzentrierten Geldanlagen einschließlich kapital- oder fondsgebundener Lebensversicherung
- zu wenig und falsche Informationen
- Vertrauen in einseitige bzw. „gelenkte" Meinungsbildung durch die Medien
- Kredite
- falsche oder keine Versicherung gegen persönliche Risiken wie Krankheit, Unfall oder Berufsunfähigkeit
- Arbeitslosigkeit und/oder Scheidung
- unzureichende Altersversorgung
- hohe Steuernachzahlung
- vorschnelle Finanzentscheidungen mit langfristiger Bindung, wie Kapitallebensversicherung oder Baufinanzierung - oft unter psychologischem Druck durch Versicherungsvertreter oder Anlageberater

- falsche Anlage in Fonds, weil Banken und Sparkassen mit ihnen gerade eine Sonderaktion starten
- schlechtes Fondsmanagement, das bis zur verlustreichen Auflösung von Fonds führen kann
- Zertifikate, die so kompliziert konstruiert sind, dass kaum jemand sie versteht
- falsches eigenes Timing
- Verkauf unter Zeitdruck
- Gier, Angst und Herdentrieb, vor allem bei Börsengeschäften
- Steuerspartrieb
- Abgleiten von der Spekulation in die Zockerei, oft verursacht durch intensives Trading
- Inflation, Deflation
- Krieg und Enteignung

Quellen:

Bruno Bandulet in G&M, Nr. 368 vom 2.7.2012, S. 2

Werner Bareis, Niels Nauhauser: Lexikon der Finanzirrtümer, 2. Auflg., Berlin, 2008

Gerald Braunberger: Anageberater taugen oft nichts, in: FAZ vom 24.9.2013, S. 25

Marc Faber in: Focus Money, Nr. 48, 2011

FAZ: So wurde Warren Buffet reich, 4.3.2014, S. 25

Manfred Grurek: Ach du liebes Geld, Berlin 2014

Marcel Grzanna: Die sieben Brandherde, in Süddeutsche Zeitung vom 25. Juni 2013, S. 18

Stephen King in einem Interview mit der FAZ vom 32.7.2010, S. 21

Jörg Krämer: Japan ist ganz nah, in: FAZ vom 22.4.2013, S. 26

Roland Leuschel: Gewaltige Luft in der Blase, Interview in der WamS vom 26.1.2014, S. 39

Volker Looman in der FAZ vom 2.4.2011

Michael Martens: Das aktuelle Buch: Europäischer Demos, europäischer Dämon, in: FAZ vom 9.1.2014, S. 8

Tars Maygutiak: Warum die Fleißigen immer ärmer werden, in: Junge Freiheit vom 24.5.2013, S. 11

Fritfof Meyer: Chinas Politik ist nicht durchzuhalten, Leserbrief in der FAZ vom 13.4.2013, S. 10

Franz Nestler: Die digitale Geldrevolution entlässt ihre Kinder, in: FAZ vom 24.9.2013, S. 27

Thorsten Polleit: Weltweite Inflationspolitik, in: FAZ , 10.4.2012

Bernd-Thomas Ramb u.a.: Gebt uns unsere D-Mark zurück, 3. Auflg., Rottenburg 2012

Holger Steltzner in der FAZ vom 21.12.2010

Eva Thauerer: Nicht gleichgeschaltete Ameisenhirne, Leserbrief in der FAZ vom 9.4.2013, S. 30

Felix u. Roman Zulauf: Sehenden Auges gegen die Wand, in Wirtschaftswoche , 1.7.2013, S. 80-86

Anhang: „Über die Gier"

In einem Beitrag für die Welt am Sonntag (WamS) beschreibt der Investmentmanager und Autor Georg von Wallwitz mit spitzer Feder die psychologische Klassifizierung von Anlegern – unter besonderer Berücksichtigung des Faktors „Gier":

„Im Finanzgewerbe lerne man demnach die Kundschaft, die nach ihrer psychologischen Verfassung, etwa folgendermaßen einzuteilen: Es gebe die „Sicherheitsorientierten", die vor allem Angst haben, und denen man nicht viel mehr als offene Immobilienfonds und Pfandbriefe verkaufen könne. Daneben gebe es die „Strukturentspannten" mit einem unerschütterlichen Urvertrauen, denen bis heute nicht der Glaube an das Gute im Bankberater abhandengekommen sei. Schließlich gebe es die „Gewinnertypen" vom Schlage eines Uli Hoeneß. Das seien diejenigen, denen im Leben viel gelungen ist – und deren Hauptproblem nun ihre Selbstüberschätzung sei.

An den „Sicherheitsorientierten" verdiene die Bank kaum etwas. Aber an denen, die mit breiter Brust durch die Tür kommen, verdiene die Bank glänzend. Denn sie seien leicht vom schnellen Handel zu überzeugen, drehen ihre Portfolios oft, so dass die Bank jede Menge Provisionen und Gebühren kassiert. Diese selbstbewussten „Gewinnertypen" würden am schnellsten gierig, und an gierigen Kunden könne eine Bank noch mehr verdienen: Gier frisst Hirn! Gier führe oft in den Untergang des Anlegers, weil sie, wie die Angst, die Fähigkeit zum vernünftigen Abwägen einschränke. „Wer gierig ist, ist sich seiner Sache sicher. Die schlafwandlerische Selbstsicherheit ist an den Finanzmärkten eine notwendige Voraussetzung für den beherzten Schritt über die Klippen hinaus in den Abgrund."

An der Börse sei es immer gut, sich vor jeder Transaktion demütig zu überlegen, wie das Risiko im schlimmsten Fall aussieht. „Die klassischen Siegertypen lassen sich an der Börse so oft als Verlierer ausmachen, weil ihnen nie der Gedanke kommt, sie seien beim Festmahl, zu dem sie sich eingeladen haben, selbst der Hauptgang."

Warnungen vor Gier seien, wie diejenigen vor allen anderen großen Charakterschwächen, für die Betroffenen fast unhörbar. „Warum sollte jemand, der sein Leben lang von Sieg zu Sieg geeilt ist, eben weil er gierig auf den Sieg war, zuhören?"

„Die Gier begleitet den Menschen so zuverlässig durch die Jahrhunderte, dass wir sie guten Gewissens zur Grundausstattung des Menschen zählen können – wie ihre Verwandtschaft, die Schadenfreude, den Neid, den Geiz und die Anmaßung. Aber ist sie deshalb entschuldbar?" Für die Gier sei eine gewisse Geistlosigkeit unerlässlich.

Die selbstbewussten „Gewinnertypen" machen (laut Georg von Wallwitz) den Bankberatern so viel Freude, weil sie auf den Finanzmärkten spielen und dabei nicht viel nachfragen. Am Ende verlieren sie oft viel, während die Bank immer gewinnt – wie im Spielcasino. Die Finanzprodukte der Banken sind logischerweise so gestaltet, dass Sieger und Verlierer von vornherein feststehen. Für den gierigen Anleger heißt es irgendwann stets: Nichts geht mehr!"

Quellen:

Die nachfolgend aufgeführten Quellen dienten als Grundlage der vorliegenden Dokumentation:

Ralf Andress: Fliegen statt fallen, WamS vom 20.4.2014, S. 37

Hendrik Ankenbrand: Reich werden mit Internetaktien, FAS vom 2.3.2014, S. 27

Roland Baader: Geldsozialismus, Gräfeling 2010

Roland Baader: Geld, Gott und Gottspieler, Gräfeling 2007

Philipp Bagus, Andreas Marquart: Warum andere auf Ihre Kosten immer reicher werden, Frankfurt 2014

Bruno Bandulet: G & M, Nr. 368 vom 2.7.2012, S. 2

Werner Bareis, Niels Nauhauser. Lexikon der Finanzirrtümer, Berlin 2009

Erich Blessmann: Wider kriminelle Besteuerung, Leserbrief in der Jungen Freiheit vom 17.5.2013, S. 23

Christine Bortenländer, Sabine T. Ruh: Kompass Geldanlage, Stuttgart 2005

Gerald Braunberger: Anlageberater taugen oft nichts, FAZ vom 24.9.2013, S. 25

Gerald Braunberger: Länder, nicht Schwellenländer, FAZ vom 11.3.2014, S. 27

Christoph Braunschweig: Angriff aus dem Internet, Junge Freiheit vom 6.12.2013

Christoph Braunschweig: Die demokratische Krankheit, München 2012

Christoph Braunschweig: „Dummes deutsches Geld", Junge Freiheit vom 13.12.2013

Christoph Braunschweig: Finger weg vom Finanzkasino, Junge Freiheit vom 22.11.2013, S. 12

Christoph Braunschweig: Imaginäre Milliarden, Junge Freiheit vom 3.1.2014, S. 11

Christoph Braunschweig: Innovative Finanzinstrumente für Unternehmen, Beiträge zu Wirtschafts- und Sozial-Wissenshaften, Band 7, Bonn/Witterschlick 1989

Christoph Braunschweig: Investitionsrechnung, München 1998

Christoph Braunschweig: Korrupt bis ins Mark – Die Krise und der Wohlfahrtsstaat, Junge Freiheit vom 31.5.2013, S. 18

Christoph Braunschweig: Rückkehr nach Maastricht, Junge Freiheit vom 11.10.2013

Christoph Braunschweig: Statistische Lügen, Junge Freiheit vom 27.9.2013, S. 12

Christoph Braunschweig: Wohlfahrtsstaat – leb wohl!, Münster/Berlin 2013

Karl Braunschweig: Grundlage der Geldpolitik, Skripten Mittelkurs VW, Köln 1971

Karl Braunschweig: Grundlagen der Unternehmensfinanzierung, Wiesbaden, 1977

Karl Braunschweig: Konjunkturpolitik, Skripten Mittelkurs VWL, Köln 1972

Henryk M. Broder: Sündenbock, WamS vom 11.2.2014, S. 2

Volker Brühl: Ampellogik für Kleinanleger, FAZ vom 13.2.2014, S. 37

Deutsche Wirtschafts Nachrichten: SPD in Geldnot, veröffentlicht am 24.5.3013

Deutsche Wirtschafts Nachrichten: Wie die Banken mit Manipulationen reich wurden, veröffentlicht am 15.4.2014

Wolfgang Drechsler: 25 unbequeme Wahrheiten, Handelsblatt vom 28.2.2014, S. 49

Richard M. Ebeling: The Austrians Theory of the Trade Cycle, Create Space Independent Publishing Platform, 1996

Hans Magnus Enzensberger: Wehrt Euch, in: FAZ vom 1.3.2014, S. 9

Marc Faber: Interview in Focus Money, Nr. 48, 2011

FAZ: Ein Sparbuch ist purer Luxus, 15.4. 2014, S. 23

FAZ: Verluste vermeiden kostet Rendite, 6.3.2014, S. 25

Manfred Gburek: Ach du liebes Geld, Berlin 2014

Christian Geinitz: Casino China, FAZ vom 11.3.2014, S. 27

Ronald Gläser: Hoeness ist nur ein Symptom, Junge Freiheit vom 26.4.2014, S. 1

Michael Grzanna: Die sieben Brandherde, Süddeutsche Zeitung vom 25.6.3013, S. 18

Gerd Habermann: Freiheit oder Krechtschaft, München 2011, S. 13 u. 173

Gregor Hochreiter: Geld, Gesellschaft, Zukunft, Gräfeling 2014

Hans-Hermann Hoppe: Der Wettbewerb der Gauner, Berlin 2012

Karen Ilse Horn: Hayek für jedermann, Frankfurt a. M., 2013

Joachim Hornke: Auch Steuerverschwendung bestrafen, Leserbrief in der FAZ vom 8.5.2013, S. 30

André Hülsböhmer: Wie lange hält unser Geld, Markt und Mittelstand, 12/01, Dez. 2011, S. 13 ff.

Guido Hülsmann: Krise der Inflationskultur, München 2013

Susanne Kablitz: Das Erfolgsprinzip, Broschüre, Sonderausgabe Januar 2013, Tönisvorst, S. 19 ff.

Susanne Kablitz: Das Erfolgsprinzip, Broschüre September 2012, Tönisvorst, S. 9 ff.

Susanne Kablitz: Manuskript Ludwig von Mises & Co., Tönisvorst 2013

Susanne Kablitz: susannekablitz.wordpress.com, diverses

Stephen King: Interview mit der FAZ vom 23.7.2010, S. 21

Steffen Krug: Homepage Austrian Asset Management, Hamburg (IfAAM Institut)

Gerd Kommer: Souverän investieren mit Indexfonds, Indexzertifikaten und ETFs, 2. Auflg., Frankfurt a. M., 2007

Jörg Krämer: Japan ist ganz nah, FAZ vom 22.4.2013, S. 26

Dennis Kremer: Enttäuscht von den Schwellenländern, FAS vom 2.3.2014, S. 31

Dennis Kremer: Viele deutsche Fonds taugen nichts, FAS vom 20.4.2014, S. 20

Dennis Kremer: Wir können nicht mit Geld umgehen, FAS vom 16.2.2014, S. 29 u. 30

Steffen Krug: Die Tricks der Falschspieler, Beitrag: Ludwig von Mises Institut Deutschland vom 7.4.2014

Roland Leuschel: Gewaltige Luft in der Blase, Interview in der WamS vom 26.1.2014, S. 39

Roland Leuschel, Claus Vogt: Die Inflationsfalle, 2. Auflg., Weinheim 2009

Volker Looman: Beitrag in der FAZ vom 2.4.2011

Volker Looman: Die Vermögensfrage: Klassische Basisrenten bringen hohe Renditen, in: FAZ vom 19.4.2008

Volker Looman: Steuersparmodelle sind für die Geldanlage selten geeignet, in: FAZ vom 12.4.2014, S. 26

Andreas Marquart: Homepage der Austrian Consult, Großwallstadt

Michael Martens: Das aktuelle Buch: Europäischer Demos, europäischer Dämon, FAZ vom 9.1.2014, S. 8

Thomas Mayer: Europas unvollendete Währung, Weinheim 2013

Tars Maygutiak: Warum die Fleißigen immer ärmer werden, Junge Freiheit vom 24.5.2013, S. 11

Fritjof Meyer: Chinas Politik ist nicht durchzuhalten, Leserbrief in der FAZ vom 13.4.2013, S. 10

Ludwig von Mises: Theorie des Geldes und der Umlaufmittel, 2. Auflg., Berlin 2005

Ludwig von Mises: Vom Wert der besseren Ideen, München 2008

Daniel Mohr: Finanzielle Analphabeten, FAZ vom 26.2.2014, S. 9

Franz Nestler: Die digitale Geldrevolution entlässt ihre Kinder, FAZ vom 24.9.2013, S. 27

Michael Ohlmer: Die letzte Chance für unsere Demokratie?, Leserbrief in der FAZ vom 8.6.2013, S. 7

Philip Plickert: Posse ums Ölkännchen, FAZ vom 24.5.2013, S. 11

Thorsten Polleit: Der Fluch des Papiergeldes; München 2011

Thorsten Polleit: Weltweite Inflationspolitik, FAZ vom 10.4.2012

Thosten Polleit, Michael von Prollius: Geldreform: Vom schlechten Staatsgels zum guten Marktgeld, 2. Auflg., Düsseldorf 2011

Bernd-Thomas Ramb u. A.: Gebt uns unsere D-Mark zurück, 3. Auflg., Rottenburg 2012

Murray Newton Rothbard: Das Scheingeld-System, 2. Auflg., Gräfeling 2005

Dyrk Scherff: Finger weg von Mittelstandsanleihen, FAS vom 20.4.2014, S. 25

Dyrk Scherff: Fünf Prozent gibt's noch, FAS vom 19.1.2014, S. 31

Moritz Schularik / Alan M. Taylor: Credit booms gone bust: Monetary policy, lecerage cycles and financial crisis 1870-2008, NBER Working Paper 15512, 2009

Christian Siedenbiedel: Aktienanleihen sind gefährlich, FAS vom 2.3.2014, S. 28

Hans-Werner Sinn: Gefangen im Euro, München 2014

Smart Investor (Hrsg.): Gutes Geld, Sonderausgabe Dezember 2011, Autoren: Kristof Berking, Jesus Huerta de Soto, Guido Hülsmann, Philipp Bagus, Gregor Hochreiter, Rahim Taghizadegan, Michael von Prollius, Thorsten Polleit, Bruno Bandulet, Ralf Flierl, 2. Auflg., München 2011

Holger Steltzner: o. T., FAZ vom 21.12.2010, o. S.

Frank Stocker: Illusion Überrendite, WamS vom 20.4.2014, S. 42

Frank Stocker: Rohstoffe – Nur Zocker investieren in Kakao, Öl und Gold, DIE WELT vom 11.8.3008

Eva Thauerer: Nicht gleichgeschaltete Ameisenhirne, Leserbrief in der FAZ vom 9.4.2013, S. 30

Roland Tichy: Lügen der Steuerpolitik, Wirtschaftswoche, 13.5.2013, S. 1

Uwe Timm: Wer zahlt, Leserbrief in der WELT vom 17.4.2013

Georg von Wallwitz: Nicht krank, nicht dumm, nur geistlos, Welt am Sonntag, 16.3.2014, S. 11

Felix u. Roman Zulauf: Sehenden Auges gegen die Wand, Wirtschaftswoche, 1.7.2013, S. 80-86

Über die Autoren

- Christoph Braunschweig ist Professor der Staatlichen Wirtschaftsuniversität Jekaterinburg. Der gelernte Bankkaufmann und Diplom-Kaufmann ist ehemaliger studentischer Hörer von Friedrich A. von Hayek in Freiburg.

Nach mehrjähriger Geschäftsführertätigkeit in der freien Wirtschaft übernahm er mehrere Beiratsfunktionen.

- Susanne Kablitz ist Fachwirtin für Finanzdienstleistungen. Sie arbeitete als selbstständige Maklerin und danach als Versicherungsberaterin bis sie sich aus dem vermittelnden Finanzgewerbe zurückzog und nun als freie Dozentin, Autorin und Publizistin tätig ist.

Sie ist Mitglied der Friedrich A. von Hayek Gesellschaft e.V., Berlin und leitet den Hayek-Club für Krefeld und den Niederrhein. Sie betreibt unter www.susannekablitz.wordpress.com ihren Blog, der sich mit Themen rund um Wirtschaft, Geld und Gesellschaft beschäftigt und veröffentlicht im Februar 2015 ihren Roman „Bis zum letzten Atemzug", der eine Hommage an den Kapitalismus, den Liberalismus und echtes Geld ist. Im Oktober 2014 gründete sie ihren Verlag für liberale und libertäre Literatur.

JUWELEN - der verlag

Bitte besuchen Sie uns auch im Internet unter **www.juwelenderverlag.com**

www.ingramcontent.com/pod-product-compliance
Lightning Source LLC
Chambersburg PA
CBHW061808210326
41599CB00034B/6928